Zweisprachig aufwachsen –
zweisprachig sein

Waxmann Verlag GmbH
Steinfurter Straße 555, 48159 Münster
info@waxmann.com

Cornelia Frigerio Sayilir

Zweisprachig aufwachsen – zweisprachig sein

Der Erwerb zweier Erstsprachen aus der
handlungstheoretischen Sicht der Kooperativen Pädagogik

Waxmann 2007
Münster / New York / München / Berlin

Bibliografische Informationen der Deutschen Nationalbibliothek
Die Deutsche Nationalbibliothek verzeichnet diese Publikation in
der Deutschen Nationalbibliografie; detaillierte bibliografische
Daten sind im Internet über http://dnb.d-nb.de abrufbar.

Internationale Hochschulschriften, Bd. 490

Die Reihe für Habilitationen und sehr gute
und ausgezeichnete Dissertationen

ISSN 0932-4763
ISBN 978-3-8309-1833-2

© Waxmann Verlag GmbH, Münster 2007

www.waxmann.com
info@waxmann.com

Umschlaggestaltung: Christian Averbeck, Münster
Umschlagabbildung: Marcel Gutschner
Druck: Zeitdruck GmbH, Münster
Gedruckt auf alterungsbeständigem Papier, säurefrei gemäß ISO 9706

Für meine Eltern und
für Salman, Can und Noel

Vorwort

Seit vielen Jahren setze ich mich privat und beruflich, d.h. im Rahmen meiner Tätigkeit als Sprachheilpädagogin/Logopädin und Dozentin, mit Mehrsprachigkeit auseinander. In all dieser Zeit ist mir klar geworden, dass mehrsprachige Menschen vor allem Normalität brauchen. Mehrsprachigkeit soll nicht immer als der Sonderfall betrachtet werden, der er nicht ist. Nicht von Eltern, nicht von Lehrerinnen und Lehrern, nicht von Fachpersonen wie Logopädinnen und Logopäden und zu guter letzt auch nicht von den Kindern selbst. Denn wenn Schwierigkeiten entstehen, so oft deshalb, weil mehrsprachige Menschen aus der Sicht der Einsprachigkeit betrachtet und an Normen gemessen werden, die in dieser Strenge nicht einmal für einsprachige Menschen gelten. Mein Anliegen ist es deshalb geworden mitzuhelfen, dass Logopädinnen und Logopäden bzw. Sprachheilpädagoginnen und Sprachheilpädagogen oder andere interessierte Fachpersonen eine gelassenere und informiertere Haltung gegenüber Mehrsprachigkeit entwickeln können.

Aus diesem Anliegen heraus ist auch das vorliegende Werk entstanden, das meine Dissertation darstellt. Die Dissertation wurde am Heilpädagogischen Institut der Universität Freiburg, Schweiz erstellt und im Jahr 2006 angenommen. In meiner Zeit als wissenschaftliche Mitarbeiterin des Heilpädagogischen Instituts habe ich vielfältige Unterstützung erfahren, ohne die mir die Fertigstellung der vorliegenden Arbeit kaum möglich gewesen wäre. Deshalb möchte ich einigen Menschen meinen besonderen Dank aussprechen.

Prof. Dr. Urs Haeberlin danke ich für seine Bereitschaft, mich mit diesem Thema zu begleiten und für seine kritischen Rückmeldungen.

Leider ist die Kooperative Pädagogik in der Schweiz zumindest in der Logopädie/Sprachheilpädagogik noch wenig bekannt. Umso wertvoller war es für mich, in PD Dr. Barbara Jeltsch eine kompetente Gesprächspartnerin zu haben. Dank ihrer Erfahrungen und ihrem kritischen Blick konnte ich meine Auseinandersetzung mit dem Ansatz in einem fruchtbaren und spannenden Dialog vertiefen. Dafür sei ihr ganz herzlich gedankt.

In Lehrveranstaltungen mit Studierenden der Logopädie/Sprachheilpädagogik der Universität Freiburg und in Weiterbildungskursen stellte ich mehrmals meine Sichtweise zur Diskussion. Kritische Fragen der Studierenden und der Teilnehmerinnen und Teilnehmer gaben mir dabei immer wieder Impulse, Zusammenhänge nochmals zu durchdenken und noch klarer darzustellen. Für diese wertvollen Anregungen danke ich den Studierenden und meinen in der Praxis tätigen Kolleginnen und Kollegen.

Manchmal benötigt man während der Erarbeitung so eines Werkes nicht eine besondere Hilfe, sondern Menschen, denen die Situation vertraut ist und die den langen Atem mit einem teilen, den es dafür braucht. Für mich waren dies insbesondere lic. phil. Pia Stalder und Dr. Martin Sassenroth. Ich bin ihnen sehr dankbar.

Für unermüdliche Korrekturarbeiten am Manuskript danke ich lic. phil. Bea Kalbermatter, lic. phil. Susanne Kempe Preti, PD Dr. Elisabeth Moser Opitz und dipl. Log. Anja Schmidt. Sie haben nicht nur die Schreibfehler aus dem Text getilgt, sondern mich auch mit aufmunternden Worten auf dem Weg begleitet.

Das Foto, das der Gestaltung des Umschlages zugrunde liegt, wurde mir freundlicherweise von Marcel Gutschner zur Verfügung gestellt. Es bildet die Grandfey-Brücke ab, die in der Nähe von Freiburg über die Saane/Sarine führt. Dieser Fluss bildet stellenweise die Grenze zwischen der französischen und der deutschen Schweiz und hat deshalb Symbolcharakter. Brücken schlagen ist wichtig, und solche wie die Grandfey-Brücke sind besonders wichtig, gerade für mehrsprachige Menschen. Deshalb danke für diese Grosszügigkeit.

Zum Schluss und ganz besonders bedanke ich mich bei meiner Familie, die in dieser Zeit oft auf mich verzichten musste und dies mit viel Geduld getan hat. Sie freuen sich besonders, dass das Buch nun fertig vorliegt.

Freiburg/Fribourg im April 2007

Cornelia Frigerio Sayilir

Inhalt

1 Einleitung

1.1 Problemstellung

Der Spracherwerb mehrsprachiger Kinder ist in der Spracherwerbsforschung schon seit längerem ein Thema. So befassen sich Disziplinen wie die Linguistik bereits seit etwa hundert Jahren mit dem Erwerb zweier Erstsprachen, also dem Spracherwerb von Kindern, die von Geburt an mit mehr als einer Sprache konfrontiert sind. Ein Beispiel dafür ist Ronjat (1913) mit seinen während Jahrzehnten viel zitierten Ausführungen zur Sprachverwendung in zweisprachigen Familien. Auch die Auseinandersetzung mit dem Zweitspracherwerb, worunter man den Erwerb einer zweiten Sprache nach dem in Grundzügen abgeschlossenen Erwerb einer Erstsprache versteht, hat besonders im englischsprachigen Raum schon eine lange Tradition. So wurden in den USA bereits in den 20er und 30er Jahren des 20. Jahrhunderts grössere Studien mit Einwanderergruppen durchgeführt. Zur Intelligenz Zweisprachiger forschte beispielsweise Goodenough (1926), zum Zusammenhang zwischen Zweisprachigkeit und Stottern führten Travis, Johnson und Shover (1937) eine folgenreiche, weil später oft zitierte Untersuchung durch.

Im Zuge der intensiven Forschung zum Spracherwerb in den letzten Jahrzehnten wurde auch zur Mehrsprachigkeit viel geforscht, und dies von unterschiedlichen theoretischen Ausgangspunkten her. Dies führte und führt heute noch zu einer Vielzahl von Forschungsergebnissen im Zusammenhang mit mehrsprachigem Spracherwerb und Sprachgebrauch, die sich recht unübersichtlich präsentiert. Dies mag ein Grund dafür sein, dass veraltetes Wissen und damit verbundene Einstellungen sowohl im Alltag betroffener Familien wie auch in der Fachwelt nur schwer überwindbar sind. Das gilt auch für die Sprachheilpädagogik/ Logopädie. Ein Beispiel für solch veraltetes „Wissen" ist die Meinung, dass der Erwerb zweier Erstsprachen Natur gemäss zu einer verzögerten Sprachentwicklung führe. So schreibt der Kinderarzt Remo Largo (1999, 90) in seinem Buch „Kinderjahre", das sich mit der Entwicklung von Kindern befasst, dass zweisprachig aufwachsende Kinder oft in ihrem Spracherwerb verzögert seien und dass sie diesen Rückstand im Schulalter aufholen könnten. Diese Aussagen belegt er leider nicht weiter. Wer solches liest, kann natürlich zum Schluss kommen, dass man bei zweisprachig aufwachsenden Kindern ruhig länger mit einer logopädischen Abklärung oder Intervention zuwarten kann, wenn sie nicht zum üblichen Zeitpunkt zu sprechen beginnen. Die Hypothese vom verspäteten

Sprechbeginn und der verzögerten Sprachentwicklung wurde zwar in umfangreichen Studien widerlegt (z.B. Oller u.a. 1997), trotzdem hält sie sich unter Laien und Fachpersonen wie Logopädinnen, Ärzten (beispielsweise Largo) oder Lehrpersonen hartnäckig. Dies mag damit zusammenhängen, dass es erst seit relativ kurzer Zeit umfassendere Versuche gibt, die mit der Diagnostik und Therapie von Spracherwerbsstörungen mehrsprachiger Kinder verbundenen Probleme aufzugreifen und theoriegeleitet zu lösen. Voraussetzung dafür wäre ein theoretischer Rahmen, der es erlaubt, aktuelle Forschungsergebnisse und daraus abgeleitete Vorstellungen zu mehrsprachigem Spracherwerb und -gebrauch in umfassender und stimmiger Weise zu ordnen. Nur auf diesem Hintergrund könnten Interessierte auch ein umfassendes Verständnis des mehrsprachigen Spracherwerbs und -gebrauchs entwickeln und schliesslich auf den Einzelfall beziehen. Dies wäre jedoch nötig, um das Sprache erwerbende Kind in seiner mehrsprachigen Situation angemessen erfassen und wenn nötig unterstützen zu können.

Für zweitspracherwerbende Kinder mit Migrationshintergrund hat Annette Kracht (2000; 2001b; 2003; Kracht/Rothweiler 2003; Kracht 2004) auf der Basis der Kooperativen Pädagogik einen Ansatz entwickelt, der dies leisten soll. Für Kinder, die zwei Erstsprachen erwerben, steht eine solch umfassende Sichtweise noch aus.

1.2 Zielsetzung

Das vorliegende Buch versucht, einen theoretischen Bogen zu spannen, der eine umfassende Sichtweise ermöglichen soll. Einerseits werden die Bereiche Sprachverarbeitung und Sprachgebrauch von mehrsprachigen Menschen dargestellt. Andererseits wird die aktuelle Forschungslage zum mehrsprachigen Spracherwerb vermittelt. Damit wird das nötige Hintergrundwissen zu mehrsprachigem Spracherwerb und Sprachgebrauch geliefert.

Des Weiteren geht es um die Frage, ob der sprachhandlungstheoretische Ansatz, den Alfons Welling (1990) auf dem Hintergrund der Kooperativen Pädagogik entwickelte und den Annette Kracht (2000) auf den Zweitspracherwerb bezog, für die Erfassung der mehrsprachigen Spracherwerbssituation geeignet ist, die mit dem Erwerb zweier Erstsprachen verbunden ist. Ziel ist es, mit Sprache arbeitenden Fachpersonen einen theoretisch fundierten Rahmen zu bieten für Diagnostik, Prävention, Beratung, Förderung oder Therapie mit zweisprachigen Kindern.

1.3 Vorgehen

Im Bereich Mehrsprachigkeit gibt es eine Vielzahl von Begriffen, die je nach Autor unterschiedlich verwendet werden. Da sich die Arbeit im Folgenden mit dem Erwerb zweier Erstsprachen und der daraus resultierenden Mehrsprachigkeit auseinandersetzt, müssen die diesbezüglichen Begriffe geklärt werden.

Wie bereits erwähnt, hat Annette Kracht in einer ganzen Reihe von Veröffentlichungen eine Sichtweise des Spracherwerbs von Kindern mit Migrationshintergrund erarbeitet, die auf der Kooperativen Pädagogik basiert. Was die Kooperative Pädagogik auszeichnet und für die Auseinandersetzung mit Mehrsprachigkeit so nützlich macht, ist ihr Einbezug einer Wertdimension, neben ihrem spezifischen Handlungsbegriff und dem Entwicklungsverständnis nach Piaget. Das war auch der Grund dafür, diesen Ansatz der vorliegenden Arbeit zugrunde zu legen und zu überprüfen, inwiefern er sich auch für das Verständnis des Erwerbs zweier Erstsprachen eignet. Da also die Kooperative Pädagogik und insbesondere ihr Verständnis von sprachlichem Handeln für die Arbeit das theoretische Grundgerüst darstellt, muss diese theoretische Grundlage zuerst geliefert werden. So wird zunächst der Ansatz der Kooperativen Pädagogik vorgestellt und diskutiert. Anschliessend wird die Fokussierung auf sprachliches Handeln, welche durch Welling (1990) vorgenommen wurde, dargestellt und kritisiert. Und schliesslich wird gezeigt, wie Annette Kracht (2000 und spätere Veröffentlichungen) begründet, dass der Ansatz auch auf mehrsprachiges Handeln bezogen werden kann.

Kracht (2000, 395) schlägt drei Ebenen vor, anhand derer auf das konkrete Kind bezogene Informationen zur mehrsprachigen Spracherwerbssituation gesammelt und systematisiert werden sollen: die biographische Analyse, die Analyse des sprachlichen Handelns und die Mikroanalyse der verwendeten Sprachen. Um diese Analysen auch auf ein Kind bezogen durchführen zu können, das zwei Erstsprachen erwirbt, muss das relevante Bezugswissen zur Verfügung stehen. Deshalb wird der entsprechende aktuelle Forschungsstand dargestellt.

Begonnen wird mit dem Sprachhandeln mehrsprachiger Personen. Es wird untersucht, welche Verhaltensweisen für mehrsprachige Personen spezifisch sind. Um einschätzen zu können, ob beobachtete Phänomene der Kommunikationssituation angemessen sind oder ob sie allenfalls Ausdruck einer Störung sein könnten, reicht eine Beschreibung der Verhaltensweisen allein nicht aus. Erst der Einbezug aktueller Erklärungen für solche Verhaltensweisen erlaubt es, Einflussfaktoren zu unterscheiden und ihren Anteil an der Gestaltung einer konkreten Kommunikationssituation einzuschätzen. Eine Grundlage dafür bieten ein aktuelles Modell der Sprachverarbeitung (Levelt u.a. 1999) und das Modell der Sprachmodi von Grosjean (1996). Während diese beiden Modelle versuchen, Sprachverarbeitung und Anpassung des mehrsprachigen Menschen darzustellen, bezieht sich ein weiteres Modell (Lanza 1992; 1997) auf den Aspekt der Umwelt. Lanza untersucht, inwiefern Bezugspersonen die Sprachverwendung von mehrsprachig aufwachsenden Kindern beeinflussen können. Anhand dieser drei Modelle erfolgt schliesslich eine Zusammenschau, wie sich mehrsprachige Menschen der Kommunikationssituation sprachlich anpassen und wie die Umwelt darauf Einfluss nehmen kann. Diese Zusammenhänge werden konkretisiert, indem das sprachliche Handeln in mehrsprachigen Familien oder Gruppen in seiner Bedeutung für das zweisprachige Kind und seine sprachliche Entwicklung dargestellt wird.

Nach dieser Darstellung des sprachlichen Handelns mehrsprachiger Menschen stellt sich die Frage, wie diesbezügliche Fähigkeiten erworben werden. Deshalb folgt die Beschreibung des Erwerbs zweier Erstsprachen. Auf die linguistischen Ebenen (phonetisch-phonologisch, lexikalisch-semantisch, morphologisch-syntaktisch und kommunikativ-pragmatisch) bezogen werden für zweisprachig aufwachsende Kinder spezifische Erkenntnisse dargestellt. Ein kurzer Abschnitt wird auch der Frage der metasprachlichen Entwicklung gewidmet, da für diesen Bereich oft ein Vorteil für mehrsprachige Kinder angenommen wird, also von besonderen Fähigkeiten ausgegangen wird, die mehrsprachige Kinder erwerben.

Im Schlusskapitel wird die Frage nochmals aufgegriffen, welchen Beitrag der sprachhandlungstheoretische Ansatz der Kooperativen Pädagogik für das Verständnis des Erwerbs zweier Erstsprachen und für den daraus resultierenden Sprachgebrauch leisten kann. Dafür werden die wesentlichen Begriffe des Ansatzes nochmals aufgenommen und bezüglich der beschriebenen Forschungslage reflektiert. Das soll zu einer abschliessenden Einschätzung bezüglich der gestellten Frage verhelfen.

Eine Anmerkung ist zu den Beispielen aus dem Alltag nötig, die zur Veranschaulichung erläuterter Sachverhalte herangezogen werden. Die Beispiele sind fortlaufend nummeriert, um Querbezüge zu ermöglichen. Der Literatur entnommene Beispiele sind entsprechend belegt. Wenn kein Literaturbeleg beigefügt ist, dann stammen die Beispiele aus dem persönlichen Umfeld der Autorin. Die Namen der Kinder sind anonymisiert, und der gleiche Grossbuchstabe bezeichnet immer dasselbe Kind. Die Altersangaben in den Beispielen folgen jeweils dem Muster (Jahr;Monat). So bedeutet B. (1;8), dass B. zum Zeitpunkt des Beispiels ein Jahr und acht Monate alt war.

1.4 Begriffsklärung

Für diese Arbeit wurde zwar ein theoretischer Zugang zum Thema gewählt, die Überlegungen sollen jedoch für die Praxis relevant sein. Deshalb nehmen sie Probleme und Anliegen wie auch Beispiele aus der logopädischen Praxis auf. In diesem Zusammenhang wird von der Logopädin oder dem Logopäden gesprochen. Gemeint ist damit die Berufsbezeichnung nach schweizerischem Verständnis, welches nicht zwischen Logopädie und Sprachheilpädagogik unterscheidet. Eine Schweizer Logopädin bzw. ein Logopäde ist Fachperson „für die Diagnostik, Förderung und Rehabilitation der sprachlichen Kommunikationsfähigkeit" (Deutschschweizer Logopädinnen- und Logopädenverband 2002, 7). Sie bzw. er befasst sich mit „Forschung, Prävention, Beratung, Abklärung und Therapie bei Störungen der gesprochenen und geschriebenen Sprache, der Stimme, des Schluckens und des Redeflusses bei Kindern, Jugendlichen und Erwachsenen" (Deutschschweizer Logopädinnen- und Logopädenverband 2002, 17). Da Logopädie und Sprachheilpädagogik in der Schweiz nicht getrennt werden, ist über die Heilpädagogik auch eine pädagogische Fundierung gegeben. Damit wird ein Bezug zur Kooperativen Pädagogik hergestellt, der es ermöglicht, ein solches pädagogisches Konzept für diesen Fachbereich überhaupt in Betracht zu ziehen.

Eine Anmerkung ist hinsichtlich der Begriffe „Spracherwerb" und „Sprachentwicklung" nötig. Die beiden Begriffe unterscheiden sich wesentlich darin, wie sie eine aktive oder passive Rolle des Kindes beim Aufbau seiner sprachlichen Fähigkeiten ausdrücken. „Spracherwerb" als der Begriff, der eine aktivere Rolle annimmt, wird in dieser Arbeit bevorzugt. Dennoch wird auch „Sprachentwicklung" verwendet, besonders bei Zitaten anderer Autoren. Es wird jedoch immer von einer aktiven Rolle des Kindes im Prozess ausgegangen. In diesem Sinne werden die beiden Begriffe in dieser Arbeit synonym verwendet.
Die Begrifflichkeiten rund um Mehrsprachigkeit werden im folgenden Kapitel geklärt.

2 Zu den Begriffen rund um Mehrsprachigkeit

Im Zusammenhang mit mehrsprachigen Menschen wird eine Vielzahl von Begriffen verwendet: Mehrsprachig, bilingual, zweisprachig, fremdsprachig, zweitspracherwerbend sind nur einige von ihnen. Zu jedem dieser Adjektive gibt es natürlich die entsprechenden Nomen. Die meisten dieser Begriffe sind keineswegs klar und eindeutig, da unterschiedliche Kriterien für ihre Definition verwendet werden. Dazu kommt, dass viele der Begriffe im Alltag ebenfalls gebräuchlich sind, allerdings mit leicht anderen Bedeutungen als in der Fachliteratur. Eine Klärung ist also nötig, um von einem gemeinsamen Verständnis ausgehen zu können.

2.1 Mehrsprachig – zweisprachig – bilingual

Die Begriffe ‚mehrsprachig‘, ‚zweisprachig‘ und ‚bilingual‘ werden in der Literatur mit vielfältigen Bedeutungen versehen. Je nach Forschungsinteresse werden unterschiedliche Kriterien für die Definition verwendet: Linguistische Definitionen verlangen gewisse Kompetenzen in beiden Sprachen, psycholinguistische Definitionen untersuchen die Funktion der Sprachen, und als weiteres Kriterium wird die Identifikation mit der Sprachgruppe verwendet (Fthenakis u.a. 1985). Ausserdem wird die Lernsituation als Definitionskriterium herangezogen. Dabei wird nur der frühe Simultanerwerb zweier als gleichwertig empfundener Sprachen als Bilingualismus bezeichnet (Gutmann 1977, 3-4). Diesen Definitionen ist mit Ausnahme der letzten gemeinsam, dass sie sich jeweils nur auf einen bestimmten Zeitpunkt der Beurteilung beziehen und den dynamischen Aspekt sprachlicher Kompetenzen nicht berücksichtigen können. Ein Grund dafür könnte sein, dass sie vorwiegend für die Forschung mit erwachsenen Personen entwickelt wurden, deren sprachliche Kompetenz als vollständig erworben betrachtet wurde.

Da sich diese Arbeit mit sprachlicher Handlungsfähigkeit und deren Erwerb befassen will, kann vollständige Kompetenz, insbesondere rein linguistisch definierte Korrektheit, kein Kriterium sein. Diese wird ja dabei erst herausgebildet (soweit Kompetenz je vollständig sein kann). Für die Logopädie ist Kommunikationsfähigkeit eines Menschen zentral, für die Kooperative Pädagogik sprachliche Handlungsfähigkeit. Deshalb kann man nicht nur die Person für sich alleine mit ihrer Sprache (und allenfalls deren Korrektheit) betrachten. Vielmehr müssen das Umfeld der Person und die Interaktion zwischen Person und Umfeld berücksichtigt werden. Damit rücken diejenigen Definitionen von Mehrsprachigkeit ins Zentrum, die das psychosoziale Umfeld eines Menschen betrachten und damit die Notwendigkeit für den Gebrauch von mehr als einer Sprache im Alltag als Bestimmungskriterium wählen. Grosjean drückt dies folgendermassen aus: Kinder werden „bilingual, weil sie es müssen: Ihre psychosoziale Umgebung schafft eine Notwendigkeit, in zwei (oder mehreren) Sprachen zu kommunizieren, was zum Bilingualismus führt" (Grosjean 1996, 171). Somit ist zweisprachig, wer in seinem alltäglichen Leben mindestens zwei Sprachen verwendet (Grosjean 1989, 4), oder wie Weinreich (1977, 15) formuliert: „Die Praxis, abwechselnd zwei Sprachen zu gebrauchen, soll Zweisprachigkeit heissen, die an solcher Praxis beteiligten Personen werden zweisprachig genannt." Mehrsprachigkeit ist jeweils mitgedacht, da bis jetzt keine grundsätzlichen Unterschiede festgestellt werden konnten zwischen dem Lernen und dem Gebrauch zweier oder mehrerer Sprachen (Kracht 2000, 133).

Gemäss dieser Ausführungen werden im Folgenden die Begriffe ‚mehrsprachig', ‚zweisprachig' und ‚bilingual' sowie die dazugehörigen Nomen ‚Mehrsprachigkeit', ‚Zweisprachigkeit' und ‚Bilingualismus' synonym verwendet, und sie beziehen sich auf Menschen in einer mehrsprachigen Lebenssituation.

Je nachdem, zu welchem Zeitpunkt in der Entwicklung des Kindes die Notwendigkeit, in mindestens zwei Sprachen zu kommunizieren, geschaffen wird, erwirbt das Kind die von ihm benötigten Sprachen parallel oder nacheinander. Das führt zu den in der Literatur beschriebenen unterschiedlichen Spracherwerbsmodellen für mehrsprachige Menschen, nämlich zum Erwerb zweier Erstsprachen (auch bilingualer Spracherwerb, doppelter Erstspracherwerb oder simultaner Erwerb zweier Erstsprachen genannt), wenn die Notwendigkeit von Beginn an besteht, oder zum Zweitspracherwerb, wenn sie erst später auftritt.

2.2 Erwerb zweier Erstsprachen

Der Erwerb zweier Erstsprachen (bzw. bilingualer Spracherwerb, doppelter Erstspracherwerb, simultaner Erwerb zweier Erstsprachen) ist das Resultat davon, dass Kinder sehr früh, gleichzeitig, regelmässig und andauernd mehr als einer Sprache ausgesetzt sind (de Houwer 1995, 222). Soll „früh" in eine Altersangabe umgesetzt werden, dann gehen die Meinungen auseinander. De Houwer (1995, 223) meint, dass die zweite Sprache innerhalb des 1. Lebensmonats hinzukommen muss. Andere Autoren akzeptieren noch sehr viel später – z.t. bis zum Alter von drei Jahren – hinzutretende zusätzliche Sprachen als Erstsprache (z.B. Tracy 1994, 22). Für beide Positionen lassen sich Argumente finden.

Die Grenze von drei Jahren wird in der Literatur häufig vertreten. Für diese Grenze spricht, dass das Kind im 3. Lebensjahr grosse Schritte zur Grammatikalisierung seiner Sprache macht. Das führt dazu, dass es am Ende des 3. Lebensjahres in seiner Erstsprache nicht nur ein schon recht umfassendes Lexikon, sondern auch die wesentlichen Grundzüge der Grammatik erworben hat. Da in diesem Alter auch die Aussprache schon weitgehend zielsprachengerecht erfolgt, gibt es gute Gründe für die Aussage, dass der Erstspracherwerb am Ende des 3. Lebensjahres in wesentlichen Zügen abgeschlossen ist. Das führt zum Argument, dass vorher neu hinzutretende Sprachen noch nach den Prinzipien des Erstspracherwerbes erworben werden können.

Fraglich erscheint die Grenze von drei Jahren hingegen, wenn man bedenkt, wie viel sprachliche Kompetenz beispielsweise bereits zweijährige Kinder erworben haben. Sie verfügen schon über so viel Erstsprache und haben in dieser Sprache bereits so viele Erfahrungen gesammelt, dass bei einem Hinzutreten der zweiten Sprache nach dem zweiten Geburtstag von zweisprachigem Spracherwerb analog zum einsprachigen Spracherwerb keine Rede sein kann. Geht man davon aus, dass die Entdeckung der Sprache und die erste Auseinandersetzung mit der dinglichen und interaktionalen Umwelt durch zwei oder mehr Sprachen erfolgen soll, dann müsste das Kind bereits innerhalb des ersten Lebensjahres mit diesen Sprachen konfrontiert sein. Ausserdem weist beispielsweise Penner (2004b) darauf hin, dass in der neueren Forschung immer frühere kritische Phasen für den Spracherwerb diskutiert werden. So sollen bereits während der letzten Phasen der Schwangerschaft sowie in den ersten Lebensmonaten wesentliche Elemente der Erstsprache, nämlich prosodische Merkmale, erworben werden. Eine weitere kritische Phase des Spracherwerbs, die eng mit der Hirnreifung verbunden ist, soll zwischen 18 und 24 Monaten liegen. So gibt es wesentliche Argumente dafür, dass von einem Erwerb zweier Erstsprachen nur gesprochen werden kann, wenn beide Sprachen innerhalb der ersten zwei Lebensjahre einsetzen.

Da die meisten Untersuchungen zum Erwerb zweier Erstsprachen von einer Grenze nach den ersten drei Lebensjahren ausgehen, und weil es dafür wie beschrieben auch gute Argumente gibt, schliesse ich mich trotz der kritischen Anmerkungen dieser Handhabung an.

2.3 Zweitspracherwerb – Zweisprachenerwerb

Der Begriff ‚Zweitspracherwerb' bezieht sich auf Menschen, die nach ihrem Erstspracherwerb (1.-3. Lebensjahr oder länger) eine zweite Sprache lernen. In der Regel ist die Erstsprache dann in Grundzügen erworben (Kracht 2001a, 254). Die Aneignung einer zweiten oder weiteren Sprache wird von den Beteiligten oft als bewusstes Problem erfahren (Knapp-Potthoff/Knapp 1982, 18). Kinder in dieser Spracherwerbssituation werden im Folgenden als ‚zweitspracherwerbende Kinder' bezeichnet. In der Alltagssprache werden solche Kinder oft ‚fremdsprachige Kinder' genannt. Das ist für die Fachdiskussion jedoch irreführend, da meistens keine der beteiligten Sprachen eine Fremdsprache im engeren Sinne ist, weder für die Kinder noch für die Umgebung (auch wenn diese die Erstsprache des Kindes nicht versteht und deshalb ‚fremd' nennt). In der deutschsprachigen Fachliteratur versteht man unter einer ‚Fremdsprache', im Gegensatz zu einer ‚Zweitsprache', eine neu zu erlernende Sprache, die im Alltag nicht verwendet wird. Fremdsprachenlernen ist üblicherweise mit Unterricht verbunden, sodass sich Veröffentlichungen dazu auch oft mit didaktischen Fragen beschäftigen. Im englischsprachigen Raum ist die Unterscheidung von ‚Fremdsprache' und ‚Zweitsprache' nicht üblich, sondern es wird in beiden Fällen von ‚second language acquisition', also von Zweitspracherwerb gesprochen. Da sich die vorliegende Arbeit auf den Erwerb zweier Erstsprachen bezieht, ist eine umfassendere Klärung dieser beiden Begriffe nicht nötig.

Neuerdings nimmt Kracht (2000, Hervorh. CFS) eine weitere Abgrenzung vor, nämlich die Unterscheidung zwischen ‚Zweitspracherwerb' und ‚Zweisprachenerwerb'. Von Zweisprachenerwerb spricht die Autorin bei den Kindern, die in Deutschland geboren sind und von Geburt an zwei Sprachen in unterschiedlichen Kontexten erfahren und lernen. Die sprachliche Auseinandersetzung mit ihrer Umwelt erfolgt in einer Weise, dass es nicht zu einem Spracherwerb nach dem Modell des Erwerbs zweier Erstsprachen kommt. Die Kinder erleben eine Sprachverteilung, die nach dem Prinzip Familiensprache–Umgebungssprache erfolgt. Sie haben dabei durchaus mit beiden Sprachen Kontakt, die Priorität liegt jedoch eindeutig bei der Familiensprache, also der Sprache der Eltern. Deshalb verwenden die Kinder diese Sprache früher produktiv als die zweite Sprache Deutsch. Dennoch haben sie in der Regel schon Erfahrungen mit der Umgebungssprache gemacht. Unter Umständen kann die Sprache der gesellschaftlichen Mehrheit auch schon einen gewissen Stellenwert erhalten, z.B. durch den Sprachgebrauch älterer Geschwister, die den Kindergarten oder die

Schule besuchen. Auf jeden Fall ist davon auszugehen, dass für das Deutsche der Prozess des Sprachverstehens gegenüber jenem der Sprachproduktion differenzierter entwickelt ist (Kracht 2000, 207-208; Kracht 2001a, 254-255).

3 Von der Kooperativen Pädagogik zum Ansatz für mehrsprachige Kinder mit Sprachstörungen

Annette Kracht (2000) hat einen Ansatz für mehrsprachige Kinder mit Migrationshintergrund entwickelt, welcher auf der Sichtweise der Kooperativen Pädagogik beruht. Sie übertrug dafür einen von Welling (1990) für sprachliches Handeln entfalteten Ansatz, der auf der Kooperativen Pädagogik basiert, auf die mehrsprachige Spracherwerbssituation. Will man sich mit Krachts Überlegungen zur Mehrsprachigkeit auseinandersetzen, so ist es notwendig, die theoretischen Grundlagen der Kooperativen Pädagogik darzustellen. Danach wird der aus diesen Grundlagen entfaltete sprachhandlungstheoretische Ansatz Wellings dargestellt, den er bereits für die Sprachförderung von Kindern mit verschiedenen sprachlichen Problemen weiterentwickelte. Dies ist nötig, weil Kracht selbst ihre eigenen Überlegungen zwar auf Welling abstützt, dessen Ausführungen jedoch nur knapp wiedergibt. Für eine kritische Diskussion muss dies jedoch ausführlicher geschehen. Schliesslich werden die weiterführenden Überlegungen Krachts zum mehrsprachigen Spracherwerb wiedergegeben und ebenfalls kritisch überdacht. Dies soll es ermöglichen, die Erklärungskraft des Ansatzes für den Erwerb zweier Erstsprachen einzuschätzen.

3.1 Grundlagen der Kooperativen Pädagogik

> „Kooperative Pädagogik ist Mitmenschliche Pädagogik
> ist Verstehende Pädagogik, ist Verstehende Psychologie
> ist Erziehungstheorie, ist Kulturanthropologie
> ist Erkenntnistheorie, ist Vernunftkritik
> ist Gesellschaftskritik, ist Ethik, ist Utopie
> ist Menschliches Handeln, ist Gemeinsames Leben
> ist Erzieherisches Handeln, ist Kooperative Pädagogik"
> (Jetter 1985, 2)

Wie das Zitat von Jetter zeigt, hat die Kooperative Pädagogik einen hohen und umfassenden Anspruch an sich selbst. Sie geht von der Einsicht aus, dass der Mensch sich seine Welt nicht einfach dienstbar machen darf, „nur wenn er sie als ‚Partner' gewinnt, kann er in würdiger Form überleben" (Jetter 1985, 3). Und wer von Partnerschaft spricht, meint auch Kooperation. Kooperativ sollte nicht nur der Ansatz sein, der schliesslich entwickelt wurde, auch die Entwicklung des Ansatzes selbst erfolgte in kooperativer Art und Weise. Jeder der drei Begründer

der Kooperativen Pädagogik – Franz Schönberger, Karlheinz Jetter und Wolfgang Praschak – brachte seinen spezifischen fachlichen Hintergrund in die Diskussion ein. Philosophie, Psychologie, Psycholinguistik und Körperbehindertenpädagogik waren wichtige Disziplinen, aus denen wesentliche Elemente für die Entwicklung der Kooperativen Pädagogik gewonnen wurden (grundlegend zu verfolgen bei Schönberger u.a. 1987). Diskussionstreffpunkt war der Arbeitskreis Kooperative Pädagogik (AKoP), der auch einen Grossteil der Veröffentlichungen übernahm. Diskussionsbeiträge weiterer Personen erweiterten (und erweitern heute noch) den Ansatz jeweils mit anderen fachlichen Schwerpunkten, wie beispielsweise die Veröffentlichungen Wellings zum sprachlichen Handeln zeigen. Dennoch prägten die Begründer mit ihrem Hintergrund den Ansatz der Kooperativen Pädagogik entscheidend.

Als Konzeption geht die Kooperative Pädagogik davon aus, dass Handeln für den Menschen lebensnotwendig ist (Welling 1991, 75-76). An dieser Lebensnotwendigkeit versucht sie sich zu orientieren und macht sich deshalb Gedanken über die Bedingungen menschlicher Handlungsfähigkeit. Jetter (1985, 5) drückt dies folgendermassen aus: „Der Mensch ist seinem Wesen nach ein verantwortlich Handelnder, der sich an kulturellen Werten orientiert, seine Bedürfnisse mit diesen Werten harmonisiert und seine Ziele und Handlungen mit den Zielen und Handlungen seiner Mitmenschen abstimmt."

Indem die Kooperative Pädagogik menschliche Handlungsfähigkeit ins Zentrum ihrer Überlegungen rückt, und in der Art, wie sie dies tut, zeigt sie laut Ahrbeck, Schuck und Welling (1992), dass sie in ihrem erziehungswissenschaftlichen Konzept einer humanwissenschaftlichen Handlungstheorie verpflichtet ist, die auf konstruktivistischen und interaktionistischen Ansätzen basiert. Diese Ansätze gehen von einer wechselseitigen Beziehung von inneren und äusseren Entwicklungsbedingungen aus und erkennen jedem Menschen, auch dem kleinen Kind oder dem schwerst behinderten Menschen, eine aktive Rolle zu. Schwerst behindert nennt Schönberger (2005, 78) Menschen, die sowohl in ihren körperlichen als auch in ihren geistigen Funktionen so stark beeinträchtigt sind, dass sie im Alltag auf umfassende Hilfe und Pflege angewiesen bleiben. Entscheidend ist dabei der Grad der geistigen Beeinträchtigung, das Verharren im sensumotorischen Stadium. Das Kind, aber auch der behinderte Mensch, nimmt also sozusagen im Austausch mit seiner Umwelt seine Entwicklung selbst in die Hand und schafft seine Welt und seine Realität. Dies gelingt ihm durch beständig konstruierende Aktivität, die sich im gegenständlichen und symbolischen Handeln zeigt. Durch eigenes Handeln verleiht das Kind den Erscheinungen der Umwelt Bedeutung. Diese Bedeutungen sind für jedes Kind individuell, da jedes Kind seine ganz persönlichen Erfahrungen macht und diese durch seine Eigenaktivität auch individuell verarbeitet (Ahrbeck u.a. 1992, 289).

Was ist nun aber unter Handeln zu verstehen? Menschliches Handeln steht schon seit Jahrhunderten im Zentrum philosophischer Betrachtungen. So hat auch die Diskussion darum, wie ‚Handeln‘ definiert werden soll, eine lange Tradition. Die Kooperative Pädagogik hat diese Diskussion aufgegriffen und drei zentrale bestimmende Begriffe festgelegt, um menschliches Handeln als solches zu erfassen: ‚Zielgerichtetheit‘, ‚Plangeleitetheit‘ und ‚Wertorientiertheit‘. In den Satzungen des Arbeitskreises Kooperative Pädagogik (AkoP) heisst es dazu: „Im Begriff der Handlung wird menschliche Tätigkeit als wertorientiert, zielgerichtet und planvoll gefasst" (Schönberger 1985, 17).

Die drei Dimensionen Ziel, Plan und Wert sind dabei nichts grundsätzlich Neues, um ‚Handeln‘ zu bestimmen, und sie werden auch von anderen Autoren benutzt. Das Besondere am Verständnis der Kooperativen Pädagogik ist einerseits die untrennbare Kombination aller drei Dimensionen, andererseits die Bedeutung der drei Begriffe. In der genauen Bedeutung werden die fachliche Herkunft der Begründer sowie die Einbindung in die Heil-/Sonderpädagogik deutlich. Zwei Aspekte fallen dabei besonders auf: erstens die Betonung von Lernen und Entwicklung, zweitens die angestrebte Weite des Handlungsbegriffes.

Die Betonung von Lernen und Entwicklung zeigt sich besonders markant beim Planaspekt, der im Gegensatz zu anderen Ansätzen nicht nur die Handlungspläne selbst beschreibt, sondern auch deren *Erwerb* untersucht. Dabei stützt sich die Kooperative Pädagogik insbesondere auf das konstruktivistische Entwicklungsverständnis von Piaget (Grundlegende Überlegungen zum kindlichen Handeln auf dem Hintergrund von Piagets Ansatz sind in Jetter 1975 zu finden). Die angestrebte Weite des Handlungsbegriffes wird dadurch deutlich, dass explizit immer wieder versucht wird, die Begriffe so zu fassen, dass auch schwerst behinderte Menschen nicht ausgeschlossen werden. Schönberger geht in einer späten Veröffentlichung sogar so weit, dass er den Begriff ‚Handeln‘ als alles menschliche Tun und Werden umfassend verstanden haben will. Er formuliert dazu „zwei Merksätze: 1. Eine handlungstheoretische Konzeption ist erst dann vollständig, wenn sie das Lachen und das Weinen, den Tanz und den Liebesakt, die Geburt und das Sterben als Handlungen begreifen kann. Aber bitte so, dass sie bei all dem die Lust und das Leid nicht vergisst. 2. Eine kooperative Pädagogik ist erst dann vollständig, wenn sie Geburtshilfe und Sterbebegleitung zu ihrer Sache macht. Aber bitte so, dass sie dabei nicht stört" (Schönberger 2002, 170). Wenn sogar Geburt und Sterben als Handlungen verstanden werden sollen, dann gibt es wirklich keine menschliche Regung, die nicht Handlung sein kann. Es stellt sich dann allerdings die Frage, inwiefern ein solch weiter Handlungsbegriff pädagogisch oder therapeutisch noch fruchtbar sein mag. Dieselbe Problematik wird sich später auch bei Welling (1990) zeigen, wenn er jedes kommunikative Verhalten als sprachliche Handlung ansehen will. Doch dazu an gegebener Stelle mehr (vergleiche Kapitel 3.5.1).

Eine kritische Anmerkung bezüglich des Handlungsbegriffes lohnt sich in diesem Zusammenhang bereits: Die Begründer der Kooperativen Pädagogik beschäftigen sich überraschend wenig mit Fragen, welche die konkrete Klärung des Handlungsbegriffes betreffen. Wenn man sieht, wie intensiv anderenorts darüber diskutiert wird, was Handlungen sind, überrascht diese scheinbare Gleichgültigkeit. Umso mehr, als doch der Handlungsbegriff für den Ansatz genauso konstituierend ist wie der Begriff der Kooperation. Jetter zitiert die folgende Grundannahme: „Die dem Menschen wesensgemässe Tätigkeit ist das menschliche Handeln" (Jetter 1985, 9). Diesen Satz bezeichnet er als Axiom, also als Grundsatz der Kooperativen Pädagogik. Damit beendet er die kaum begonnene Diskussion über Aspekte des Handlungsbegriffes mit dem Hinweis, dass sich die Kooperative Pädagogik nicht um Fragen der ‚Handlungstechnologie' kümmere. Darunter versteht er beispielsweise die Frage, was Handeln von anderen Tätigkeiten unterscheidet oder wie Teilhandlungen zu einer Gesamthandlung zusammengebaut werden. Die Frage stellt sich nun, welchen Platz sprachliche Handlungen in dieser Festsetzung finden können. Soll bzw. darf die Frage, ob sich sprachliche Handlungen von anderen kommunikativen Handlungen unterscheiden, gar nicht gestellt werden? Wenn aber jede menschliche Regung als Handlung bzw. jede kommunikative Handlung als sprachlich bezeichnet wird, wie kann man urteilen, eine Person sei in ihrer (sprachlichen) Handlungsfähigkeit beeinträchtigt? Und anhand welcher Kriterien will man dann über Förderbedarf entscheiden? Das Nachdenken darüber, was eine Handlung ist und wann sie allenfalls als erfolgreich bzw. erfolglos bezeichnet werden kann, muss zumindest erlaubt sein. Sonst macht ein Förderansatz, der ja etwas verbessern und entwickeln will, keinen Sinn.

Besonders an der Kooperativen Pädagogik ist nicht nur ihr Verständnis von Handlung, sondern natürlich auch – wie ihr Name sagt – die Betonung der Kooperation. Kooperativ ist eine Handlung dann, wenn die Handlungspartner ihre Tätigkeiten an gemeinsamen Werten orientieren und ihre Handlungspläne auf vereinbarte Ziele hin koordinieren (Schönberger 1985, 17). Wesentlich scheint die Vereinbarung von Zielen zu sein, was ja an sich bei sehr unterschiedlichen Handlungspartnern bereits eine Schwierigkeit sein kann. Daneben ist die gegenseitige Abstimmung der Handlungspläne zentral. Diese müssen in Bezug auf sprachliches und aussersprachliches Wissen auf die vereinbarten Ziele hin koordiniert werden (von Knebel 2005, 24).

Was dies konkret bedeuten könnte, darum ringt die Kooperative Pädagogik seit jeher. Schönberger (1987, 101-119) entwickelt eine Ethik der Kooperation und verknüpft Verantwortung und Kooperation: „Verantwortung gilt in unserer Kultur als grundlegendes sittliches Merkmal des menschlichen Handelns. Sie besteht in der Verbindlichkeit, die das Handeln gewinnt unter dem Anspruch eines Problems. Dieser Anspruch entsteht, wenn der Handelnde eine Sachlage als nicht nur ihn allein betreffende Aufgabe erkennt und deren Lösung zwar in einer bestimmten Situation, jedoch gemessen an situationsübergreifenden Ordnungen und Gütemassstäben als sinnvolles und erreichbares sowie verpflichtendes Ziel bewertet. Verantwortung entfaltet und erfüllt sich in Kooperation. Sie kann sich in ihr entfalten, weil jede Kooperation, also auch schon die sensumotorische, in der gemeinsamen Lösung eines gleichen Problems gründet. Sie soll sich in ihr erfüllen, weil Kooperation als solidarisches Handeln gleichberechtigter und freier Partner die vollendete Form menschlicher Lebenstätigkeit ist. Diese kooperative Lebensform prägt demnach die Lebenswelt nur insoweit, wie die gesellschaftlichen Machtverhältnisse Gleichberechtigung und Freiheit ermöglichen" (Schönberger 1987, 119). Verantwortung ist dabei nicht einseitig zu sehen. „Eine einseitige Übernahme der Verantwortung für den Kooperationsprozess oder grenzenlose Hilfsbereitschaft können Kooperation allerdings nicht fördern. Nur die Beachtung der Wechselseitigkeit in symmetrischen Beziehungen gewährleistet den gegenseitigen Respekt erfolgreicher Kooperationspartner/innen" (Kriwet 2003, 174).

Die konkrete Umsetzung der Kooperation steht gerade in sonderpädagogischen Zusammenhängen oft in einem Spannungsfeld. Dieses liegt in der Betonung von Solidarität und Hilfsbereitschaft, verbunden mit einem hohen moralischen Anspruch an die Helfenden und der moralischen Entlastung durch die Akzeptanz, dass man auch rivalisierend kooperativ sein kann, dass Kooperation konflikt-reich ist und dass individuelle Interessen ihren Platz haben können (Kriwet 2003, 182). Von Knebel und Welling (2002, 80) bezeichnen dies als antagonisti-sche Kooperation. Jede Kooperation ist um Ausgleich bemüht, hat aber dennoch stets mit Gegensätzlichem zu tun. Menschen sind verschieden, verfolgen unter-schiedliche Interessen oder Zielsetzungen und haben unterschiedliche Bedürf-nisse. Zusammenarbeit und Zusammenwirken in der Kooperation ist dann ge-glückt, wenn sich ‚Antagonismen' nicht gegen die Kooperationspartner selbst richten, sondern im gemeinsamen Gestalten von Lebenswirklichkeiten erlebt und bearbeitet werden können.

Diese Seite betont auch Kobi (2002), wenn er sagt, dass Kooperation nicht heisst, sich gemeinsam im Gleichschritt für dasselbe einzusetzen. Vielmehr soll ein Austausch über Unterschiede, Differenzen und Grenzen hinweg stattfinden. Voraussetzung ist ein Grundkonsens, der vor allem auf den Willen bezogen sein muss, Kooperation überhaupt zu gewährleisten und über Verträglichkeit/Unver-träglichkeit hinweg die Verträglichkeit aufrechtzuerhalten. „Was Kooperation somit unabdingbar zur Voraussetzung hat, ist gegenseitige Existenzwahrneh-mung, Existenzberechtigung und Existenzbestätigung, wobei Kooperation eine solche gleichzeitig in kreisförmigen Prozessen (er)schafft" (Kobi 2002, 20). Ausserdem benötigt Kooperation laut Kobi (2002, 21) einen gemeinsamen Kon-text, so etwas wie einen Austragungsort. Zumindest minimal müssen sich die Weltkonstrukte der Kooperateure überschneiden. Dass dies geschieht, ist seiner-seits allerdings bereits wieder Anlass zu Kooperation.

Woran in einer konkreten Situation Kooperation festgemacht würde, unterschei-det sich bei den Autoren teilweise deutlich. Politisch wird Welling (2004, 129), wenn er als Merkmal der von Kooperation geprägten Handlungsabläufe die ak-tive Integration aller in einen gemeinsamen Handlungsbezug, das Aushandeln gemeinsamer Ziele, die Abstimmung individueller Vorstellungen und Vorhaben, die Orientierung an den gemeinsamen verbindlichen Zielvorgaben und als mate-riellen Aspekt davon die Teilhabe an gemeinsamen Gütern nennt.

Aus der Sicht der Kooperativen Pädagogik muss jeder Mensch Kooperationsfä-higkeit erst erwerben. Entsprechend wird jedes Kind wird als kooperationsberei-ter Partner betrachtet, der allerdings noch nicht den Überblick und den Weitblick des Erwachsenen hat (Jetter 1985, 8). Deshalb sind für die Kooperative Pädago-gik Erwachsener und Kind „zwar in jeder Hinsicht gleichwertig, nur selten jedoch gleichberechtigt und in fast keiner Hinsicht gleichartig. Bei aller Unterschiedlichkeit finden sie im gemeinsamen Handeln zusammen, wenn und soweit es dem Erwachsenen gelingt, sich in einer asymmetrischen Kooperation auf die Perspektive des Kindes einzulassen. Dazu muss er die Wertkonzepte des Kindes ergründen, um dessen Handlungsziele verstehen und mit den eigenen koordinieren zu können. Und er muss im Hinblick auf den Aspekt der Plangeleitetheit menschlichen Handelns das kognitive Strukturierungsvermögen des Kindes einschätzen können, damit das Kind seine Handlungserfahrungen und Handlungsmöglichkeiten in die Kooperation einbringen kann" (von Knebel 2005, 29). Die Anpassung muss also vom Erwachsenen her kommen, damit das Kind Kooperation lernen kann. Dieses Lernen wird ihm von der gesellschaftlichen Wirklichkeit jedoch nicht leicht gemacht. Zwar schafft Kooperation beim Menschen ein Bewusstsein seiner selbst als eines verantwortlich Handelnden in einer von ihm zu verantwortenden Wirklichkeit. In der gesellschaftlichen Wirklichkeit wird der Erwerb der Kooperationsfähigkeit aber behindert, weil Kooperationsbedingungen nur erschwert zu erkennen sind. Sinnhafte Kooperation wird weitgehend in private Lebensbereiche abgedrängt. Deshalb ist es Aufgabe des Pädagogen, Bedingungen zu schaffen, unter denen sich Kooperationsfähigkeit entwickeln kann. Und überdies sollen Pädagogen politisch wirken, um Kooperation auf öffentliche Bereiche auszudehnen (Schönberger 1987, 83-84).

Handeln und Kooperation stehen also in einem engen Zusammenhang. In verschiedenen Kooperationsformen kann das Kind die Bedeutung von Handlungen erwerben und für sich erfahren. Jetter (1985, 11-12) führt dazu aus: „Der Mensch entwickelt die Grundlage für sein Denken und Fühlen in den ersten Kooperationsformen. Von diesen wird er sich nicht ‚ablösen', sondern er wird sie umformen und erweitern, wenn er in seinem Handeln Solidarität – und solidarische Kritik! – erfährt. Im Zusammenleben und Zusammenarbeiten mit verschiedenartigen Menschen in verschiedenartigen Situationen wird er gewisse Notwendigkeiten erfahren, die seiner sinnlichen Erkenntnis nicht zugänglich sind: kulturelle Bedeutungen, soziale Regeln und humane Werte. ... Kooperation bedeutet demnach nicht nur und nicht einmal in erster Linie gemeinsames Arbeiten (in der engeren Bedeutung dieses Begriffs), geschweige denn tauschwertorientierte Zusammenarbeit. Im Mittelpunkt der pädagogischen Kooperation steht der gemeinsam zu gestaltende und gemeinsam zu verantwortende Lebensalltag. Hier kann das Handeln einen grundlegenden unmittelbaren Sinn erlangen, hier ist Verbindlichkeit eine unerlässliche Grundbedingung des gemeinsamen Gelingens" (Jetter 1985, 12). Der kleine Mensch ist von Anfang an auf das Gelingen seiner Handlungen angewiesen, damit er sich entwickeln kann. Dies setzt Bezugspersonen voraus, welche die Handlungen des Kindes ernst nehmen. Sie dürfen nicht einfach andauernd für das Kind tätig werden, sondern müssen gemeinsam mit ihm die Verantwortung übernehmen und es in seinen Handlungen unterstützen (Jetter 1985, 11).

Zusammenfassend und erste Schlussfolgerungen ziehend sind folgende Aspekte der Kooperativen Pädagogik für die weitere Diskussion besonders bedeutsam:

1. Bei der Kooperativen Pädagogik handelt es sich um einen Ansatz, welcher auf einem konstruktivistischen Bild von Lernen und Entwicklung gründet. Das Kind bzw. jeder Mensch wird als eigenaktives Wesen gesehen, das seine Entwicklung (mit)bestimmt.

2. Hauptpfeiler des Ansatzes ist sein Verständnis von Handeln als Wesensmerkmal des Menschen. ‚Handeln‘ wird durch die drei Aspekte ‚Zielgerichtetheit‘, ‚Plangeleitetheit‘ und ‚Wertorientiertheit‘ bestimmt, wenn auch nicht im engeren Sinne definiert.

3. Eng mit dem Begriff des Handelns verbunden ist jener der Kooperation. Kooperation entsteht, wenn die Handlungspartner ihre Tätigkeiten an gemeinsamen Werten orientieren und ihre Handlungspläne auf vereinbarte Ziele hin koordinieren. Besonders wichtig scheint zu sein, dass alle Handlungspartner Verantwortung für die Handlung übernehmen. Wie viel Übereinstimmung bei den Zielen nötig ist und wie ausdrücklich diese vereinbart sein müssen, ist für konkrete Fälle nicht ausdiskutiert. Hingegen werden gegenseitiger Respekt und Gleichberechtigung, nicht jedoch Gleichheit vorausgesetzt, damit von Kooperation gesprochen werden kann. Kooperation ist bereits auf sensumotorischer Ebene möglich. Sobald Sprache ins Spiel kommt, müssen die Handlungspläne nicht nur hinsichtlich aussersprachlichen, sondern auch hinsichtlich sprachlichen Wissens koordiniert werden.

4. Der Ansatz steht in einem Spannungsfeld zwischen Beschreibung und Verstehen dessen, was man aktuell beobachten kann, sowie von Soll-Vorstellungen darüber, wie Handeln und Kooperation ausgestaltet sein müssten, damit sie als solche gelten könnten. Damit Handeln als kooperativ gilt, müssen jedoch gewisse Bedingungen erfüllt sein. Dies ist insofern bedeutsam, als kooperatives Handeln als sehr wesentliche Entwicklungsbedingung für jeden

Menschen betrachtet wird, um Handeln überhaupt erst zu lernen. Wie eine Situation einzuschätzen ist, in welcher ein Mensch Kooperation nicht erfährt, ist nicht so klar. Kann er dann ‚nur' seine Kooperationsfähigkeit nicht entwickeln? Oder gar nicht Handeln lernen?

5. Der Ansatz ist interdisziplinär gestaltet und befindet sich in dauernder Weiterentwicklung. Das macht ihn einerseits anpassungsfähig und lebendig. Andererseits führt dies dazu, dass auch zentrale Begriffe nicht eindeutig definiert und über die Zeit nicht konsistent weiter verwendet werden. Wer mit diesem Ansatz arbeiten will, muss also die Begriffe jeweils neu klären und festlegen. Dies soll in dieser Arbeit nicht für den allgemeinen Handlungsbegriff geschehen, sondern spezifischer bezogen auf die zum ‚sprachlichen Handeln' entwickelten Begrifflichkeiten Wellings (1990).

6. Das Ringen der Autoren um Präzision und Abgrenzungen ist sehr eindrücklich. Gerungen wird dabei nicht nur um die Inhalte, sondern auch um die Sprache. Schönberger (1987, 95) plädiert ausdrücklich und ‚leidenschaftlich' dafür, an der Sprache ernsthaft zu arbeiten. Leider schlägt sich dies zwar vielleicht in Präzision nieder, nicht aber in besonderer sprachlicher Verständlichkeit. Dadurch entstehen einerseits ein grosser Interpretationsspielraum und andererseits eine bedeutende Hürde für eine breitere Rezipierung der dargelegten Gedanken in der Praxis.

7. Trotz der erwähnten problematischen Seiten des Ansatzes hat die Kooperative Pädagogik auch einiges zu bieten. Sie bietet nämlich eine vielfältige Sicht auf das sich entwickelnde Kind in seinem Umfeld. Insbesondere der Einbezug der Wertdimension und damit auch die Einbindung des Kulturaspektes eröffnet dabei den Zugang zu einem umfassenden Verständnis des Entwicklungsgeschehens, welches in dieser Form – zumindest für den Spracherwerb – nicht Allgemeingut ist. Deshalb erscheint eine vertiefte Auseinandersetzung mit der Kooperativen Pädagogik im Bezug auf den Spracherwerb als lohnend.

3.2 Vom Handlungsbegriff der Kooperativen Pädagogik zum mehrsprachigen sprachlichen Handeln – Überblick

Nicht nur die Diskussionen um menschliches Handeln finden schon lange statt, auch die Versuche, Handlungstheorie auf sprachliches Handeln zu beziehen, haben Tradition. So hat sich beispielsweise in der selben Zeit, in der die Entwicklung der Kooperativen Pädagogik intensiv voranschritt, die Sprechakttheorie damit befasst, Arten sprachlichen Handelns zu beschreiben und zu kategorisieren (Austin 1962; Searle 1977; 1982). Wellings Verdienst ist es nun, dass er die für die Kooperative Pädagogik erarbeiteten Begriffe aufgreift und auf Sprache bezogen ausführt. Er sagt dazu, dass im Ansatz der Kooperativen Pädagogik zwar die Bedeutung menschlicher Sprache für die Persönlichkeitsentwicklung gesehen werde, dass aber im Einzelnen diese Seite menschlichen Handelns noch wenig aufgearbeitet sei (Welling 1990, 17). Dieser Aufgabe widmet er sich denn. So entwickelt und reflektiert er die grundlegenden Begriffe ‚Sprache‘, ‚Handlung‘, ‚Zielgerichtetheit‘, ‚Plangeleitetheit‘ und ‚Wertorientiertheit‘ auf dem Hintergrund von entwicklungspsychologischen, psycholinguistischen und anderen für die (Sprach-)Heilpädagogik wichtigen Ansätzen. Damit macht er diesen sprachhandlungstheoretischen Ansatz und die Kooperative Pädagogik für die Sprachheilpädagogik/Logopädie nutzbar. Welling selbst und einige andere Autoren haben die Grundlagen für einige Felder der Sprachheilpädagogik weiterentwickelt, und sie ansatzweise für die pädagogisch-therapeutische Umsetzung vorbereitet. Um einige Beispiele dafür zu nennen: zum Zeitbegriff und zur Arbeit mit hörbehinderten Kindern (Welling 1990), für Kinder mit Dysarthrie (Welling 1991), eine allgemeine Therapiekonzeption (Ahrbeck/Schuck/Welling 1992), für Kinder mit Aussprachestörungen (von Knebel 1996).

Annette Kracht (2000) überträgt schliesslich Wellings Ansatz auf die mehrsprachige Spracherwerbssituation und versucht damit, den Ansatz der Kooperativen Pädagogik auch für mehrsprachige Kinder fruchtbar zu machen. Kracht (2000, 28) weist dabei darauf hin, dass Wellings Sprachhandlungsbegriff „mit Einschränkungen eine gute Orientierungshilfe für die sprachpädagogische und sprachbehindertenpädagogische Arbeit mit zweisprachigen Kindern" darstelle. Leider führt sie nicht genauer aus, in welcher Hinsicht der Ansatz ihrer Meinung nach ergänzt werden müsste.

Klärungsbedürftig ist als zentraler Begriff auf jeden Fall das ‚sprachliche Handeln‘. ‚Sprachliches Handeln‘ wird in der Literatur sehr unterschiedlich definiert. Welling möchte einen umfassenden Sprachhandlungsbegriff entwickeln, der dem Anspruch gerecht würde, die „allgemeinen kulturellen und individuellen Voraussetzungen der sprachlichen Fähigkeiten in gegenstandsspezifischer und -adäquater Weise" zu konkretisieren (Welling 1990, 15). Darum bemüht sich Welling, und er bringt auch viele wichtige Aspekte ein. So verstehen von Knebel und Welling (2002) sprachliches Handeln als Aktivität des Sprechers und des Hörers, die in ihrer Lebenswelt die verbale Sprache als Kommunikations- und Darstellungsmittel sowie als Reflexionsgegenstand gebrauchen. Jede sprachliche Interaktion ist ein an die jeweilige Kultur gebundenes Ereignis, insofern ihre Form und ihr Inhalt ein Ausdruck der Art und Weise sind, wie Menschen ihren alltäglichen Lebenszusammenhang sprachlich ordnen (von Knebel/ Welling 2002, 111). Damit sind viele Aspekte angesprochen. Dennoch bleibt Welling in den Ausführungen dazu, was in der *konkreten* Situation unter Sprachhandlung zu verstehen sei, seltsam vage. Das mag unter anderem mit dem von ihm formulierten Ziel zusammenhängen. Er will nämlich verständlich machen, „welche Bedeutung der menschlichen Sprache allgemein zukommt und wodurch sich die *Qualität* kindlicher Sprachhandlungen bestimmen lässt" (Welling 1990, 18, Hervorh. CFS). Um diese qualitative Bestimmung drehen sich seine Ausführungen, ohne jedoch (auch in späteren Veröffentlichungen) wirklich konkret zu werden. Dadurch bleibt sein Sprachhandlungsbegriff zunächst zu unbestimmt, um in der Praxis handlungsleitend sein zu können. In den letzten Jahren ist jedoch ein Bemühen erkennbar, den Begriff auf bestimmte Handlungsfelder hin zu konkretisieren (beispielsweise für Aussprache und Aussprachestörungen bei von Knebel/Welling 2002). Eine Auseinandersetzung mit diesem Sprachhandlungsbegriff lohnt sich auf jeden Fall, auch wenn er noch in Entwicklung steht, und zwar besonders im Zusammenhang mit mehrsprachigem Spracherwerb. Durch die Auseinandersetzung wird nämlich der Blick geschärft für die Komplexität dieser Spracherwerbssituation und für wesentliche Bedingungen, die ansonsten gerne unbeachtet bleiben oder die im Gegenteil in ungerechtfertigter Weise als allein entscheidend fokussiert werden. Deshalb soll im Folgenden die Entfaltung des Sprachhandlungsbegriffes durch Welling nachgezeichnet und kritisch diskutiert werden.

3.3 Sprachliches Handeln – eine Form von Handeln

Den grundlegenden Gedanken der Kooperativen Pädagogik, „menschliches Handeln als zielgerichtetes, begrifflich strukturiertes (plangeleitetes) und wertorientiertes Tun aufzufassen" (Ahrbeck u.a. 1992, 292), greift Welling auf und entwickelt ihn für sprachliches Handeln weiter. Er stützt sich dabei unter anderem auf Piagets (1992, 38) Aussage, dass sprachliches Handeln eine Tätigkeit sei, welche „die Gegenstände durch Zeichen und die Bewegungen durch ihre Vorstellungen ersetzt, und die gedanklich noch immer mit den gleichen Mitteln operiert wie die wirkliche Tätigkeit." Welling deutet dies so, dass einerseits sprachliches Handeln ein Spezialfall allgemeinen menschlichen Handelns ist, und dass andererseits Charakteristiken einer allgemeinen Handlungstheorie auch solche einer Sprachhandlungstheorie sein müssen. Allerdings müsse das Spezielle seinen Platz bekommen, da Sprachgebrauch und Sprachverstehen spezielle Handlungsformen seien (Welling 1990, 301). Gemäss diesen Überlegungen ist sprachliches Handeln als eine Form menschlichen Handelns ebenfalls zielgerichtet, plangeleitet und wertorientiert zugleich. „Ziele, Pläne und Werte beziehen sich gleichermassen auf Sprachliches wie auf Ausser- bzw. Nichtsprachliches, insofern sich das Sprache produzierende und verstehende Subjekt auf die Sprache selbst (ihre Formen, Funktionen und Bedeutungen) und auf das ‚Hilfsmittel Sprache' bezieht, um Erkanntes damit auszudrücken" (Welling 1990, 207). Die Bestimmungsmerkmale der Zielgerichtetheit, Plangeleitetheit und Wertorientierung sind dabei nur in ihrer untrennbaren Einheit verstehbar (Welling 1990, 302). Dennoch sollen sie im Dienste der Übersichtlichkeit im Folgenden einzeln ausgeführt werden.

3.3.1 Zur Zielgerichtetheit sprachlichen Handelns

3.3.1.1 Darstellung der Zielgerichtetheit sprachlichen Handelns

Handlungstheoretisch betrachtet ist ein Ziel ein „als wertvoll erachtetes Anderssein, auf das unsere Handlungspläne beweglich ausgerichtet sind" (Schönberger 1987, 88). Davon unterscheidet Schönberger (1987, 88) den Zweck, welchen er als die Wirkung oder Funktion von Handlungen definiert, „insofern diese als Mittel zur Erreichung eines Ziels eingesetzt und daher nach ihrer Wirksamkeit und Funktionalität bewertet werden".

Auch jede Sprachhandlung enthält das Merkmal der bewussten und unbewussten Zielgerichtetheit. Dabei liegt der Sinn nicht im Einzelwort oder Einzelsatz, „sondern Worte oder Sätze erhalten im übergreifenden Zusammenhang den Sinn, den der Sprecher hinsichtlich seiner Ziele stiftet und findet" (Welling 1990, 333). Entsprechend der psycholinguistischen Bestimmung von Sprache unterscheidet Welling (1990) zwei Arten von Zielen:

Auf der einen Seite ausser- und nichtsprachliche Ziele, die mit Hilfe sprachlicher Mittel erreicht werden sollen. Ein Beispiel hierfür wäre, von anderen etwas zu erfragen oder zu erbitten. Hierzu müssen bestimmte sprachliche Mittel eingesetzt und spezifische sprachliche Formen verwendet werden, das Ziel selbst ist aber nichtsprachlich.

Beispiel 1
Das Kind sagt: „Papa, ich will ein Stück Kuchen."

Aussersprachliches Ziel ist (wahrscheinlich) das Essen des Kuchens. Sprache ist das Mittel, dies zu erreichen. Die Aussage in Form einer Ich-Botschaft soll den Vater dazu veranlassen, etwas für das Kind zu tun, nämlich ihm den Kuchen zu geben.

Auf der anderen Seite kann die sprachliche Äusserung selbst ein Ziel darstellen. Beispiele dafür sind Wortspiele, Witze, Worterfindungen oder Unsinnwörter. Auch die Suche nach einem passenden Wort oder das Nachdenken des Sprechers darüber, ob er in einer bestimmten Situation oder einem bestimmten Menschen gegenüber andere sprachliche Mittel hätte wählen sollen, gehört zu dieser Kategorie. In all diesen Fällen stellt Sprache das gegenstandsbezogene Ziel dar, auf welches das jeweils strukturierte (Sprach-)Wissen kreativ ausgerichtet ist (Welling 1990, 304; 1991, 78; Ahrbeck u.a. 1992, 292).

Beispiel 2
A. (3;2) sieht zu, wie alte Fenster durch neue ersetzt werden und unterhält sich mit seiner Mutter über diese Renovation. Beiläufig macht er folgende Bemerkung: „Ich ka ‚renoviere' nid säge ... nevoliere." (Standarddeutsch: Ich kann ‚renovieren' nicht sagen ... nevolieren).

A. kommentiert die Korrektheit seiner Äusserung und erprobt verschiedene Formen. Dadurch, dass er das Wort zuerst korrekt und dann „falsch" äussert, deutet er an, dass er eher etwas darüber sagen will, dass das Wort schwierig ist, als dass er mitteilen möchte, dass er es tatsächlich nicht aussprechen kann. In jedem Fall bezieht sich seine Äusserung auf die sprachliche Form „renovieren" und nicht auf deren Inhalt.

Beide Zielformen, die aussersprachlichen wie die sprachlichen, sind bei jedem Sprecher gleichzeitig vertreten. Auch Wortspiele und Witze beziehen sich nicht nur auf die sprachliche Form, sondern haben in ihrer Zielsetzung einen aussersprachlichen Anteil. Beispiel 2 zeigt dies ebenfalls, denn es ist kaum anzunehmen, dass A. lediglich mitteilen will, dass er ein schwieriges Wort herausgefunden hat. Mit seiner Mitteilung strebt A. sehr wahrscheinlich weitere aussersprachliche Ziele wie ‚Verbundenheit schaffen‘ oder ‚zeigen, was er Sprachliches entdeckt hat und dafür gelobt werden‘ an. Ziele sind jedenfalls oft mehrschichtiger als auf den ersten Blick angenommen. In jedem Fall dürfte es bei genauem Hinsehen ausgesprochen selten sein, dass jemand nichts anderes will, als nur verstanden werden (Keller 1984, 67-68).

Schon die vorherigen Beispiele zeigen die Mehrschichtigkeit der Ziele sprachlichen Handelns. Anhand des folgenden Beispiels soll diese Mehrschichtigkeit noch deutlicher aufgeschlüsselt werden:

Beispiel 3
A. (3;3) und seine Mutter schauen dem Baby B. zu, das ein Papier in den Mund steckt. A. sagt: „Lueg Mami, dr B. het's im Muul." (Standarddeutsch: Schau Mami, B. hat es im Mund.) Dabei schaut er zur Mutter und lächelt sie an. Die Mutter unternimmt nichts wegen des Papiers, dafür nimmt sie A., der bis dahin vor ihr gestanden hat, auf den Schoss. A. lehnt sich lächelnd an die Mutter an.

Wie kommt die Mutter dazu, nicht auf den Wortlaut zu reagieren, sondern eine davon anscheinend völlig losgelöste Reaktion zu zeigen? Folgende Deutungsschritte wären möglich:
- A. kommentiert eine Tatsache, die der Mutter bekannt ist, da beide das Baby beobachtet haben.
- Beide wissen, dass A. und die Mutter dies wissen. Deshalb kann die Mutter schliessen, dass A. ihr nicht nur eine Mitteilung zu dieser geteilten Beobachtung machen will.
- A. lächelt die Mutter während seiner Äusserung an. Das kann die Mutter als Verstärkung der Verbindung zwischen ihr und A. interpretieren. Indem sie beide über B. sprechen und sich anlächeln, schliessen sie B. für einen Moment ein Stück weit aus ihrer Gemeinschaft aus.
- Möglicherweise aufgrund früherer ähnlicher Erfahrungen interpretiert die Mutter A.'s Lächeln als Wunsch nach mehr Nähe. A.'s zufriedene Reaktion auf ihr ‚Auf-den-Schoss-Nehmen‘ hin bestärkt sie in ihrer Interpretation, so dass sie wahrscheinlich in einer späteren vergleichbaren Situation wieder ähnlich interpretieren und handeln wird.

Man sieht also, dass die beobachtbaren Tatsachen wenig Hinweise darauf geben, welches die Beweggründe für das Geschehen sein könnten. Deutungen durch die Gesprächsteilnehmer – und damit das Erschliessen von Sinn und Ziel einer Äusserung – sind nur auf einem (möglichst) geteilten Erfahrungshintergrund möglich und sind auf jeden Fall vielschichtig.

Der Sprecher wählt die Mittel zur Erreichung seiner Ziele in Abstimmung mit dem Kommunikationspartner. Gleichzeitig bewertet er kognitiv und emotional die Wirksamkeit und Funktionalität der gewählten sprachlichen Mittel (Welling 1991, 78). Dies gilt auch für kindliche Sprecher. Auch deren Strategien der Sprachverwendung „zeichnen sich dadurch aus, dass bestimmte Ziele angestrebt werden, wobei das Kind ebenso wie jeder andere Sprecher eine kognitiv und emotional gesteuerte Bewertung der Wirksamkeit und Funktionalität seiner sprachlichen Mittel vornimmt" (Ahrbeck u. a. 1992, 292).

Zusammenfassend kann man also sagen, dass sprachliche Handlungen ein Ziel haben, das sprachlich oder nichtsprachlich sein kann. Die Mittel zur Zielerreichung (auch die sprachlichen) werden auf den Kommunikationspartner bezogen ausgewählt. Die Zielerreichung bzw. Zielverwirklichung, wie sie Welling (1998b, 30) später zu nennen vorzieht, wird überprüft, und die eingesetzten Mittel werden bezüglich Wirksamkeit und Funktionalität evaluiert. Und zu guter Letzt: All dies tun auch sprechende Kinder.

3.3.1.2 Diskussion des Zielbegriffs

Die Ziele sprachlichen Handelns sollen für sprachliches Handeln ein wichtiges Bestimmungsmerkmal sein und auf Menschen mit Beeinträchtigungen der sprachlichen Handlungsfähigkeit angewendet werden. So wie Welling den Begriff gefasst hat, ist er jedoch vage und kann diese Aufgabe nicht erfüllen. Die Probleme verdeutlichen sich, wenn man versucht, Ziele sprachlichen Handelns zu konkretisieren oder sprachliche Handlungen anhand von Wellings Aussagen auf ihre Ziele hin zu analysieren. Relevant wird diese Frage dann, wenn man darüber entscheiden will, ob jemand seine Ziele erreichen kann oder nicht, wenn also der Versuch unternommen werden soll, die sprachliche Handlungsfähigkeit eines Menschen zu beurteilen.

Ein Problem besteht darin, dass Ziele sich im Gegensatz zu den sprachlichen Strukturen nicht beobachten lassen. Welches Ziel jemand mit seiner Handlung verfolgt, entzieht sich letztlich dem Beobachter und kann nur interpretiert werden. Es ist deshalb umso wichtiger, genau anzugeben, was als Ziel gelten soll und woran man ein Ziel und dessen Erreichung allenfalls erkennen könnte.

Wie bereits erwähnt definiert Schönberger (1987, 88) das Ziel einer Handlung als ein als „wertvoll erachtetes Anderssein, auf das unsere Handlungspläne beweglich ausgerichtet sind." Welling (1990, 303-306) übernimmt diese Definition und wendet sie auf sprachliche Äusserungen an. Damit sind aber einige Probleme nicht gelöst. So spricht Schönberger von „einem Anderssein". Es stellt sich nun die Frage, ob damit ein einziges Ziel gemeint ist, oder ob eine Mehrzahl von Zielen zu *einem* Anderssein führen. Welling (1990, 306) sagt dazu, dass aktiv produzierte und rezipierte Sprache in „an Zielen ausgerichteten Handlungszusammenhängen Sinnbezug" erhalten. Er setzt „Ziele" in den Plural, bezieht sie aber nicht direkt auf die sprachliche Handlung an sich, sondern auf die übergeordneten Handlungszusammenhänge. Damit klärt Welling also nicht, ob für sprachliche Handlungen einzelne Ziele anzunehmen sind und ob dies überhaupt möglich ist. Auch der Stellenwert der sprachlichen Handlungen innerhalb von Handlungszusammenhängen wird nicht geklärt. Gilt das Ziel als erreicht, gilt ein Mensch als sprachlich handlungsfähig, wenn die übergeordneten Handlungszusammenhänge erfolgreich verlaufen? Oder sollten auch die einzelnen sprachlichen Beiträge zu diesen Zusammenhängen erfolgreich sein, um von *sprachlicher* Handlungsfähigkeit zu sprechen?

Welling schildert ein für diese Fragen erhellendes Beispiel eines Jungen, den er Mark nennt:

Beispiel 4
„In der ersten Begegnung mit MARK (5;2) biete ich ihm ein grosses Heft (‚Tagebuch') an mit der Ankündigung, dass wir dieses bei unseren weiteren Begegnungen benutzen werden, um etwas hineinzumalen, hineinzukleben usw. MARK äussert den Wunsch, allein zu malen. Aus dem Ergebnis kann ich aber nicht ohne weiteres entnehmen, was es bedeuten soll. Währenddessen entwickelt sich das dokumentierte Gespräch.

MARK: *Ja Hau, Hau ma.*
A.W.: *Was meinst du mit Hau?*
MARK: *Den Ma den Ma ne ... Den ne Ma.* Er schüttelt seinen Kopf.
A.W.: *Ist kein Mann?*
MARK: *Nee!*
A.W.: *Eine Frau?*
MARK: *Nee, Hau, Hau ...*

A.W. verweist auf das Zimmer: *Zeig mir das mal, Hau.*
MARK zeigt etwas am Fenster.
A.W.:   *Draussen?*
MARK: *Hau!*
A.W.:   *Das Haus?*
MARK ärgerlich: *Ja!"*
(Welling 1990, 458 Hervorh. im Orig.).

Welling analysiert das Beispiel, das die Kommunikationsschwierigkeiten zwischen Kind und Mann sehr eindrücklich zeigt, ausführlich hinsichtlich der aussersprachlichen (Bild malen) und sprachlichen (Mitteilung, dass es ein Haus ist) Ziele. Schliesslich zieht er aber bezüglich der Sprache verwirrende Schlüsse. Einerseits weist er darauf hin, dass das Kind wohl die schwierige Kommunikationssituation als belastend empfindet, was er der ärgerlichen Antwort am Schluss entnimmt. Andererseits schreibt er: „MARK erlebt sich und sein sprachliches Handeln vermutlich als erfolgreich" (Welling 1990, 461). Würde MARK ärgerlich reagieren, wenn er sich als erfolgreich erlebte? Reicht es, nach so vielen Versuchen endlich zum Ziel zu gelangen, um sich als erfolgreich zu erleben? Was gilt als Kriterium: das schliesslich nach vielen Versuchen doch noch erreichte Ziel oder die offensichtlich erlebte Belastung? Bedeutet Zielerreichung immer auch Erfolg? Und kann man von sprachlicher Handlungsfähigkeit sprechen, wenn das Ziel der Kommunikation erst durch Gesteneinsatz erreicht wird? Welling geht auf diese Fragen nicht ein. Für ihn sind die Handlungen des Kindes gelungen, und zwar unter anderem auch deshalb, weil die erwachsene Bezugsperson die Leistungen des Kindes nicht ausschliesslich nach ausserindividuellen Normen bemesse und ihm damit Minderwertigkeit zuschreibe (Welling 1990, 461). Gelungen würde also bedeuten, nicht abgewertet zu werden mit der eigenen Art, ein Ziel zu erreichen. Damit ist eine weitere Ebene der Zielerreichung angeführt, die im Wertebereich liegt, ohne dass sie konkret angesprochen und damit analysierbar gemacht würde.

Ein weiteres Problem ergibt sich im Zusammenhang mit der Zielerreichung. Es stellt sich nämlich die Frage, ab welchem Punkt das Ziel einer sprachlichen Handlung erreicht ist. Hat ein Sprecher sein (sprachliches) Ziel erreicht, wenn sein Anliegen verstanden wurde? Oder erst, wenn seinem Anliegen auch entsprochen wurde?

Es geht hier um die Frage der Interpunktion von Ereignisfolgen, in diesem Fall von sprachlichen Handlungen. Einem Beobachter erscheint eine Folge von

Kommunikationen als ein ununterbrochener Austausch von Mitteilungen. Jeder Teilnehmer an der Interaktion unterlegt ihr jedoch eine Struktur. Diese besteht darin, dass ein (hypothetischer) Ausgangspunkt festgelegt wird und dann die einzelnen Sequenzen unterteilt werden. Jede Sequenz kann wieder als Auslöser für die nächste betrachtet werden. Je nachdem, wo man den Ausgangspunkt setzt, kann also dieselbe Sequenz einmal Ursache und einmal Wirkung sein. Dies nennt man in der Kommunikationsforschung „Interpunktion". Interpunktion organisiert das Verhalten, und jede Kultur bringt ihre eigene Interpunktionsweise mit sich, die zur Regulierung dessen dient, was – aus welchen Gründen auch immer – als ‚richtiges' Verhalten betrachtet wird (Watzlawick u.a. 2003, 57-59). Auf sprachliches Handeln bezogen bedeutet dies, dass von aussen betrachtet die Handlung als Ganzes gesehen werden kann. Die Handlungspartner jedoch erleben ihre einzelnen Handlungen sehr wohl als strukturiert und aufeinander bezogen. Um nun beurteilen zu können, was als erfolgreich und was als nicht erfolgreich gelten soll, muss zuerst die Perspektive geklärt werden. Gilt die Aussensicht, also der Blick auf das Ganze, die gesamte Handlung mit sprachlichen und nichtsprachlichen Bestandteilen? Oder gilt die Innensicht der einzelnen Kooperationspartner, die auch einzelne sprachliche Teilhandlungen auf ihren Erfolg hin beurteilen können? Wird die Innensicht eingenommen, dann ist die Frage der Interpunktion zu klären. Strukturieren die Handlungspartner gleich? Betrachten sie dieselben Sequenzen als Ursache bzw. Wirkung von dem, was geschieht? Je nachdem, wie diese Interpunktion geschieht, werden auch die Ziele der sprachlichen Handlungen unterschiedlich ausfallen.

Welling (1990, 304) differenziert in dieser Frage wenig, wie seine Ausführungen zum Beispielsatz „Gib mir ein Stück Brot" zeigen. Ziel dieser Aufforderung ist seiner Ansicht nach, vom Angesprochenen das Brot zu erhalten. Folglich wäre das Ziel dann erreicht, wenn der Auffordernde das Brot erhält. Eine Diskussion über Formen des Misserfolgs und für mögliche Gründe eines solchen findet nicht statt. Das wäre aber für die Analyse sprachlicher Handlungen hilfreich. Misserfolg kann nämlich an verschiedenen Punkten der sprachlichen Kommunikation eintreten: beim Verständlich-Machen des Anliegens (und da aus verschiedensten Gründen) oder bei der Reaktion des Angesprochenen darauf (und auch hier wieder aus vielfältigen Gründen). Auf diese Unterscheidung geht Welling nicht ein. Vielmehr setzt er die Einzeläusserung in Beziehung mit dem Ziel der jeweiligen Situation. „Nicht ... in der Einzeläusserung als solcher oder im einzelnen Wort liegt der Sinn der jeweiligen Sprachhandlung begründet. Der Sinn einer Äusserung ergibt sich aus dem konkreten Ziel in dieser Situation und aus dem erkannten Kontext, in dem das Ziel konkret realisierbar und so bedürfnisbezogen verwertbar erscheint" (Welling 1998 b, 28). So verstanden scheint es irrelevant, wie viele Einzeläusserungen nötig sind und in welcher Form sie erfolgen, solange das konkrete Ziel der Situation erreicht wird. Und das wäre im hier angeführten Fall das Brot in der Hand des Fragenden. Durch diese Betrachtungsweise gerät aber das spezifisch Sprachliche aus dem Blickfeld, indem eine Vielzahl von Sprachhandlungen zum Erreichen einer Situation führen können, wobei jede für sich durchaus ihren eigenen Sinn und Wert haben kann. Deshalb wären differenziertere Analysekategorien gerade auch für den Fall von erschwerten (Entwicklungs-)Bedingungen hilfreich, weil erst die genaue Analyse von Erfolgen und Misserfolgen Hinweise für eine sprachheilpädagogische Intervention liefern könnte. Und damit wäre wieder der Aspekt der differenzierten Zielarten angesprochen.

Ein anderer Aspekt rückt in den Vordergrund, wenn man das Kriterium des „Andersseins" kritisch betrachtet. Es führt in dieser unbestimmten Form nämlich dazu, dass viele sprachliche Äusserungen nicht als Handlungen erfasst werden können. Und zwar alle, die nicht einem bestimmten Ziel in dem Sinne dienen, dass sie etwas ändern, eine bestimmte Folge anstreben wollen. Darunter fallen so wichtige und komplexe Tätigkeiten wie das Erzählen, aber auch emotionale Ausrufe oder Fluchen. Es ist jedoch durchaus plausibel, dass das Ziel einer sprachlichen Handlung gerade darin bestehen kann, einen Zustand so zu belassen, wie er ist und eben nicht zu verändern. Dies könnte beispielsweise der Fall sein, wenn eine Frau ihrer Freundin eine Geschichte aus dem Alltag erzählt, damit diese noch ein wenig bleibt und das angenehme Gefühl des Beisammenseins verlängert wird. Schon dieses einfache Beispiel zeigt, dass die Zielkategorien, also die Beschreibung möglicher Zielarten, die Welling zur Verfügung stellt, nämlich ‚ausser- oder nichtsprachliche und sprachliche Ziele', sowie ‚bewusste und unbewusste Ziele' zu undifferenziert sind, um das ‚Anderssein', das auch ein ‚Gleichbleiben' sein können sollte, genauer zu erfassen. Jetter (1985, 10) hat darauf hingewiesen: „Handeln ist das dauernde Bemühen, die Welt mitzugestalten, sie so zu gestalten, dass sie den eigenen Möglichkeiten angemessen ist. Damit bedeutet Handeln Verändern und Bewahren, Zergliedern und Neugestalten zugleich ... ." Bewahren, etwas erhalten wollen muss also auch für sprachliches Handeln ein mögliches Ziel sein.

Zusammenfassend lässt sich also sagen, dass der Zielbegriff bezüglich mehrerer Aspekte erweitert und differenziert werden muss:

1. bezüglich der Mehrschichtigkeit von Zielen: Handlungen streben oft mehr als ein Ziel an;
2. bezüglich der möglichen Zielarten oder Zielebenen;
3. bezüglich der Abgrenzung sprachlicher Handlungen und des Stellenwertes der sprachlichen Handlung mit ihren Zielen innerhalb der gesamten Kommunikationssituation (also bezüglich der Interpunktion);
4. und damit bezüglich der Beurteilung der Zielerreichung.

3.3.1.3 Erweiterung des Zielbegriffs

3.3.1.3.1 Mehrschichtigkeit von Zielen sprachlichen Handelns

Zuerst also zur Frage, ob es *ein* einziges Ziel überhaupt geben kann. Um es gleich vorweg zu nehmen, die Antwort lautet: Nein, normalerweise gibt es nicht nur ein Ziel. Normalerweise sind Ziele vielfältig, und Handlungen mit nur einem Ziel sind meist nicht vernünftig, weil sie zu viele Nebenwirkungen in Kauf nehmen. Oft mag es trotzdem angebracht sein, von nur einem Ziel einer Handlung zu sprechen und dieses so hervorzuheben. „Dies ist besonders im Alltag unproblematisch, wo und soweit es klar ist, dass Handeln auf jeden Fall rücksichtsvoll und umsichtig sein soll. Oft hat Handeln ja auch die Zielstruktur, dass es darum geht, dass in einer Situation ein Faktor verändert werden soll, während alle anderen gleich bleiben sollen, so dass in Bezug auf diese andern Faktoren die Kunst des Handelns eben darin besteht, dass man es unterlässt, sie zu ändern. Die Funktion des Handelns, die in der intendierten Veränderung besteht, wird dann durch den Ausdruck ‚der Zweck‘ markiert und explizit gemacht, die anderen Funktionen (Unterlassung von unerwünschten sonstigen Veränderungen) bleiben als selbstverständliche unerwähnt. Das Reden von ‚dem‘ Zweck einer Handlung ist also im Alltag ein Mittel der Sprachökonomie, eine abkürzende Redeweise, derer man sich bedient, um unter den Funktionen einer mehrfunktionalen Handlung eine besondere als die wichtigste, der die Aufmerksamkeit besonders (aber nicht ausschliesslich) gilt, hervorzuheben" (Hermanns 1987, 81). Der Autor (1987, 76) verwendet übrigens die Begriffe ‚Ziel‘ und ‚Zweck‘ synonym im Sinne von ‚Ziel‘. Dies im Gegensatz zu anderen Autoren, die versuchen, beiden Begriffen unterschiedliche Definitionen zuzuweisen (z.B. Girndt 1967, 26; Schönberger 1987, 88).

Für den Alltag mag gelten, wie Hermanns ausführt, dass man die Nebenziele unberücksichtigt lassen kann. Für Fachpersonen, die mit Sprache und mit Personen mit Sprachschwierigkeiten zu tun haben, ist dies jedoch nicht zulässig. Beeinträchtigungen im Spracherwerb oder in der Sprachverwendung können dazu führen, dass das Ziel, sich verständlich zu machen, nicht erreicht werden kann. Es besteht aber auch die Möglichkeit, dass dieses Ziel zwar erreicht, dabei jedoch andere mitbeteiligte Ziele nicht oder nur sehr schwer verwirklicht werden können. Zum Misserfolg der sprachlichen Handlung kommt es dann, obwohl das Ziel ‚Verständnis' erreicht wurde. Dies geschieht deshalb, weil die nicht erfüllten Nebenziele das Erreichen des Anliegens (welches ja wahrscheinlich das – meist aussersprachliche – Hauptziel bildete) verhindern. „Jede Entscheidung für ein Handeln – das liegt im Begriff der Entscheidung – bedeutet ja, aus einer Reihe möglicher Verhaltensformen eine auszuwählen ... ." Und die „Forderung nach ‚Angemessenheit der Mittel', die wir an eine Handlung stellen, bedeutet gerade, dass unser Handeln keine solchen unerwünschten Folgen haben soll, durch die es zugleich ein anderes Handeln wäre, als wir wollen" (Hermanns 1987, 77). Gerade bei Menschen mit einer Sprachbeeinträchtigung oder mit geringen Kenntnissen einer Sprache kann die Wahl der angemessenen Mittel oder die Umsetzung der Mittel auf angemessene Art so erschwert sein, dass dies auf ihre Ziele zurückwirkt. Eine häufige Nichterreichung der angestrebten Ziele kann, aus welchem Grund auch immer sie erfolgt, dazu führen, dass bestimmte Ziele gar nicht mehr angestrebt werden. Bei Menschen mit Sprachstörungen ist im Hinblick auf sprachliche Leistungen häufig Vermeidungsverhalten zu beobachten. Besonders gut untersucht und häufig beschrieben ist dies bei stotternden Menschen (z.B. Baumgartner 1999). Gerade bei ihnen kann sich das Vermeidungsverhalten auf verschiedensten Ebenen zeigen, beginnend bei der linguistischen Ebene, wo bestimmte Laute oder Wörter vermieden werden, bis hin zur Berufswahl, wo Berufe mit Menschenkontakt trotz Interesse und Eignung nicht gewählt werden (Deutsche Gesellschaft für Phoniatrie und Pädaudiologie e.V. 2003). Wird in einem solchen Fall nur das jeweils angenommene Hauptziel für die Analyse berücksichtigt, dann wird man der Lebenssituation dieser Menschen nicht gerecht.

3.3.1.3.2 Arten von Zielen sprachlichen Handelns

Wenn von Vielschichtigkeit gesprochen wird, dann ist damit auch angesprochen, dass es verschiedene Arten von Zielen geben muss. Welling nennt explizit zwei Gruppen, nämlich die sprachlichen und die ausser- oder nichtsprachlichen sowie bewusste und unbewusste. Dies ist eine sehr grobe Einteilung, die für die Beurteilung des Gelingens einer sprachlichen Handlung wenig hilfreich ist. Wenn ausserdem zwischen dem Ziel der Gesamthandlung und dem Ziel der sprachlichen Handlung kein Unterschied gemacht wird, dann kann man die

Zielerreichung der sprachlichen Handlung selbst anhand solch grober Kategorien kaum mehr einschätzen.

Differenziertere Kategorien können beispielsweise aus Theorien über Funktionen von Sprache abgeleitet werden. Eine Möglichkeit dazu könnte die bereits erwähnte Sprechakttheorie (Austin 1962; Searle 1977; 1982) bieten. Sie war Grundlage reger Forschungstätigkeit zum Erwerb von Sprechhandlungen durch Kinder. Die diesbezügliche Forschung war zwar sehr fruchtbar und führte zu einigen Klassifizierungsvorschlägen für Sprechhandlungen. Dennoch gibt es auch Kritik daran. So „ist man heute vorsichtiger geworden, kleinen Kindern, die sich noch in der Phase des vorsprachlichen Diskurses befinden, Intentionen im Sinne der Sprechakttheorie zuzuschreiben" (Kraft 1996, 55). Was auf Erwachsene zutrifft, kann also bei spracherwerbenden Kindern nicht einfach analog interpretiert werden. Welling (2004, 132) weist explizit darauf hin, dass jeder Altersstufe entwicklungsspezifische Veränderungen des sprachlichen Handelns entsprechen. „Besonders augenfällig ist diese Dynamik im Kindesalter. Sie zeigt sich in einer ausserordentlichen Variabilität der verwendeten sprachlichen Muster, Formen und kommunikativen Abläufe."

In der Sprechakttheorie wird aber auch die Berücksichtigung der Hörerseite durch den Sprecher vernachlässigt (diesen Einbezug der Hörerseite nehmen von Knebel und Welling übrigens 2002 explizit vor), und sie konzentriert sich nur auf Sätze, nicht auf komplexere Kommunikationsmuster. Zudem kann auch die gesellschaftliche Dimension nicht erfasst werden, die in den Bemühungen der Bezugspersonen besteht, dem Kind die für eine soziale Situation angemessenen sprachlichen Verhaltensweisen zu vermitteln (Kraft 1996, 58). An dieser Stelle kann die komplexe Aufgabe auch nicht geleistet werden, ein Kategorisierungssystem zu entwickeln, das all diesen Forderungen gerecht wird. Es soll vielmehr an einem einfacheren System aufgezeigt werden, warum die Entwicklung oder Anpassung eines solchen Hilfsmittels zur Erfassung sprachlicher Handlungen für die Kooperative Pädagogik nützlich sein könnte.

Als ein gut eingeführtes und überblickbares Modell steht Jakobsons (1971) Modell der sechs Funktionen von Sprache zur Verfügung. Laut Jakobson spielen sechs Faktoren im Rahmen jeder sprachlichen Kommunikation eine Rolle: der Sender, der Empfänger, der Kanal, die Botschaft, der Kontext und schliesslich der Code, den beide Teilnehmer beherrschen müssen. Auf diese Faktoren beziehen sich die Funktionen von Sprache: die *referentielle Funktion* umfasst den

Bezug auf das sprachlich vermittelte Dritte, den Inhalt oder die Wirklichkeit. Die *konative Funktion* vermittelt durch die Botschaft eine Aufforderung (einen Appell) an den Empfänger. Die *phatische Funktion* dient der Herstellung und Aufrechterhaltung der Sprachverbindung zwischen den Gesprächsteilnehmern. Die *emotive oder expressive Funktion* drückt die Haltung des Sprechers zum Gesagten sowie seine Befindlichkeit aus. Die *metalinguale Funktion* umfasst die Thematisierung des Codes oder die Zuordnung von Bedeutung, und die *poetische Funktion* schliesslich macht die Botschaft selbst zum Thema. Je nachdem, welche Funktion im Vordergrund steht, sind andere Ziele beim Sprecher anzunehmen, sodass auch zumindest sechs Zielebenen angenommen werden können. Die Zielebenen können bei einer Äusserung in unterschiedlicher Kombination und Anzahl wichtig sein. Dass nur eine Ebene angesprochen ist, ist eher selten.

Mit diesen sechs Zielebenen gelingt es, die sprachlichen und ausser- oder nichtsprachlichen Ziele zu differenzieren. Ausserdem ist es möglich, bewusste und unbewusste Zielgerichtetheit einzuordnen, wie sie Welling für jede Sprechhandlung annimmt (Ahrbeck u.a. 1992, 292). Gerade mit dieser differenzierteren Analysemöglichkeit wird nämlich deutlicher, welche Zielebenen eher bewusst, welche wohl eher unbewusst angestrebt werden. Und ebenso wird deutlich, dass mit derselben sprachlichen Handlung auf verschiedenen Zielebenen bewusste und unbewusste Ziele gleichzeitig verfolgt werden können, wobei die Mehrheit der Ziele wohl unbewusst bleibt.

Die verschiedenen Zielarten sollen wieder am Beispiel 1 (Zur Erinnerung: Das Kind sagt: „Papa, ich will ein Stück Kuchen!") verdeutlicht werden. Es gibt verschiedene Möglichkeiten, wie der Vater auf das Anliegen reagieren kann:

1. *Das Kind bekommt den Kuchen.*
Falls das Ziel des Kindes tatsächlich das ‚Kuchenessen' war, so war es sowohl mit der referentiellen Funktion (es geht um Kuchen) wie auch mit der konativen Funktion (Appell: gib mir den Kuchen) erfolgreich.

2. *Das Kind bekommt den Kuchen nicht.*
Mögliche Gründe dafür:
a) Der Vater hat das Anliegen nicht verstanden, weil das Kind die sprachliche Form nur unzureichend realisieren konnte, beispielsweise aufgrund einer Aussprachestörung. Das Kind konnte die referentielle Funktion zu wenig umsetzen und nicht klar machen, dass es um das Kuchenessen geht.

b) Der Vater hat das Anliegen verstanden. Das Kind hat sich aber im Ton so vergriffen, dass der Vater die Bitte als unverschämt betrachtet und ihr nicht entsprechen will. Damit war das Kind zwar auf der referentiellen Ebene erfolgreich, auf der konativen Ebene des Appells jedoch nicht. Möglicherweise war es auf der emotiven Ebene erfolgreich, indem es seine Wut auf den Vater ausdrückte und der Vater dies auch richtig interpretierte – mit den entsprechenden Konsequenzen.

c) Der Vater hat das Anliegen verstanden. Die Bitte wurde angemessen vorgetragen. Der Vater gibt aber trotzdem keinen Kuchen, z.B. weil er keinen hat, weil es gleich Essenszeit ist, oder weil das Kind wegen einer Allergie keinen Kuchen essen darf. Das Kind war zwar in der Übermittlung und Darstellung seines Anliegens erfolgreich. Möglicherweise ist die sprachliche Handlung aber erfolglos geblieben, weil das Kind bei der Zielfindung (dass es gerade jetzt Kuchen essen will) nicht realistisch war.

Bei dieser nicht abschliessenden Aufzählung wurde davon ausgegangen, dass ,nach einem Stück Kuchen fragen' eine übliche Handlung ist, die grundsätzlich von den an der Interaktion beteiligten Personen verstanden werden kann. Damit sind die Fälle des Misserfolges nicht berücksichtigt, die darauf zurückzuführen sind, dass der Vater beispielsweise nicht weiss, was Kuchen ist (Problem des Codes oder der mangelnden Erfahrung mit Kuchen). Ebenfalls nicht berücksichtigt wurde bisher folgender Fall: Das Kind weiss, dass der Vater ihm keinen Kuchen geben will/kann/darf. Trotzdem fragt es immer wieder danach. Der Vater gibt ihm nichts, womit die sprachliche Handlung des Kindes auf den ersten Blick misslungen ist. Nun wäre es aber möglich, dass das Kind mit seiner Äusserung gar nicht Kuchen erhalten will. Vielleicht will es ja mit der Unterhaltung über Kuchen nur den Kontakt zum Vater herstellen (phatische Funktion). Oder es will etwas ganz anderes, nämlich dass sich der Vater schlecht fühlt. Es will (möglicherweise unbewusst) dem Vater vor Augen führen, wie streng und ungerecht er mit seiner Weigerung ist, ihm Kuchen zu geben, weil alle anderen Kinder jeweils Kuchen bekommen (Das Ziel liegt also auf der emotiven Ebene und wird möglicherweise auch erreicht). Je weiter man mit solchen Interpretationen gehen möchte, desto mehr ist man auf möglichst vielfältige und genaue Kontextkenntnis angewiesen.

Girndt (1967, 26) unterscheidet deshalb zwischen Ziel und Zweck einer Handlung und bezeichnet mit ,Zweck' „das, was im allgemeinen zufolge menschlichen Handelns auch äusserlich wahrnehmbar wird, ‚Ziele' jedoch als ‚Gründe' menschlichen Verhaltens bleiben unsichtbar." Schönberger (1987, 88) könnte sich dem wohl mit seiner bereits dargelegten Unterscheidung von Zweck und Ziel anschliessen. Der Zweck als die (mehr oder weniger) beobachtbare Wirkung einer Handlung ist für Aussenstehende allenfalls wahrnehmbar. Ob damit das Ziel der Handlung, nämlich das *„erwünschte* Anderssein" (Schönberger 1987, 88, Hervorh. CFS) erreicht ist, kann ein Aussenstehender nicht erkennen. Allenfalls wäre dies interpretativ möglich, indem aus einer zufriedenen Reaktion des Handelnden darauf geschlossen würde, dass er sein Ziel erreicht hat.

Handlungstheoretisch ist der Umstand, dass das Ziel oft verborgen bleibt, insofern problematisch, als man ohne Kenntnis des Ziels die erfolgte Handlung nicht treffend benennen bzw. einordnen kann. Diesen Gedanken soll das folgende Beispiel verdeutlichen:

Beispiel 5
A. (3;6) ruft nach dem Zubettgehen nach seiner Mutter und bittet sie um ein Glas Wasser. Die beobachtbare sprachliche Handlung besteht in der Äusserung „Mami, bring mir ein Glas Wasser."

Bestünde sein Ziel nun darin, Wasser zu trinken, weil er noch Durst hat, dann müsste man die Handlung ungefähr mit ‚um Hilfe bitten zum Durstlöschen' bezeichnen. Hat er aber keinen Durst und sein Ziel besteht vielmehr darin, noch etwas mit seiner Mutter zu plaudern, dann müsste man die Handlung mit ‚das Einschlafen hinauszögern' bezeichnen. In beiden Fällen ist die sprachliche Äusserung das Mittel zur Zielerreichung und die Reaktion der Mutter der Zweck. Die Funktion der sprachlichen Handlung bestünde entsprechend darin, die Reaktion der Mutter (also den Zweck) herbeizuführen. Welche der beiden Varianten (Durstlöschen, Einschlafen hinauszögern oder allenfalls noch eine weitere) zutrifft, welche Handlung also ausgeführt wurde, kann ein Beobachter nur interpretieren. Deshalb gehen Burkhardt und Henne (1984, 336) sogar so weit, die „tatsächliche Handlung" lediglich als ein „Postulat der Handlungstheorie und damit ein theoretisches Konstrukt" zu bezeichnen. Sie erläutern dazu, dass ein Adressat oder Betrachter erst in der Lage ist, eine begriffliche Zuordnung vorzunehmen, d.h. die betreffende Handlung zu erkennen oder genauer zu deuten, wenn eine Wirkung oder Absicht als die konventionell mit einem Handlungsbegriff verbundene Wirkung erkannt wird. Für den Betrachter seien die Intentionen und damit die tatsächlich ausgeführten Handlungen unerreichbar. Handlungen, auch sprachliche Handlungen, erhalten als menschliche Aktivitäten ihre

Bedeutung erst durch die Einbettung in einen Funktionszusammenhang. Deshalb „kann die fremde Intentionalität immer nur eine unterstellte Intentionalität sein, deren Erkennen zum einen situativ, zum anderen konventionell, insgesamt also erfahrungsbedingt ist" (Burkhardt/Henne 1984, 338). Es ist also wichtig zu erkennen, dass man die Ziele eines Menschen trotz aller Systematik per Kategorien oft gar nicht erfassen und damit den Grad der Zielerreichung auch nicht beurteilen kann. Eine gewisse Vorsicht und Zurückhaltung in der Beurteilung ist also sicher angebracht.

3.3.1.3.3 Abgrenzung sprachlicher Handlungen – Zielerreichung

Die Beurteilung sprachlicher Handlungsfähigkeit zur Erreichung von aussersprachlichen Zielen ist auch davon abhängig, wie sprachliche Handlungen voneinander abgegrenzt werden, d.h. in welche Teilschritte oder Teilhandlungen ein Beobachter das Geschehen unterteilt. Wie bei anderen Handlungen ist die Abgrenzung von sprachlichen Handlungen nicht eindeutig, sondern von Entscheiden und Erfahrungen der Beobachter abhängig. Für sprachliche Handlungen ist zudem zu berücksichtigen, dass es sich beim Kommunizieren und somit auch beim sprachlichen Kommunizieren nicht um eine einzige Handlung handelt, sondern immer um mindestens zwei aufeinander bezogene Handlungen von mindestens zwei Individuen (Liedtke/Keller 1987, VII-VIII). Am „Kuchenbeispiel" Beispiel 1 kann das Problem schön gezeigt werden: Für die sprachliche Handlung „Papa, ich will ein Stück Kuchen!" wurden die aussersprachlichen Ziele ‚Kuchen essen' oder ‚Kuchen bekommen' angenommen. Aber ist dies sinnvoll? Und wie ist dann ein Misserfolg – das Kind bekommt keinen Kuchen – einzuschätzen?

Erstes Ziel der sprachlichen Handlung müsste es eigentlich sein, verstanden zu werden. Wenn der Vater die Intention des Kindes versteht, die es mit seiner sprachlichen Handlung ausdrückt, dann ist dieses Ziel erreicht, die sprachliche Handlung also erfolgreich. Ob der Vater dann den Kuchen auch gibt und das Kind damit das zweite Ziel der Handlung erreicht, hängt wiederum von den Zielen des Vaters betreffend Kind und Kuchen mindestens so sehr ab wie von der Überzeugungskraft der sprachlichen Handlungen des Kindes. Allgemeiner gesagt geht es also darum, ob die sprachliche Handlung, etwas zu erfragen, dann abgeschlossen ist, wenn der Kooperationspartner verstanden hat, dass er etwas gefragt wird und was er gefragt wird, oder erst, wenn der Partner die erwünschte Antwort oder den Gegenstand gegeben hat. Je nachdem, wie man die sprachliche Handlung unterteilt, kann die sprachliche Handlung des Kindes als erfolgreich betrachtet werden oder nicht, auch wenn es keinen Kuchen erhält. Es geht also wieder um die Frage der Interpunktion sprachlicher Kommunikation.

Welling äussert sich dazu nicht speziell. Gerade für Menschen mit sprachlicher Beeinträchtigung ist diese Frage aber relevant. Misserfolg kann nämlich, wie bereits ausgeführt, bei verschiedenen Teilschritten eintreten: Einerseits kann es dem Sprecher bereits misslingen, seine Frage so zu stellen, dass der Gesprächspartner sie versteht oder als Frage erkennt. Andererseits kann der Gesprächspartner aus irgendeinem Grund nicht bereit sein, dem Anliegen zu entsprechen. Als dritte Variante wäre es noch denkbar, dass die Frage/Bitte selbst so unrealistisch ist, dass sie gar nicht erfüllt werden kann, was natürlich auch zu einem Misserfolg der sprachlichen Handlung führt, allerdings aufgrund der misslungenen ‚Zielfindung‘ (Welling 1990, 303).

Für die Beurteilung der sprachlichen Handlungsfähigkeit sind diese Unterscheidungen wichtig und gerade im Falle von sprachbeeinträchtigten Menschen nicht trivial. Es geht nämlich darum, welche Sequenzen jeweils als eine einzige Handlung betrachtet werden. Betrachtet man ‚ein Gespräch führen‘ als eine Handlung zweier Personen, dann ist der Entscheid, ob die damit verbundenen Ziele erreicht wurden, auch auf das ganze Gespräch zu beziehen. Kleinere Schwierigkeiten auf einzelnen sprachlichen Ebenen wie beispielsweise Missverständnisse aufgrund einer Aussprachestörung, die aber jeweils wieder geklärt werden können, führen dann nicht dazu, dass das Gespräch als nicht erfolgreich beurteilt wird. Betrachtet man hingegen die einzelnen Äusserungen der Person jeweils als sprachliche Handlungen, dann ergibt sich eine sehr detaillierte Analyse der Einzelziele und deren Erreichen. Im Zuge einer Einzeläusserung kann dann die Aussprachestörung relevant werden. Sie kann das Erreichen eines bestimmten Zieles verunmöglichen, beispielsweise etwas Bestimmtes zu bekommen und nicht etwas anderes, das in der individuellen Aussprache gleich klingt. Beide Analyseebenen sind möglich und je nach zu analysierendem Gegenstand auch sinnvoll.

3.3.1.3.4 Zusammenfassung der Merkmale von Zielen

Nun können die wesentlichen Merkmale von Zielen sprachlichen Handelns nochmals zusammengetragen werden:
- Ziele können aussersprachlich und/oder sprachlich, unbewusst oder bewusst sein. Zur Einordnung der Ziele kann Jakobsons Modell der Funktionen von Sprache (die referentielle, die konative, die phatische, die emotive/

expressive, die metalinguale und die poetische Funktion) herangezogen werden.

- Ziele sind immer vielfältig bzw. vielschichtig.
- Ziele sind dem Beobachter meist nicht direkt zugänglich, sondern können nur aus dem Handlungszusammenhang heraus interpretiert werden.
- Die Interpretation von Zielen als solchen hängt davon ab, in welchen Einheiten sprachliche Handlungen von den Adressaten oder Beobachtern voneinander abgegrenzt und wahrgenommen werden, also wie interpunktiert wird.

3.3.2 Zur Plangeleitetheit sprachlichen Handelns

Unter ‚Plan' versteht man eine interne allgemeine Form einer spezifischen Erkenntnistätigkeit. Diese Erkenntnistätigkeit kann auch mit ‚Begriff', ‚Konzept', ‚Operation' oder ‚Struktur' bezeichnet werden. Welling begründet die Wahl des Begriffs ‚Plan' damit, dass dieser „strukturell alle Formen menschlichen Tuns umfasst, das praktisch-vorsprachliche und das begrifflich-reflexiv-sprachliche Tun" (Welling 1990, 306). Damit greift der Begriff ‚Plan' weiter als derjenige des ‚Begriffs' oder ‚Konzepts'. Er kann alle Handlungsmuster erfassen, auf denen Sprachrezeption und -produktion aufbauen. Zu denken ist da an Bewegungsmuster, die Voraussetzung für das Sprechen sind, vom Saugplan über die Lautproduktionspläne, die das Baby beim Lallen aufbaut, bis hin zur feinsten Koordination von Atmung, Stimmgebung und Sprechbewegung, die für längere Äusserungen nötig sind. Mit dazu gehören auch Pläne für Gestik, Mimik und Blickverhalten und für die Regeln der Kommunikation wie beispielsweise das turn-taking im Gespräch. Für dieses wird ja bekanntlich der Grundstein mit der abwechselnden Aktivität von Baby und Mutter während des Stillens oder Fläschchengebens gelegt. Aber auch alle anderen Handlungspläne gehören dazu, die das Kind bei der Entdeckung von und der Auseinandersetzung mit seiner Umwelt entwickelt. Diese sind nach Piaget eng mit der Denkentwicklung verknüpft. Und schliesslich erfolgt die Verknüpfung und Weiterentwicklung von all diesen (nicht abschliessend aufgezählten) Plänen im Bereich der semantisch-lexikalischen und morphologisch-syntaktischen Entwicklung. An diesem Punkt wird der Begriff ‚Plan' nun mit einer begrifflich-reflexiv-sprachlichen Bedeutung versehen, also auf eine neue Verarbeitungsebene bezogen. Indem der Begriff ‚Plan' alle diese Aspekte zu beschreiben vermag und somit insbesondere auch in Bezug auf sensumotorische Intelligenz verwendet werden kann, dient er laut Welling zur Erfassung aller Formen von Kommunikation. Der Begriff erfülle damit die behindertenpädagogischen Anforderungen, indem auch vorsprachliche Kommunikationsformen Schwerstbehinderter beschrieben werden können. „Ein umfassender Begriff sprachlichen Handelns müsste ... auch solche vorsprachlichen Formen einschliessen, da hierin die Wurzeln sprachlichen Handelns ihren Grund haben" (Welling 1990, 307). In späteren Veröffentlichungen wählt Welling jedoch auch den Ausdruck „Begriff" (oder „begrifflich strukturiertes Sprachhandeln"), und bezeichnet damit die geistige Struktur des Erkennens. Gemeint ist das gesamte Wissen eines Menschen über einen Gegenstand und damit auch über den Gegenstand Sprache (Ahrbeck u.a. 1992, 292).

Die aktuell zur Verfügung stehenden Pläne umfassen also das gesamte Wissen und die gesamte Erfahrung, die ein Mensch auf dem Hintergrund seiner Erkenntnismöglichkeiten zu einem Gegenstand gesammelt hat. Unter Gegenstand ist hier nicht nur der dingliche Gegenstand zu verstehen. Gemeint ist vielmehr der Gegenstand der Auseinandersetzung und Erkenntnis, und das können Dinge, Lebewesen, Abstrakta oder eben auch Sprache sein. Das gesammelte Wissen kommt in den Strukturen des Handelns eines Menschen zum Ausdruck (Kracht 2000, 26). Um zu erklären, wie Wissen und Erfahrung aufgebaut werden, greift Welling mit der Kooperativen Pädagogik auf die Genfer Schule um Piaget und deren Verständnis von Assimilation und Akkommodation zurück. So führt Welling (1990, 322) aus, „... dass sich das Doppelspiel der Erhaltung (des organisatorischen Funktionierens) und der Veränderung (der Inhalte der Organisation durch Austauschprozesse mit der Umwelt), ursächlich aus den assimilatorischen und akkommodativen Prozessen [ergibt]. Auf ... sprachspezifische Probleme übertragen heisst das: Die Entwicklung von Spracherwerbsstrategien hängt vom Input ab, auf den die organisierende Tätigkeit des Subjekts einwirkt. Die Assimilation ist bestrebt, dem Organismus die sprachliche Umwelt (‚input pattern‘) so unterzuordnen, wie sie erscheint; die Akkommodation passt den Organismus den sprachlichen ‚Zwängen‘ an und ist somit Quelle von Veränderungen." Somit hängt Spracherwerb eher von einem Netz von Interaktionen ab als von der Wirkung einzelner sprachlicher ‚Ebenen‘ (die als solche ja nicht tatsächlich existieren). Das Wechselspiel findet zwischen syntaktischen, semantischen, phonologischen und pragmatischen Verfahren statt, veranlasst durch besondere sprachliche Inhalte. Letztlich offenbart diese zentrale Dialektik von Form und Inhalt auf dem Gebiet sprachlichen Handelns, „dass Sprache nur ein Beispiel allgemeiner menschlicher organisatorischer Fähigkeiten ist" (Welling 1990, 322).

Auf der Basis seines konstruktivistischen Sprachhandlungsbegriffes moniert Welling (1990, 323), das spracherwerbende Kind teile die Ganzheit Sprache nicht in Sprachebenen (phonetisch-phonologisch, lexikalisch-semantisch, morphologisch-syntaktisch, pragmatisch) auf. Dennoch erfülle diese Aufteilung (die einem strukturalistischen Sprachbegriff entspricht) ihren wissenschaftlichen und praktischen Zweck, um eine gewissen Ordnung in die sprachlichen Erscheinungen zu bringen. Allerdings befasst sich das aktiv spracherwerbende Kind durchaus manchmal schwerpunktmässig mit der einen oder anderen Sprachebene, auch wenn es diesen keinen Namen geben würde. Das meint Welling wohl, wenn er, wie zitiert, von den verschiedenen Verfahren spricht. Dass das Kind solche Schwerpunkte setzt, wird aus seinen sprachlichen Handlungen ersichtlich. Wenn es beispielsweise spielerisch die Lautstruktur eines Wortes verändert und damit aus sinnvollen andere sinnvolle oder auch sinnlose Wörter macht, befindet es sich ebenso auf der phonetisch-phonologischen Ebene wie das ganz junge Kind, das für sich alleine Silben und Silbenfolgen übt. Offensichtlich auf der semantisch-lexikalischen Ebene befindet sich ein Kind, das nach der Bedeutung eines Wortes fragt oder das den Namen für einen bestimmten Gegenstand wissen will.

Beispiel 6
A. (3;6 Jahre) erzählt seiner Mutter, wie er Ritter gespielt hat. Im Fluss dieser Erzählung fehlt ihm das Wort ‚Lanze‘.
A.: „Wie heisst das Lange, Spitze, das die Ritter in der Hand haben?“
Mutter: „Lanze.“
Wenige Minuten später im Gespräch fragt A.: „Was haben die Ritter in der Hand?“
Mutter: „Eine Lanze.“
Daraufhin verwendet A. das Wort in seiner Erzählung. Nochmals etwas später im Gespräch fragt A.: „Wie heisst nochmal das, was die Ritter haben?“
Mutter: „Lanze.“
A.: „Ah ja, Lanze.“

Auf der morphologisch-syntaktischen Ebene wiederum scheint sich das Kind zu bewegen, das gezielt und wiederholt ‚warum‘-Fragen stellt, bis die Antwort in Form eines ‚weil‘-Satzes erfolgt. Für den Inhalt scheint sich das Kind in dieser Situation weniger zu interessieren, da es durch eine Antwort in der ‚weil‘-Form jeweils zufrieden gestellt ist, während dieselbe Antwort als einfacher Hauptsatz formuliert zur Wiederholung der Frage führt.

Beispiel 7

A. (3;5) spielt für sich alleine. Er kommt zu seiner Mutter und fragt:

A.:	„Warum hat der Ritter Handschuhe an?"
Mutter:	„Er hat vielleicht kalt."
A.:	„Warum hat er Handschuhe an?"
Mutter:	„Eben ... er hat wahrscheinlich kalt an den Händen."
A.:	„Aber warum hat er Handschuhe an?"
Mutter:	„Weil er kalt hat."
A.:	„Aha." Damit ist die Sequenz abgeschlossen.

Natürlich sind diese strukturierten Erwerbsaktivitäten in den Alltag des Kindes eingebettet, und das Kind benötigt dafür jeweils seine gesamte Sprachlichkeit. Dennoch scheint es auf einen bestimmten Aspekt der Sprache fokussieren zu können, was auch für sprachliche Fördersituationen relevant ist.

Um den begrifflich-reflexiv-sprachlichen Aspekt der Plangeleitetheit darzustellen, befasst sich Welling tiefer gehend mit Wortbedeutungen. Wortbedeutungen enthalten das, was ein Kind bereits an Wissen über die Welt entwickelt hat. Dieses Wissen und damit die Wortbedeutungen eines Kindes müssen und können sich nicht mit denjenigen eines anderen Kindes oder eines Erwachsenen völlig decken, da Kinder und Erwachsene andere Erkenntnisstrukturen, andere Erfahrungen und damit ein anderes gesammeltes Wissen haben. Auch die mit einem Begriff verbundene emotionale und moralische Bedeutung ist interindividuell oder über ein Leben gesehen nie völlig identisch. Entscheidend für diesen Aspekt von Bedeutung sind die Gefühle, die den Menschen entgegengebracht werden, von denen die Wörter gelernt werden und die Gefühle, die mit den jeweiligen Lernsituationen verbunden sind (Schönberger 1987, 93). Zudem kann ein Kind die entsprechenden „Repräsentationsleistungen nur in derjenigen sprachlichen Form vollziehen, in der es bereits Wissen über die sprachlichen Gebrauchsformen entwickelt hat" (Kracht 2000, 26).

Eine gewisse Überschneidung der Wortbedeutungen sollte zwischen den Kommunikationspartnern zustande kommen, da sonst keine sprachliche Verständigung möglich ist. Bei kleinen Kindern kann die Überschneidung jedoch noch minimal und damit rein sprachliche Verständigung oft schwierig sein.

Beispiel 8

A. (3;0) sieht, dass seine Mutter Wanderschuhe anzieht und fragt, ob sie wandern gehe. Die Mutter bestätigt dies. Daraufhin erklärt A. seinem Vater, dass die Mutter mit der Wand arbeiten gehe und dass er dies auch wolle. Das daraufhin eintretende Unverständnis klärt sich erst, als deutlich wird, dass ‚wandern' für A. bedeutet, ‚mit Wanderschuhen und Maurerwerkzeug eine Wand zu bauen oder zu flicken'. Solches hatte er in der Krippe erlebt, als Bauarbeiter in Wanderschuhen mit Vorschlaghammer und anderen interessanten Werkzeugen arbeiteten. Andere Erfahrungen mit Wanderschuhen, nämlich eine richtige Wanderung, hatte er noch nicht gemacht, sodass er seine Deutung nicht ergänzen oder überprüfen konnte. Er akzeptiert deshalb auch die sprachliche Erklärung nicht, ‚wandern' bedeute ‚lange spazieren gehen'. Durch Betonung des Elementes ‚Wand' beim Aussprechen der beiden Wörter ‚Wand' und ‚Wanderschuhe' weist A. zudem auf eine Ähnlichkeit zwischen den beiden Wörtern hin, und nutzt diese als Argument für seine Deutung (!).

Dieses Beispiel zeigt, dass Verständigung erst eintritt, als die Eltern den Zusammenhang erkennen, in welchen das Kind das Wort ‚wandern' setzt. Sie müssen sich der Deutung des Kindes anpassen, da das Kind selbst seinen Begriff nicht einfach erweitern kann. Die Eltern hingegen können aufgrund ihres Weltwissens dem Wort eine neue Bedeutung zuweisen, auch wenn sie diese nicht als korrekt oder beständig akzeptieren. (Allerdings gibt es durchaus Situationen, in denen solche „Kinderwörter" für eine Weile in den Wortschatz einer Familie eingehen.)

Zusammenfassend kann man unter Plänen also die Gesamtheit der bereits gemachten Erfahrungen, des Wissens und der dazu erworbenen Handlungsmuster verstehen, die dem Kind zur Verfügung stehen. Als spezifisch sprachlich würde man darunter die bereits erworbenen Wörter und Satzstrukturen verstehen, die das Kind verwenden und mit Bedeutung versehen kann. Dazu gehört das Wissen, wie diese Strukturen angemessen eingesetzt werden können sowie ein Wissen über die mit einzubeziehende Perspektive des Kooperationspartners, d.h. dessen Erwartungen und Handlungsmöglichkeiten. Wichtig ist dabei, dass diese Strukturen oder Handlungsmuster dem Kind in einer Weise zur Verfügung stehen müssen, dass es mehrheitlich unbewusst oder automatisiert darauf zurückgreifen kann. Verbalisieren und Formulieren sind nämlich weithin nicht bewusste Prozesse (Holly u.a. 1984, 278). Schon aufgrund der Verarbeitungsgeschwindigkeit von Sprachverständnis und Sprachproduktion müssen diese Prozesse sich unterhalb der Bewusstseinsebene abspielen. Nur in besonderen Situationen, beispielsweise während der Suche nach einem bestimmten Wort oder wenn bewusst Unverständnis aufgeklärt werden muss, werden Sprachproduktionsprozesse auf die Bewusstseinsebene gehoben. Bleiben sie zu lange dort, wie dies beispielsweise beim Stottern der Fall sein kann, wenn der stotternde Mensch versucht, sein Stottern zu vermeiden, dann ist das sprachliche Handeln in seiner Effizienz eingeschränkt.

Plangeleitetheit meint nach den obigen Ausführungen, dass die zur Verfügung stehenden Pläne die sprachlichen Handlungen strukturieren und bestimmen.

3.3.3 Zur Wertorientiertheit sprachlichen Handelns

3.3.3.1 Darstellung der Wertorientiertheit sprachlichen Handelns

Das Problem der Wertorientiertheit sprachlichen Handelns ist laut Welling kaum erforscht, für die praktisch-pädagogische Arbeit jedoch äusserst drängend. In jedem sozialen Zusammenhang äussern sich nämlich auch „wertschaffende Interessen, wertorientierte Einstellungen gegenüber Personen, Dingen, Ereignissen wie auch gegenüber Sprache und Sprechtätigkeit, Gefühle der Selbst- und Fremdbewertung, wechselseitige oder einseitige Hoch- oder Geringschätzung usw., kurzum, inter- und intraindividuelle Werte" (Welling 1990, 324). All diese Aspekte scheint Welling nun in seinem Konzept der Wertorientiertheit miteinander verknüpfen zu wollen. Er stellt die übergeordnete Frage, wie sich die Wert schaffende Seite sprachlichen Handelns handlungstheoretisch begreifen lässt. Unter welchen Bedingungen also werden Sprache und Sprechen für ein Kind wertvoll? Welling scheint hier mit der Mehrdeutigkeit des Begriffs ‚Wert' zu spielen, indem er verschiedene Bedeutungen unter demselben Konzept der Wertorientierung versammelt. Deshalb geht er auch ausführlich auf verschiedene Aspekte ein.

Er beginnt damit, dass sprachliche Bestandteile menschlicher Handlungen ihren Zweck normalerweise nicht in sich selbst haben, sondern zur Erreichung vielfältiger Ziele eingesetzt werden. Wertvoll können Sprache und sprachlicher Austausch dann werden, wenn kommunikativer Austausch zu gegenseitigem Verständnis führt und somit ein gemeinsames Handlungsziel angestrebt werden kann. Wenn der Mensch Sprache und menschliche Sprechtätigkeit in der Zusammenarbeit mit anderen für den kommunikativen Austausch seiner eigenen Kognitionen (im weitesten Sinne, d.h. einschliesslich seiner Ideen, Wünsche und Bedürfnisse) nutzen kann, wenn sie Möglichkeiten im Sinne der Repräsentationsfunktion bieten, dann können sie wertvoll werden. Dieser Aspekt betont also, dass Sprache erst durch die gemeinsame Nutzungsmöglichkeit wertvoll werden kann.

Damit diese gemeinsame Nutzung und das dafür notwendige Verständnis möglich sind, muss Sprache mit Bedeutung gefüllt sein. Jeder Mensch muss diese Bedeutungen in der Interaktion mit seiner Umwelt selbst aufbauen. Gelingt ihm dies nicht oder nicht in einer für die Kommunikationspartner verständlichen Weise, dann kann die Sprache ihre Repräsentationsfunktion nicht erfüllen und bleibt wertlos. Solch eine Sprache „erscheint als Aneinanderreihung von Worthülsen, leer und substanzlos und deshalb wertlos für das lediglich ‚artikulierende Subjekt' und für die ‚interagierenden Partner'" (Welling 1990, 328). Erst die repräsentierende Aktivität des Menschen macht also eine Sprache ‚Wert schöpfend' und erlaubt einen echten zwischenmenschlichen sprachlichen Austausch.

Welling benutzt hier den Begriff ‚Sprache' in zwei verschiedenen Bedeutungen: einmal als Bedeutung tragendes System, einmal als geordnete äussere Form. Eine Sprache, die nicht mit Bedeutung gefüllt ist, also keinerlei Repräsentationsfunktion hat, wird in der Umgangssprache manchmal noch als ‚Sprache' bezeichnet, wenn sie die äusseren Merkmale der Strukturiertheit aufweist. Da aber üblicherweise die Repräsentation als zentrales Merkmal von Sprache überhaupt betrachtet wird und es wesentliches Merkmal einer Kommunikationsgemeinschaft ist, sich über diese Repräsentation zu verständigen, wäre eine solche nicht mit Bedeutung gefüllte Sprache keine Sprache mehr. Man könnte sie in diesem Zusammenhang allenfalls noch als Sprechtätigkeit bezeichnen, aber nicht mehr sprachliches Handeln nennen. Welling anerkennt die Unterscheidung von Sprache und Sprechen durchaus als wesentlich (Welling 1990, 205). Es ist für Sprachheilpädagogen/Logopäden auch entscheidend, dass der qualitative Unterschied zwischen Sprache und Sprechen jederzeit bewusst bleibt, weil es sprachliche Beeinträchtigungen gibt, bei denen die Sprechtätigkeit kaum, das sprachliche Handeln jedoch extrem betroffen ist. Ein Beispiel dafür sind die flüssigen Formen von Aphasie, worunter man eine erworbene Sprachstörung aufgrund einer Hirnschädigung versteht. Ein von einer solchen Aphasie in schwerer Form betroffener Mensch kann zwar je nach Beeinträchtigung noch Äusserungen hervorbringen, die den Charakter sprachlicher Äusserungen haben, und zwar, weil sie in dieser Form automatisiert sind. Der Mensch ist jedoch nicht mehr fähig, die Auswahl der Wörter so zu steuern, dass er damit gewünschte Bedeutungen ausdrücken kann, und ebenso wenig kann er den Äusserungen seiner Mitmenschen (nicht einmal seinen eigenen!) die Bedeutung entnehmen. Somit erkennen die Mitmenschen die Äusserungen zwar noch als sprachlich, durch den Verlust der Repräsentationsfunktion hat der Mensch aber dennoch seine sprachliche Handlungsfähigkeit und damit ‚seine Sprache' verloren, und dies, obwohl seine kognitiven Fähigkeiten noch in grösserem Umfang erhalten sein können. Der Verlust zeigt sich eben darin, dass der Betroffene auf sprachlichem Wege keine Ziele mehr erreichen kann, ausser allenfalls, Aufmerksamkeit zu erregen (und das ist bekanntlich auch mit nichtsprachlichen lautlichen Äusserungen möglich). Um solche Situationen analysieren zu können, ist es sehr wichtig, den Begriff Sprache sorgfältig zu verwenden.

Ein weiterer Aspekt, der für Welling im Zusammenhang mit Wertorientierung wichtig ist, ist die Sprechfreude. Freude und Interesse an der eigenen Sprache und Sprechtätigkeit sind wesentlich an die Erfahrungen mit sprachlichen Situationen gebunden. Vielen Menschen ist bereits im frühen Kindesalter die Freude und das Interesse an der eigenen Sprache vergangen. Davon sind Menschen mit sprachlichen Besonderheiten (z.b. sprachlich beeinträchtigte Kinder oder Kinder mit sozial bedingten Besonderheiten) in erhöhtem Ausmass betroffen. Der erlebte Wert (oder die Wertlosigkeit) eigener und fremder Äusserungen hat nämlich für das spracherwerbende Kind grosse Konsequenzen. Das damit verbundene Erleben bestimmt mit, ob das Kind für den weiteren Spracherwerb motiviert bleibt oder nicht. Die eigene Sprache und die der anderen haben als Gegenstand des Wissens und Erkennens hohe Relevanz im Spracherwerbsprozess, in dem das Kind seine Theorien über Sprache aufbaut und stetig vervollständigt. Deshalb können Gefühle der Minderwertigkeit den eigenen Produkten gegenüber diesen Prozess erheblich stören. Günstige, d.h. kooperative Bedingungen hingegen können das Kind in seiner sprachlichen und allgemeinen Entwicklung unterstützen, da sie ihm die Möglichkeit zu Erfolgserlebnissen bieten. In diesem auch gefühlsmässig positiven Rahmen kann das Kind sein Wissen auf allen Ebenen erweitern und seine Handlungspläne, auch die sprachlichen, ausbauen (Welling 1990, 328).

Diese Zusammenhänge sind für Kinder, deren Spracherwerb nicht den üblichen Erwartungen entspricht, besonders folgenschwer. „Die Erfahrungen, die sprachlich auffällige, beeinträchtigte oder behinderte Kinder mit ihren sprachlichen Produktionen nach den normativen Massstäben ihrer Umwelt machen, führen zu Selbstbeurteilungen und bestimmten Vorstellungen darüber, wie andere die eigenen sprachlichen Produktionen bewerten. Der Wert, der der eigenen Sprache zugemessen wird, wirkt dann auf den sprachlichen Gestaltungsprozess selbst zurück" (Ahrbeck u.a. 1992, 293). Ein Kind kann sich aussersprachliche Inhalte und einen Grossteil des sprachlichen Forminventars nämlich nur schwerlich zu eigen machen, wenn es diese unter bestimmten materiellen und sozialen Bedingungen nicht bedürfnisbezogen verwerten kann. Dann sind sie ihm auch nicht wertvoll (Ahrbeck u.a. 1992, 293).

Welling diskutiert einen weiteren Problemkreis, nämlich an kulturelle Gegebenheiten geknüpfte Werte. Als Spezialfall eines kulturellen Handlungsfeldes stellt Sprache selbst einen Wert einer Kultur dar. Am Prozess der ,Festsetzung' sprachlicher Normen offenbaren sich auf der Ebene des Handlungsfeldes Sprache die Grenzen des möglichen oder ,richtigen' Handelns. Der Einzelne steht dem Kulturgut Sprache dabei in einer zwiespältigen Beziehung gegenüber: als Bewahrer und als Veränderer. Einerseits fügt er sich ein, geniesst und passt sich an, andererseits verändert er Vorhandenes, ergänzt oder ersetzt es (Welling 1990, 330). Jeder Mensch übernimmt also die mit einer Sprache verbundenen Regeln und Normen, um diese Sprache verwenden zu können. Gleichzeitig trägt er aber durch seine persönlichen Verhaltensweisen auch zum Sprachwandel bei. Natürlich spielt dabei auch eine Rolle, dass sprachlich-kommunikative Normen nur in abstrakter Form existieren. Der Mensch erschliesst sie im Zusammenleben und im Kommunizieren mit anderen. Die Normen nehmen jedoch erst im Gebrauch einen bestimmten Grad an Verbindlichkeit an und damit auch einen bestimmten Wert in der kulturellen und individuellen Entwicklung (Welling 1990, 332). Dies ist allerdings nicht erstaunlich. Im Gegenteil: Wie könnte es anders sein? Wert schöpfend oder Wert mindernd können auch Normen des sprachlichen Handelns, wie die jedes sozialen Handelns, erst durch die Reaktionen der anderen auf deren Einhaltung oder auf Verstösse dagegen werden. Es ist auch nur im jeweiligen konkreten Umfeld und in der konkreten Kommunikationssituation beurteilbar, ob die Einhaltung bestimmter Normen oder vielmehr gerade der bewusste oder unbewusste Verstoss dagegen von den Kommunikationspartnern als ,wertvoll' eingestuft wird. So macht es beispielsweise geradezu den Charakter von Jugendsprachen aus, sich durch Verstösse gegen allgemeine Normen von den anderen sprachlichen Varietäten der Sprechergemeinschaft abzugrenzen. Für die Jugendlichen ist die Normeinhaltung der anderen wichtig, damit ihre eigenen (regelmässigen) Normverstösse für sie als Einzelne und als Gruppe Identität stiftend sein können.

Möglicherweise ist dies mit ein Grund dafür, dass Welling (1990, 331) sich im Hinblick auf die Wertfrage auf die Art und Weise konzentrieren möchte, in der sich die Sprachkultur des Einzelnen im Verhältnis zu einer bestimmten Kultur und Kultursprache herausbildet. Er beschreibt in Anlehnung an andere Autoren verschiedene Aspekte des mündlichen und schriftlichen Sprachwandels und scheint diese eher bedauernd zu beobachten. Jedenfalls befürchtet er, dass die aktuelle kulturelle Epoche mit ihren vorherrschenden Interessen und gesellschaftlich geformten Kommunikationsstrukturen Werte produziert, die der Einzelne möglicherweise immer weniger nachvollziehen kann (Welling 1990, 334). Es ist mit diesem Konzept also auch eine gewisse Gesellschaftskritik verbunden.

3.3.3.2 Diskussion des Wertbegriffs

Wie bereits erwähnt versammelt Welling unter dem Begriff ‚Wertorientiertheit sprachlichen Handelns‘ mehrere ganz unterschiedliche Bedeutungen von Wert: Erstens diskutiert er den Wert von Sprache, der aus ihrem Nutzen als Mittel bzw. Instrument erwächst. Sprachliches Handeln ist demnach wertorientiert, weil sich Sprecher darum bemühen, durch die Erfüllung der an eine Sprache gebundenen Konventionen Sprache als solche nutzbar zu machen, was nur dank der Repräsentationsfunktion überhaupt möglich ist. Nutzbar ist eine Sprache für den kommunikativen Austausch von Wissen, Gedanken, Gefühlen, Bedürfnissen oder auch Einstellungen. Sprache kann aber im Sinne von Literatur oder Sprachspielereien auch selbst Gegenstand von Genuss und Erleben sein. Dieser vielfältige Gebrauchswert macht Sprache nicht nur nutzbar, sondern auch kostbar.

Zweitens wird Wert im Zusammenhang mit Emotionalität gesehen, indem er mit erlebter Wertschätzung verknüpft wird. Diesen Punkt zusammenfassend ist sprachliches Handeln wertorientiert, weil die im Zusammenhang mit eigenem und fremdem Sprachgebrauch erlebte Wertschätzung sich auf die Motivation für zukünftigen Spracherwerb oder Sprachgebrauch auswirkt.

Und drittens wird Sprache (oder vielmehr sprachliche Norm) als kultureller Wert gesehen. Insofern ist sprachliches Handeln wertorientiert, weil sich der Sprachgebrauch von Einzelnen und von Gruppen zwischen den Polen ‚Bewahrung der Sprache als Kulturgut‘ und ‚Verändern dieser Sprache zur Schaffung einer eigenen Sprachvariante‘ bewegt. Wie der jeweilig aktualisierte Sprachgebrauch eingeschätzt und beurteilt wird, hängt wiederum von den Werten der Beurteilenden ab, also beispielsweise davon, was diese unter einer ‚gepflegten Sprache‘ verstehen. Abbildung 1 auf der folgenden Seite verdeutlicht die drei Dimensionen nochmals. Es stellt sich nun die Frage, ob ein solcher dreifacher Wertbegriff sinnvoll ist oder nicht. Wie problematisch ist die Verknüpfung von drei so unterschiedlichen Themenbereichen, von denen jeder für sich komplex ist, und die nicht so leicht unter ein gemeinsames theoretisches Dach gebracht werden können? Will man den Begriff der Wertorientiertheit beispielsweise diagnostisch nutzen, dann müssen Überlegungen zu drei ganz unterschiedlichen Bereichen angestellt werden, die sich auch in der Lebenswelt des Kindes völlig unterschiedlich präsentieren.

Abbildung 1: Dimensionen der Wertorientiertheit sprachlichen Handelns (nach Welling 1990)

Für den Gebrauchswert muss gefragt werden, ob das Kind seine Sprache als hilfreiches Mittel zur Erreichung von Handlungszielen erlebt hat und noch weiter erlebt. Beim emotionalen Wert bzw. der Wertschätzung seiner sprachlichen

Leistungen geht es beispielsweise um die Frage, wie das Umfeld auf seine sprachlichen Handlungsversuche reagiert hat und noch reagiert und welche emotionalen Auswirkungen diese Reaktionen auf das Kind hatten und noch haben.

Und für die Sprache als kulturellen Wert muss die Sprache des Kindes im Zusammenhang mit sprachlichen Normen und Einstellungen der Gesellschaft, in der es lebt, reflektiert werden. Dahinter steht die Annahme, dass Normen und Einstellungen für das Kind wiederum erlebbar werden durch Reaktionen der Umwelt, und dass sich dieses Erleben auf seine Emotionalität auswirkt.

Obwohl es sich um drei gänzlich verschiedene Bereich handelt, haben sie alle einen gemeinsamen Nenner – nämlich die mit seiner Sprache verbundene Emotionalität des Kindes. Und diese wiederum wirkt sich auf dessen Motivation und Fähigkeit aus, Sprache zu erwerben und zu verwenden.

Es ist also wichtig, dass man die drei Dimensionen von Wert im Auge behält, sich bei der Analyse aber ganz klar auf die Erlebniswelt des Kindes bezieht. Wenn dies geschieht, dann ist es auch sinnvoll, den Begriff der Wertorientiertheit beizubehalten. Gerade im Zusammenhang mit mehrsprachigen Kindern erlaubt es dieser Begriff nämlich, verschiedene Dimensionen zu erfassen, die für das Erleben des Kindes, also für seine Emotionalität bezüglich seiner Sprachen, wesentlich sind.

Welche Erklärungskraft der Einbezug von Wertorientiertheit für die Äusserungen mehrsprachiger Kinder haben kann, soll folgendes Beispiel illustrieren:

Beispiel 9
A. (3;3) spricht zu Hause mit dem Vater Türkisch, mit der Mutter einen Deutschschweizer Dialekt. Er lebt in einer zweisprachigen (Französisch-Deutsch) Schweizer Stadt. Neuerdings hat er begonnen, französische Wörter, die er in der zweisprachigen Krippe im Spiel mit einem französischsprachigen Kind erworben hat, auch zu Hause zu verwenden. Dies tut er mit offensichtlichem Spass und nicht etwa, weil ihm die entsprechenden Wörter auf Türkisch oder Deutsch fehlen. Beispielsweise lässt sich A. jauchzend auf den Teppich fallen und erklärt der Mutter: „Ich tue tomber mache." (Bis vor kurzem hatte er jeweils erklärt: „Ich tue umkeie." Das bedeutet „Ich tu umfallen.").

Die Verwendung der französischen Wörter lässt sich hinsichtlich der Wertfrage verschieden erklären:

- A. erlebt die Auseinandersetzung mit anders und für ihn offensichtlich angenehm klingenden Wörtern als lustvoll. Dafür spricht, dass er mit derselben Freude mit sinnlosen lustig klingenden Wörtern spielt. (Wert entsteht durch die Freude an der sinnlichen Erfahrung im Umgang mit Sprache.)
- A. freut sich an seiner neuen sprachlichen Kompetenz, die er auch zu Hause ausprobieren möchte. Dafür spricht, dass er äussert, er könne bereits gut Französisch sprechen, und dass er sich beim Erfinden sinnloser Wörter jeweils darüber freut, dass niemand anders sie versteht. (Wert entsteht durch die Freude an der erlebten eigenen Kompetenz.)
- A. erlebt Französisch als wertvoll, weil es ihm in der Krippe Spielmöglichkeiten mit attraktiven Spielpartnern eröffnet. (Wert entsteht durch erfahrene Erweiterung der Kommunikationsmöglichkeiten im privaten Raum.)
- A. hat bereits bemerkt, dass Französisch eine wichtige Sprache für seinen Lebensraum ist, die ihm im öffentlichen Raum Handlungsspielräume eröffnet. Damit wird Französisch für ihn wertvoll. (Wert entsteht durch erlebte oder vorhergesehene erweiterte Handlungsmöglichkeiten im öffentlichen Raum, d.h. der Status der Sprache wurde erfasst.)
- A. ist bereits sensibel für das höhere Prestige von Französisch als der Mehrheitssprache in der Stadt. Möglicherweise hat er dies erfasst, weil bei sprachlichen Handlungen im öffentlichen Raum meistens zuerst Französisch gesprochen wird, bis geklärt ist, ob auch Deutsch möglich ist. (Wert entsteht durch die Beteiligung am erfahrenen Prestige einer Sprache.)

Weitere Erklärungen wären denkbar. Die aufgeführten Überlegungen sind alle aus Erkenntnissen zum Spracherwerb mehrsprachiger Kinder abgeleitet. Sie können beim einzelnen Kind jedoch nicht überprüft werden, jedenfalls nicht bei so jungen Kindern. Feststellbar ist jedoch, ob das Kind im Hinblick auf seine Sprache(n) eine positive Emotionalität entwickeln konnte oder nicht. Der vielschichtige Wertbegriff mit seinem Einbezug des kulturellen Kontextes ist bei der Formulierung von Hypothesen leitend, auf welchen Ebenen positives oder negatives Erleben stattgefunden haben könnte und wie sich dieses auszuwirken vermag. Und dieser Zugang ist spezifisch für die Kooperative Pädagogik.

3.4 Zum Sprachbegriff

Nach der Besprechung der verschiedenen Aspekte von Handeln und von ‚sprachlichem *Handeln*‘ soll nun der Schwerpunkt auf das Sprachliche am sprachlichen Handeln gelegt werden. Zwar wurde der Begriff ‚Sprache‘ bereits mehrfach angesprochen, jedoch noch nicht genauer geklärt. Welling schöpft für die Entwicklung seines Ansatzes aus vielfältigen wissenschaftlichen Quellen. Das führt dazu, dass je nach aktueller Fragestellung eine andere Sicht auf ‚die Sprache' gewählt wird. Welling bezieht insbesondere die Sichtweise der Linguistik, der Psycholinguistik und der Entwicklungspsycholinguistik in seine Darstellung ein. Jede dieser Teildisziplinen setzt andere Schwerpunkte, die im Folgenden kurz erläutert werden sollen.

Die Linguistik setzt sich mit dem Aspekt der Regelhaftigkeit von Sprache auseinander. Sie betrachtet Einzelsprachen, also das in einer bestimmten Sprachgemeinschaft geschaffene Regelsystem, und beschreibt diese anhand der Sprachebenen. Sie beschreibt also die phonetisch-phonologischen, morphologisch-syntaktischen, lexikalisch-semantischen und kommunikativ-pragmatischen Merkmale einer bestimmten Sprache. Die gemeinsamen Regeln sind wesentlich dafür, dass sprachliche Kommunikation und damit Austausch von Bedeutungen zwischen den Mitgliedern einer Sprachgemeinschaft möglich ist. Im Alltag wird die Regelhaftigkeit oft normativ erlebt, was die Linguistik aber nicht anstrebt, jedenfalls nicht offen (dazu z.B. Peyer u.a. 1996). Welling anerkennt zwar die Nützlichkeit einer auf die sprachlichen Ebenen bezogenen Beschreibung. Er betont aber wie bereits erwähnt, dass Sprache nicht aufgeteilt werden kann, und dass insbesondere der Mensch, der Sprache erwirbt und verwendet, seine eigene Sprache immer als Ganzheit erlebt (Welling 1990, 323).

Die Psycholinguistik betont die Abhängigkeit sprachlicher Handlungen von anderen Bereichen der Persönlichkeitsentwicklung, insbesondere vom kognitiven, emotionalen, sozialen und psychomotorischen Bereich. Als Teildisziplin der Linguistik berücksichtigt sie dabei auch die formalen Spracheigenschaften. Die Psycholinguistik der Genfer Schule (Piaget und Nachfolger) hat sich darauf konzentriert, die psychologischen Funktionen von Sprache zu untersuchen. Sie beschreibt zwei Funktionen als wesentlich, die Repräsentationsfunktion und die Kommunikationsfunktion. Unter Repräsentationsfunktion ist zu verstehen, dass eine Person mittels Sprache ihr Wissen über die Welt erwerben, erweitern und zum Ausdruck bringen kann. Mit den Kommunikationsfunktionen ist gemeint, dass die Person mittels Sprache mit ihrem Wissen und Erleben zu anderen Personen in Beziehung treten kann. Psycholinguistisch bedeutsam ist ausserdem, dass Eigenschaften der Sprache vom Sprecher selbst beobachtet, geordnet und erkannt werden können, „so dass sprachliche Besonderheiten immer wieder neu an kommunikative Gegebenheiten angepasst werden können" (Ahrbeck u.a. 1992, 290).

Die Entwicklungspsycholinguistik betont, wie der Name schon sagt, den Entwicklungsaspekt von Sprache. Dabei interessiert sie sich für die Art und Weise, wie das Kind die Funktionen von Sprache und ihre Strukturmerkmale erwirbt. In diesem Zusammenhang rücken auch die Voraussetzungen für Spracherwerb ins Zentrum der Betrachtung. Als solche Voraussetzungen werden beispielsweise diskutiert: der Spracherwerbsmechanismus als Teil der biologischen Ausstattung des Menschen, die Symbolfunktionen, das sich entwickelnde Symbol- und Regelbewusstsein und die Fähigkeit, Regeln zu erkennen und anzuwenden. Verfügt das Kind über die notwendigen Voraussetzungen, dann erwirbt es Sprache, indem es diese für sich selbst strukturiert, ordnet und anwendet. Jedes Kind durchläuft also seine eigene Sprachentwicklung, während der es sich die Strukturmerkmale der Umgebungssprache in seinem persönlichen Regelwerk zu eigen macht. „Insofern ist die entwickelte Sprache als individuelles, mehr oder weniger veränderbares Produkt der konstruierenden Aktivität des Kindes, das in der Auseinandersetzung mit der sprachlichen Umwelt entsteht, anzusehen" (Ahrbeck u.a. 1992, 290).

Will man nun das Sprachliche am sprachlichen Handeln genauer analysieren, dann liefert die Linguistik das Werkzeug, um zu beschreiben, wie das System Sprache geordnet ist, mit dem gehandelt wird. Die Psycholinguistik erlaubt es, den Aspekt der laufenden Sprachproduktionsprozesse (bzw. Sprachverarbeitungsprozesse) zu betrachten, dank derer mit Sprache gehandelt werden kann. Damit von Sprache gesprochen werden kann, ist die Verknüpfung der Repräsentations- und der Kommunikationsfunktion zentral. Da an der Produktion von Sprache der gesamte Mensch mit seinen Gedanken, Gefühlen, Erfahrungen und seinen aktuellen körperlichen Möglichkeiten beteiligt ist, treffen sich in der Psycholinguistik nochmals eine Vielzahl von Teildisziplinen. Die Entwicklungspsycholinguistik schliesslich erlaubt die Beschreibung des Weges, den ein Kind zurücklegen muss, die Entwicklungsschritte, die es bewältigt haben muss, damit ihm *seine eigene* Sprache in der aktuellen Form zur Verfügung steht.

Zur Beschreibung des zum sprachlichen Handeln benutzten Systems, der Analyse des Sprachverarbeitungsprozesses und der Frage nach dem bisherigen Erwerbsverlauf und dessen Bedingungen muss noch eine Aussensicht hinzugefügt werden. Das bedeutet, dass auch die in der Sprachgemeinschaft herrschenden Vorstellungen von Sprache und Sprechen als wichtige Einflussfaktoren berücksichtigt werden. Im konkreten Lebensalltag sind jeweils spezifische Normen und Wertvorstellungen über ‚gute' und ‚richtige' oder über ‚ungenügende' und ‚falsche' Sprachverwendung lebendig. Sie stellen die Rahmenbedingungen für den individuellen Spracherwerb dar, da jedes Kind in einer ganz bestimmten Weise in eine Kultur- und Gesellschaftsformation eingebunden ist (Ahrbeck u.a. 1992, 291) und sich auch selbst einbindet.

Ahrbeck, Schuck und Welling (1992, 291) weisen ausserdem explizit darauf hin, dass sowohl die produktive als auch die rezeptive Seite der Sprachverwendung als sprachliches Handeln aufzufassen sind. Das ist insofern wichtig, als vielerorts Zuhören und Verstehen (noch) nicht als Handeln betrachtet werden, beides jedoch für Kommunikation und Spracherwerb sehr wesentliche Tätigkeiten und Fähigkeiten sind.

3.5 Zum Spracherwerb

3.5.1 Vorsprachliches Handeln als sprachliches Handeln?

Wie schon mehrfach angedeutet, geht Welling mit dem Begriff ‚Sprache' oder ‚sprachlich' nicht immer konsistent um. Ein Beispiel dafür sind seine Erläuterungen zum Begriffspaar ‚vorsprachlich'–‚sprachlich'. Im Bemühen darum, keinen Menschen von der Möglichkeit sprachlicher Handlungen auszuschliessen, verwischt er definitorische Unterschiede. Er möchte nämlich innerhalb seines Ansatzes sogar die vorsprachlichen, also sensumotorischen Kommunikationsformen schwerst behinderter Menschen als sprachliche Handlungen akzeptieren (Welling 1990, 306-307). Dies wohl in Anlehnung daran, dass auch deren Fähigkeit zum Handeln im Sinne der Kooperativen Pädagogik akzeptiert wird. Ob diese Analogie angebracht ist, sollte zumindest diskutiert werden. Kein Problem ist es, vorsprachliche Handlungen als kommunikative Handlungen zu betrachten. Der Entscheid, sie als sprachliche Handlungen zu sehen, sollte hingegen differenzierter begründet werden. Sensumotorische Ausdrucksformen schwerst behinderter Menschen können sich durchaus auf Repräsentationen beziehen, wenn sie konsistent erfolgen, wenn also dieselbe Ausdrucksform unter ähnlichen Bedingungen jeweils dasselbe meint. Trifft dies zu, dann handelt es sich um Zeichen im Sinne Piagets, womit das zentrale Kriterium für sprachliches Handeln erfüllt ist (Piaget 1992, 38).

Beispiel 10
Ein Beispiel dafür ist die Verständigung von Jean-Dominique Bauby (1997) mit einer Logopädin. Bauby kann aufgrund einer Hirnschädigung, die zu einem

Locked-In-Syndrom führte, nur noch ein Augenlid bewegen. Mit einer konsistenten Nutzung dieser Bewegung im Sinne von Ja/Nein und mit Hilfe einer speziellen Buchstabiertechnik schaffen es die Logopädin und er zu kommunizieren. Bauby gelingt es sogar, mit viel Ausdauer beiderseits, der Logopädin ein Buch mit seinen Gedanken zu diktieren.

Ausdrucksformen, die nicht konsistent erfolgen oder die beispielsweise direkt Gefühle widerspiegeln, können nicht zur (symbolischen) Sprache gerechnet werden, da ihnen eben als **vor**sprachliche Handlungen die Berufung auf das Zeichen und damit auf die Repräsentationsebene fehlt. Zugegebenermassen ist es jedoch durchaus möglich, dass nicht behinderte Menschen, die mit einer schwerst behinderten Person interagieren, den Zeichencharakter von Äusserungen oder Handlungen dieser Person nicht erkennen, damit deren sprachlichen Charakter verkennen und damit auch die Komplexität der übermittelten Inhalte völlig unterschätzen. Es gibt eine ganze Reihe von Autobiographien, bei denen es der behinderten Person und ihrer Umwelt irgendwann doch noch gelingt, in sprachlichen, wenn auch nicht immer lautsprachlichen Austausch zu treten. Dies führte jeweils zu einer entscheidenden Wende im Leben dieser Personen.

Beispiel 11
Ein Beispiel dafür ist Christy Brown. Aufgrund einer schweren Athetose waren ihm willkürliche Bewegungen praktisch unmöglich. Von den Ärzten wurde er als unheilbar schwachsinnig bezeichnet. Bis Christy fünf Jahre alt war, bekamen seine Familie und vor allem seine Mutter auf ihre Kommunikationsangebote hin nur ein unbestimmtes Lächeln oder schwaches Gurgeln als Antwort. Mit fünf Jahren gelingt es Christy, mit seinem linken Fuss den Buchstaben A auf den Fussboden zu schreiben. Damit ist ein für ihn erlernbares Zeichensystem gefunden, mit dessen Hilfe er sich mit seiner Umwelt verständigen kann. Und dies ist der Beginn einer sehr weit reichenden Entwicklung, die sein gesamtes Leben, nicht nur seine Ausdrucksmöglichkeiten betrifft (Brown 1976, 12-21).

Entscheidend dafür, ob eine Äusserung als sprachliche Handlung bezeichnet werden kann, ist also nicht unbedingt die Lautgestalt, denn auch Gebärdensprachen erfüllen die Kriterien für Sprache. Entscheidend ist die Berufung auf eine Konvention. Die Repräsentation und damit die Gewissheit, dass zwei Menschen ungefähr an das Gleiche denken, wenn eine Äusserung erfolgt, ist wesentlich.
Eine differenzierte Betrachtung der Ausdrucksformen tut jedenfalls Not. Denn würde man einfach vorsprachliche generell als sprachliche Handlungen akzeptieren und damit auf die Repräsentation als Kriterium verzichten, dann gäbe es

keinen Grund mehr, sprachliches Handeln von allgemeinem Handeln zu unterscheiden. Und damit wäre wohl nichts gewonnen.

3.5.2 Zum Spracherwerb aus der Sicht der Kooperativen Pädagogik

3.5.2.1 Theoretische Grundlagen

Der Erwerb der sprachlichen Handlungsfähigkeit ist ein komplexer und langwieriger Prozess. Sprache ist dabei „kein von Anfang an fertiges System, welches sich ein spracherwerbender Mensch ‚einfach so' aneignet. Vielmehr ist dieser Erwerb, in Kooperation aufgebaut, gleichbedeutend mit Handeln: Spracherwerb, Sprechen und sinnvoller Sprachgebrauch sind Handeln – ein Spezialfall allgemeinen menschlichen Handelns, das sich in der konstruktiven Zusammenarbeit von Menschen entwickelt und bewährt" (Welling 1991, 91).

Damit ist aber noch nicht erklärt, nach welchen Prinzipien Spracherwerb verlaufen könnte. Grundsätzlich kann man dazu sagen, dass es beim Spracherwerb nicht um ein blosses Imitieren der gehörten Sprache geht. Das Kind muss auf der Grundlage des Sprachangebotes die abstrakten Regeln ableiten, die der Sprache zugrunde liegen. Der Prozess des Systemaufbaus geschieht nicht bewusst im Sinne eines gezielt gesteuerten expliziten Problemlöseprozesses. Das Lernen erfolgt vielmehr implizit und ohne Reflexion der Lernergebnisse. Darüber, wie dem Kind diese Leistung gelingen kann, besteht eine Vielzahl von Ansichten bzw. theoretischen Ansätzen. Als gemeinsamer Nenner dieser Ansätze gilt heutzutage, dass Sprachaneignung ein impliziter, nicht bewusster Lernprozess ist, bei dem zwischen inneren Voraussetzungen und Mechanismen auf Seiten des Kindes und äusseren Lernbedingungen eine lernbegünstigende Passung besteht (Grimm/Weinert 2002, 520). Darüber, wie das Verhältnis zwischen den Voraussetzungen beim Kind und den äusseren Bedingungen aussieht und welche Anteile beide Aspekte am Spracherwerb haben, herrscht je nach theoretischem Ansatz eine ganz andere Meinung. Die heute bekannten vier Hauptrichtungen sind der Behaviorismus, bei dem Sprache gelernt wird, der Nativismus, bei dem Sprache angeboren ist, der Kognitivismus, bei dem Sprache das Denken und Denken die Sprache strukturiert, und der Interaktionismus, bei dem Sprache über Interaktion und Wechselbeziehungen erworben wird (Günther/Günther 2004, 47-50).

Die Kooperative Pädagogik lässt sich auf keine der vier Hauptrichtungen festlegen. Sie geht zwar davon aus, dass das Kind Voraussetzungen mitbringt, die seine Entwicklung prägen, beispielsweise seine körperliche Verfassung. Sie lässt sich dadurch aber nicht auf passive oder defizitorientierte Entwicklungsmodelle einschränken. Das wird schon durch die grosse Beachtung deutlich, die der Sensumotorik und der sensumotorischen Phase geschenkt wird. Denn Kooperation wird schon auf der Ebene der Sensumotorik für möglich gehalten und praktiziert. So kann mit sensumotorischer Kooperation die Initiative und Eigenverantwortung auch von Menschen mit schwersten Behinderungen aller Altersstufen anerkannt werden (Praschak 1993; Ritter 2005, 51). Was für Menschen mit schwersten Behinderungen gilt, gilt auch für Säuglinge in der sensumotorischen Phase. Kooperation ist von Anfang an möglich. Auch die weitere Entwicklung des Kindes wird auf dem Hintergrund des von Piaget formulierten Entwicklungsmodells betrachtet. Das gilt auch für die Sprachentwicklung, bei der die Aspekte der Repräsentation und der Kommunikation als wesentlich erachtet und miteinander verknüpft werden.

Für eine so auf Kooperation bezogene Handlungstheorie wird jedoch Natur gemäss die Sichtweise des Interaktionismus mindestens so stark gewichtet. So wird Sprachentwicklung als „Entwicklung lebensweltlicher sprachlicher Handlungsfähigkeit des Kindes in den Feldern des Sprachgebrauchs (Kommunikation, Semantik, Grammatik, Phonologie/Phonetik)" (Kracht/Welling 2001, 534) definiert. Spracherwerb wird dabei selbst als Handlung bezeichnet, die nur innerhalb von kooperativen Handlungen, also im lebendigen und bedeutungsvollen Austausch mit der Umwelt, erfolgreich sein kann. Welling verdeutlicht dies beim Nachdenken darüber, welche Sprachmodelle ein Kind benötigt: „Theoretische Konzepte zum Spracherwerb verweisen darauf, dass gerade dasjenige sprachliche Modell das Interesse und die Wertschätzung des kindlichen Sprechers findet, das einerseits zu den sprachlichen und kognitiven Strukturen ‚passt' und andererseits ein Stück gemässigter Neuartigkeit aufweist. Dieses Modell zieht dann, wenn es im Dienste der Repräsentation und Kommunikation steht, eher die Aufmerksamkeit des Kindes auf die sprachlichen Produktionen als eines, zu dem das Kind keine Beziehung aufbauen kann" (Welling 1991, 87). Es geht also darum, dass das Kind in seinem Umfeld immer wieder sprachliche Anregungen findet, die gerade so komplex und neu, und dazu interessant und potentiell nützlich bzw. wertvoll sind, dass es sie mit seinen bereits entwickelten Strukturen aufnehmen und verarbeiten kann und will. Diese baut es in seine vorhandenen Handlungspläne ein und passt sie den verschiedenen sprachlichen (kooperativen) Handlungssituationen an, denen es im Alltag begegnet.

Man kann erkennen, dass der Ansatz der Kooperativen Pädagogik versucht, verschiedene Erklärungsansätze zum Spracherwerb zu integrieren, unter der wesentlichen Voraussetzung, dass das Kind als aktives, verantwortliches Wesen akzeptiert wird, welches seine Entwicklung selbst strukturiert und mitverantwortet. Unter der Bedingung, dass diese Grundhaltung mitgetragen wird, ist der Ansatz offen für Weiterentwicklungen und Ergänzungen. Ansätze, die das Kind bzw. den Menschen passiv sehen, haben hingegen keinen Platz.

Ähnliches gilt für beeinträchtigte Sprachentwicklung oder Sprachverwendung. Die Kooperative Pädagogik zieht benötigtes Wissen bei, ordnet es aber ihrem Ansatz unter. So meint Welling (1999, 87): „Abstraktes Konstruktwissen über Sprach-, Sprech-, Stimm- und Redestörungen kann mithelfen, die Situation der konkreten Kinder und Jugendlichen in ihrer Lebenswelt und den Organisationsbedarf ihrer unterrichtlichen und therapeutischen Förderung zumindest ausschnitthaft zu verstehen." Auch für die an der Kooperativen Sprachpädagogik orientierte Therapiepraxis sollen sich Sprachtherapeuten fundierte Kenntnisse über sprachwissenschaftliche und sprachentwicklungstheoretische Voraussetzungen des Sprachgebrauchs aneignen (Welling/Kracht 2002, 147). Mit solchen Forderungen wird deutlich, dass die Kooperative Pädagogik nicht den Anspruch erhebt, all diese Prozesse selbständig zu beschreiben und zu erklären, sondern dass sie offen dafür ist und es auch für nötig hält, diesbezügliche Bezugswissenschaften heranzuziehen, allerdings nicht ohne sie gründlich zu reflektieren.

3.5.2.2 Sprachstörung – Sprachbehinderung

Nachdem skizziert wurde, welche theoretischen Grundlagen die Kooperative Pädagogik für den Spracherwerb annimmt, muss nun geklärt werden, inwiefern sprachliches Handeln beeinträchtigt sein kann. Die Begriffe ‚Sprachstörung' und ‚Sprachbehinderung' werden aus dem Begriff der Handlungsfähigkeit abgeleitet.

Der Begriff der Störung beschreibt aus der Perspektive des Subjektes die Störung seiner sprachlichen Handlungen, so dass es mit seinen sprachlichen Mitteln von ihm für wertvoll erachtete Ziele nicht oder nur eingeschränkt verwirklichen kann (Kracht 2000, 392). Für das Kind ist die eigene sprachliche Ordnung die Norm, die Form seiner Sprachverwendung gilt ihm als normal. Gestört ist die Sprache für das Kind dann, wenn es erlebt, dass seine Sprache missachtet wird oder für seine Ziele nicht einsetzbar bzw. erfolgreich einsetzbar ist (Ahrbeck u.a. 1992, 295). Zur Missachtung der kindlichen Sprache kommt es dann, wenn sie den Ansprüchen der Umwelt nicht entspricht. Deshalb müssen neben dem Zugang zum Störungsbegriff über das Subjekt auch die Ansprüche einer Kultur und Gesellschaft berücksichtigt werden, „denn die subjektive Störung im sprachlichen Handeln des Einzelnen lässt sich nur angemessen erklären, wenn sie in Bezug zu den normativen Erwartungen der sozialen Umwelt gesetzt wird" (Kracht 2000, 392).

Eine Sprachstörung liegt also vor, wenn
- das Kind selbst sich gestört fühlt, weil es mit seinen sprachlichen Mitteln auf Missachtung stösst oder seine Ziele nicht erreichen kann,
- oder wenn die Umwelt die Sprachform und Sprachverwendung als nicht erwartungsgemäss beurteilt, wodurch Reaktionen erfolgen, die zu Missachtung oder Erfolglosigkeit führen.

Der Sprachbehinderungsbegriff umfasst die konkreten Lebens- und Lernbedingungen, die dazu führen, dass sich eine gestörte Entwicklung vollziehen kann, die vorübergehend oder lang andauernd aufrechterhalten wird (Kracht 2000, 394). Damit wird Sprachbehinderung als eine Beeinträchtigung sprachlichen Handelns verstanden, die sozial mit erzeugt ist und sich personal in einem je spezifischen Sprach- und Stimmgebrauch, einer je spezifischen Sprechtätigkeit und Redefähigkeit auswirkt (Welling 1999, 128).

Somit ist sprachbehindert,
- „wer infolge einer Spracherwerbsstörung oder einer Störung der erworbenen Sprache, einer organischen Schädigung und/oder sozialen Auffälligkeit in seinen Funktionen und sprachlichen Möglichkeiten so beeinträchtigt ist,
- dass er in seiner Lebenswelt, deren Werte und Normen für ihn und seine Bezugspersonen Geltung haben,
- nur unter aussergewöhnlichen Bedingungen zu einem menschwürdigen (d.h. durch kulturelle Teilhabe, personale Selbstbestimmung und soziale Mitbestimmung gekennzeichneten) Leben findet und
- daher die Ordnung sprachlicher Regelhaftigkeiten (wieder) erwerben und
- lernen muss, jene Werte und Normen der Sprachverwendung seiner Beeinträchtigung gemäss zu beurteilen und an der Veränderung ihrer Entstehungsbedingungen mitzuwirken" (Welling 2004, 132).

Das bedeutet vor allem anderen auch, dass Sprache und Sprachbehinderung eine besondere, aber veränderbare Handlungsqualität und keine statische Eigenschaft eines Menschen ist (Welling 1990, 488).

Mit dieser Sichtweise steht die Kooperative Pädagogik nicht alleine da. Die Weltgesundheitsorganisation WHO orientiert sich für ihr Klassifikationssystem ICF (Internationale Klassifikation der Funktionsfähigkeit, Behinderung und Gesundheit) an einem sehr ähnlichen Verständnis von Behinderung. Die deutsche Version der ICF – die englische wurde 2001 verabschiedet – unterscheidet folgende grundlegenden Aspekte:

- Schädigung (Funktionsstörung, Strukturschaden), die auf der Ebene von Körperfunktionen und -strukturen eintritt;
- Beeinträchtigung der Aktivität, welche die Aktivitäten einer Person betrifft;
- Beeinträchtigung der Partizipation bzw. Teilhabe.

Die soziale Beeinträchtigung, die als Wechselwirkung zwischen dem (gesundheitlichen) Problem und den Umweltfaktoren definiert ist, wird als sehr wesentlich erachtet. Deshalb werden auch die Umweltfaktoren als integrale Bestandteile einer Problemlage erfasst und klassifiziert (WHO 2004, 5). Eine Behinderung tritt also ein, wenn „Aktivitäten zur Selbstbestimmung und Selbstverwirklichung und die soziale Teilhabe am Leben der Gesellschaft" (Braun 2002, 38) beeinträchtigt sind. Eine Sprachbehinderung liegt entsprechend dann vor, wenn aufgrund der sprachlichen Probleme die Persönlichkeits- und Sozialentwicklung des Kindes beeinträchtigt wird (Braun 2002, 37).

All diese Aspekte berücksichtigend geht die kooperative Sprachförderung vom übergeordneten allgemeinen Bildungsziel pädagogischer Arbeit aus, schöpferische, erfinderische und entdeckungsfreudige Menschen heranzubilden, die zur gemeinsamen Wirklichkeitsbewältigung fähig und bereit sind. Pädagogische Sprachförderung hat als besonderes Ziel, Bedingungen des Einzelnen und seiner Umwelt in Richtung förderlicher Bedingungen zu verändern und so zielgerichtete, erwartungsgemässe Sprachleistungen zu sichern, zu ermöglichen und zu entwickeln (Welling 1990, 489).

Und dennoch werden auch Grenzen anerkannt: „Trotz des ethisch begründeten Hauptanliegens, dass möglichst alle Kommunikationspartner bereit und fähig sind, die Bedingungen sprachlichen Handelns im Sinne des Kooperationsgedankens verantwortlich mitzugestalten, werden diese Bedingungen nicht immer und nicht für alle optimal erfüllbar sein" (Welling/Kracht 2002, 148). Diese Einschränkung gilt längst nicht nur für in irgendeiner Form sprachlich beeinträchtigte Kinder. Sie kann auch für Menschen in schwierigen Lebenslagen zutreffen, oder eben auch für mehrsprachig aufwachsende Kinder, die oft genug mit ihrer Mehrsprachigkeit auf Unverständnis und Ablehnung stossen.

Um von Behinderung bedrohte Kinder bzw. alle Kinder in ihrer Entwicklung zu fördern, setzt die Kooperative Pädagogik auf das kooperative Handeln. Dieses findet am besten im gemeinsam verantworteten Alltag statt, ohne dass dafür künstliche Situationen geschaffen werden (Schönberger 1991, 20). Für das konkrete Handeln zieht Schönberger (1991) Konzepte den Methoden vor. „Methoden sind an gleichartige Probleme gebundene Schemata des Verhaltens, gegründet auf bewährte Anschauungen – z.b. Weltanschauungen und Menschenbilder, (die manche missverständlich ‚Theorien' nennen). Die ihnen gemässen Vorgehensweisen heissen Technik oder Strategie. Sie orientieren sich an Idealen und Normen. Konzepte sind für vielfältige Probleme offene Pläne des Handelns, begründet aus durchdachten Beziehungen – z.B. aus Theorien über die Beziehungen zwischen der sich ändernden Problemsituation und ihren Vorgehensweisen, (die manche missverständlich ‚Methoden' nennen). Die ihnen gemässen Vorgehensweisen heissen Entwurf oder Hypothese. Sie orientieren sich an Ideen und Werten" (Schönberger 1991, 6).

Auch bei kooperativer Sprachförderung geht es nicht um die Anwendung von pädagogischen Kategorien oder von linguistischem Wissen in der Praxis, sondern um Reflexionswissen. Dieses Deutungswissen kann beispielsweise auch die Abschätzung des Gefährdungspotentials für die sprachliche Entwicklung eines mehrsprachigen Kindes ermöglichen (Kracht u.a. 2004, 15).

Für die Praxis bedeutet dies, dass die Kooperative Pädagogik keine fertigen Rezepte liefert, wie dieses oder jenes Problem angegangen werden könnte. Vielmehr bietet sie eine spezifische Grundhaltung sowie eine besonders wertschätzende Sichtweise des Alltags, in welchem entwicklungsförderlich gemeinsam bzw. kooperativ gehandelt wird.

3.6 Sprachliches Handeln unter der Bedingung der Mehrsprachigkeit

Durch die Verknüpfung der verschiedenen Sichtweisen von Sprache (linguistische, psycholinguistische und entwicklungspsycholinguistische Sichtweise) schafft es Welling, einen weiten theoretischen Bogen zu spannen, der sehr viele Aspekte von Spracherwerb und Sprachverwendung umfasst. Da Welling die sprachliche Handlung und damit auch die (sprachliche) Auseinandersetzung mit der Umwelt zum zentralen Punkt seines Ansatzes macht, ist es konsequent und von Welling auch so ausgedrückt, jede Form von sprachlicher Handlung als solche zu akzeptieren und in ihrem Bedingungsgefüge zu analysieren. Es gibt somit keinen Grund, dies für mehrsprachige Äusserungen nicht zu tun. Kracht (1996, 362) meint dazu: „Zweisprachige Menschen verwirklichen von ihnen als wertvoll erkannte Ziele auf dem Hintergrund ihres jeweils konstruierten Wissens mit mehreren Sprachen. ... Durch die handlungstheoretische Interpretation von Zweisprachigkeit als einer Form sprachlicher Handlungsfähigkeit erfahren beide Sprachen eine besondere Wertschätzung hinsichtlich ihrer Gebrauchsfunktion im Alltag." Trotzdem bezeichnet es Kracht (2000, 25) als ihren Wertentscheid, mehrsprachiges sprachliches Handeln als sprachliches Handeln zu akzeptieren. Nach den obigen Ausführungen ist es jedoch nicht einsichtig, wieso dies ein Wertentscheid sein soll. Es lässt sich vielmehr aus Wellings Ausführungen ableiten, dass mehrsprachiges sprachliches Handeln alle Kriterien für sprachliches Handeln erfüllt. Mehrsprachiges sprachliches Handeln nicht als solches zu akzeptieren, wäre deshalb nur schwer begründbar.

Eine andere Frage ist jedoch, was das Kind oder den Erwachsenen zu mehrsprachigem Handeln veranlasst und was das Besondere von Spracherwerb unter der Bedingung Mehrsprachigkeit sein könnte. Kracht (2000, 27) sagt dazu: „Das Kind ist ... aufgrund seiner biographischen und damit seiner Entwicklungsbedingungen auf das Lernen und den Gebrauch zweier Sprachen angewiesen, um handlungsfähig zu sein. Erst wenn sich die Lebensbedingungen so verändern würden, dass das Kind seine Zweisprachigkeit zur zielgerichteten Gestaltung seines Alltags nicht mehr ‚benötigt', würde die Zweisprachigkeit keine notwendige Bedingung seiner Handlungsfähigkeit mehr darstellen". Grosjean (1996, 171) betont ebenfalls die durch die psychosoziale Umgebung eines Kindes geschaffene Notwendigkeit, in zwei (oder mehreren) Sprachen zu kommunizieren.

Diese durch die Lebenswelt geschaffene Notwendigkeit zu akzeptieren bedeutet, nicht mehr über die Frage zu diskutieren, ob Zweisprachigkeit sinnvoll ist oder nicht, ob sie schädlich oder nützlich sei. Vielmehr ist zu untersuchen, wie die für das Kind so bedeutungsvolle Zweisprachigkeit sich entwickelt und wie Fachpersonen das Kind nötigenfalls im Erwerb seiner Zweisprachigkeit unterstützen können. Besteht die Notwendigkeit zur Zweisprachigkeit nicht mehr, dann können Kinder eine Sprache auch sehr schnell wieder verlieren, wie Grosjean an derselben Stelle ausführt.

Um den kindlichen mehrsprachigen Sprachgebrauch möglichst gut zu verstehen, greift Kracht (2000, 26) auf den bereits ausführlich diskutierten, von Welling entwickelten handlungstheoretischen Sprachbegriff zurück. Die zentralen Begriffe werden von Kracht nicht anders oder weitergehend expliziert als von Welling. Deshalb sind an dieser Stelle keine weiteren Ergänzungen dazu nötig.

Es soll jedoch mit Kracht (2003) nochmals betont werden, dass mehrsprachiger Spracherwerb nicht einfach den Erwerb zweier Sprachsysteme bedeutet, sondern dass Mehrsprachigkeit eine Bedingung der Persönlichkeitsentwicklung des Kindes ist. Die Unverwechselbarkeit eines Kindes entsteht durch die je besondere Ausprägung einzelner Entwicklungsbereiche (z.B. Motorik, Kognition, Sprache, Soziabilität, Emotionalität) unter den jeweils besonderen Bedingungen seiner Biografie. Hierbei ist die enge Verwobenheit der individuellen Entwicklung und der Lebenswelt in der Alltagskultur einer familiären Lebensgemeinschaft von besonderer Bedeutung. Diese Verwobenheit ermöglicht, dass das Kind sich in der Interaktion mit anderen Menschen selbst darstellt und im positiven Sinne des Wortes auffällt. Für diesen Bereich der personalen kindlichen Selbstdarstellung und Selbstbehauptung wird Sprache in der Regel zu einem herausragenden Wert für das Kind. Es kann Vorlieben und Abneigungen gegenüber Gegenständen und Sachverhalten mitteilen, eigene Ziele sprachlich verfolgen und Sprache kontinuierlich nutzen, um ‚sich selbst voran zu bringen'. Formen, Inhalte und Ausmass (sprachlicher) Selbstdarstellung sind dabei abhängig von den Werten und Bedeutungen, die eine Kultur dem sprachlichen Handeln zugrunde legt (Kracht 2003, 124). Insofern ist Mehrsprachigkeit ein Teil der Lebenswelt des Kindes und prägt diese und seine Persönlichkeit von Anfang an genauso mit wie jeder andere Bereich dieser Lebenswelt.

Um ein besseres Verständnis von Spracherwerb und Sprachgebrauch eines mehrsprachigen Kindes zu erlangen, übernimmt Annette Kracht (2000, 395) eine Systematisierung in drei Ebenen, die Ahrbeck, Schuck und Welling (1992, 298) für die sprachheilpädagogische Praxis entwickelt haben. Diese drei Ebenen umfassen die biographische Analyse, die Sprachhandlungsanalyse und die Mikroanalyse der Sprachen. Bei der biographischen Analyse soll die Lebensgeschichte des Kindes insofern rekonstruiert werden, als daraus Hinweise auf seine Entwicklungsbedingungen zu gewinnen sind. Neben dem vergangenheitsbezogenen Verständnis der Entwicklungsbedingungen soll auf dieser Ebene auch untersucht werden, welche Entwicklungsbedingungen aktuell für das Kind förderlich oder hinderlich sein könnten. Mit der Sprachhandlungsanalyse soll beobachtet und erfragt werden, inwieweit das Kind in seinem Alltag seine eigenen Ziele mit seinen sprachlichen Mitteln auf dem Hintergrund seines Weltwissens verwirklichen kann und damit Sprache von Wert ist. Bei dieser Analyse sind die drei Dimensionen der Zielgerichtetheit, Plangeleitetheit und Wertorientiertheit einzubeziehen, durch die Handeln bestimmt ist. Anhand der Mikroanalyse der Sprachen sollen Aussagen über die für das jeweilige kindliche Sprachsystem relevanten Sprachstrukturen erfolgen. Da es um mehrsprachige Handlungsfähigkeit geht, sollen beide Sprachsysteme erfasst werden, je nach Fragestellung auf den entsprechenden linguistischen Ebenen. Bezugsnorm sollen die Erkenntnisse der Mehrsprachigkeitsforschung sein, nicht der Erstspracherwerb (Kracht 2000, 395-398).

Um all diese Bereiche nicht nur beobachten, sondern auch beurteilen zu können, müssen die entsprechenden Erkenntnisse vorliegen und als Bezugsnorm zur Verfügung stehen. Dies sollen die folgenden Kapitel bezüglich des Erwerbs zweier Erstsprachen und des mehrsprachigen Sprachgebrauchs leisten.

4 Sprachliches Handeln mehrsprachiger Menschen

4.1 Kommunikativ-pragmatische Kompetenzen als Basis für jedes sprachliche Handeln

Es ist eine Alltagserfahrung, dass Menschen ihre sprachlichen Äusserungen flexibel gestalten können. Sie können Aussprache, Wortschatz, Satzbau und die gesamte Gestaltung ihrer Äusserung den Notwendigkeiten der jeweiligen Situation anpassen. Deutlich wird dies bereits bei Kleinkindern, die mit Babys ganz andere sprachliche und nichtsprachliche Gestaltungsmittel einsetzen als im Gespräch mit Erwachsenen. In der Auswahl ihrer Mittel stimmen sie dabei auffällig mit Erwachsenen überein, die sich mit Babys unterhalten wollen. Üblicherweise wird diese Art der Anpassung als „an das Kind gerichtete Sprache (KGS)", „Motherese" oder auch „Babysprache" (Übersicht dazu siehe Szagun 1996, 206-215), neuerdings auch als das „Mutterische" (Pötter 2004, 4) bezeichnet. Sie ist nur ein besonders markantes Beispiel der Anpassungsleistungen, welche Menschen im Gespräch miteinander erbringen. Solche Anpassungsleistungen haben zum Ziel, die Kommunikationssituation zum Gelingen zu bringen, sodass die Gesprächsteilnehmer ihre Anliegen und Bedürfnisse möglichst gut zum Ausdruck bringen können. Sie setzen natürlich voraus, dass ein Mensch Auswahlmöglichkeiten für die Gestaltung seiner Äusserungen hat, und dass er Kriterien kennt, nach denen er angemessen auswählen kann. Laut Keller (1984, 69) verfügen alle Menschen über mehr oder weniger gute Strategien, mit denen sie ihre Kommunikationssituationen zu meistern trachten. Jeder muss zwar mit unterschiedlichen Kommunikationssituationen zurechtkommen, „aber jeder ist bestrebt, seine kommunikativen Unternehmungen zum Erfolg zu führen, was auch immer *er* unter Erfolg verstehen mag." (Keller 1984, 69, Hervorh. i. Orig.)

Damit die Anpassung erfolgreich sein kann, muss sie sowohl die Person und die Situation des Gesprächspartners, als auch den Kontext berücksichtigen. Mögliche Kriterien für die Anpassung an den Gesprächspartner können dessen Alter, Herkunft, Bildungsstand, Status und sprachliche Kompetenzen sein. Aber auch Kriterien wie die momentane Laune des Gegenübers und dessen aktuelles Gesprächsverhalten sind zu berücksichtigen. Diese können nämlich beeinflussen, was eine Person mit einer Äusserung meinen könnte. Also kann der aktuelle Kontext die Bedeutung einer Äusserung, wie sie zwischen Sprecher und Hörer geschaffen wird, verändern. Damit wird auch klar, warum der Kontext mitbedacht werden muss, z.B. der Ort, die Zeit, Rahmenbedingungen wie etwa Lärm, die momentane Tätigkeit der Gesprächspartner, das Ziel der Kommunikationssequenz sowie die geltenden Interaktionsnormen für diese spezifische Situation (z.B. Hymes 1973a, 97-103). Alle diese Kriterien und die damit verbundenen Anpassungsleistungen werden üblicherweise unter dem Stichwort ‚Kommunikative Kompetenz' zusammengefasst und diskutiert. Damit ist die Sprachverwendungskompetenz gemeint, in der nicht nur grammatische Kenntnisse enthalten sind, sondern auch das Wissen um die soziale und situative Angemessenheit von Äusserungen. Kinder eignen sich also beim Spracherwerb parallel zum Wissen über die möglichen Sätze einer Sprache auch die Kenntnis darüber an, wann, wo und wie die Sätze verwendet werden: „Sie internalisieren Haltungen gegenüber einer Sprache und ihren Verwendungsmöglichkeiten und natürlich auch gegenüber der Sprache selbst (was z.B. auch Aufmerksamkeit ihr gegenüber einschliesst) ..." (Hymes 1973b, 116). Es geht also um die Fähigkeit, sich in konkreten Kommunikationssituationen angemessen zu äussern und solche Äusserungen angemessen zu interpretieren. Zur Interpretation sind individuelles Welt- oder Hintergrundwissen, sowie eine Einschätzung von Situation, Erwartungen und kommunikativen Absichten des Kommunikationspartners und ähnlichem nötig (Welte 1995, 171). Zur Veranschaulichung soll folgendes Beispiel dienen:

Beispiel 12
Die Äusserung: „Es zieht hier." ist vom Wortlaut her eine reine Beschreibung der Situation „Durchzug". Je nach Tonfall, in dem die Worte geäussert werden, und abhängig von allenfalls vorangegangenen Handlungen oder Äusserungen kann der Satz aber auch eine Aufforderung im Sinne von „Jemand soll das Fenster schliessen." bedeuten, einen Befehl wie: „Mach sofort das Fenster zu!" oder auch einen Vorwurf wie: „Warum hast du das Fenster nicht schon lange zugemacht."

Es wird sofort ersichtlich, dass die Bedeutung nicht nur aus sprachlichen Hinweisen erschlossen werden kann und dass dieselbe Bedeutung unterschiedlich ausgedrückt werden kann. Gerade die letzte Bedeutung des obigen Beispiels könnte sehr gut auch durch vorwurfsvolles Schweigen zum Ausdruck gebracht werden.

Auch die nonverbale Kommunikation trägt wesentlich zur Interpretation der Bedeutung bei. Unter nonverbaler Kommunikation versteht man Informationsvermittlung mit Hilfe von Signalen, die ohne Sprache informationshaltig sein können, oder Informationen, die das Sprechen oder Zuhören bewusst oder unbewusst begleiten (Lewandowski 1990, 749). Die Mittel der nonverbalen Kommunikation kann man in phonetische und nicht-phonetische (motorische) unterteilen. Zu den phonetischen Mitteln gehören beispielsweise Lautstärke der Stimme, Stimmlage, Sprechrhythmus, Lachen oder Hüsteln. Zu den nicht-phonetischen Mitteln zählen Mimik, Gestik, Körperhaltung, Blickkontakt oder auch äussere Erscheinung und Kleidung (Bussmann 1990, 532). Ein Teil dieser Aspekte ist konstitutionell bedingt, ein Teil kann Codecharakter haben. Es ist jedoch nicht immer einfach zu erfassen, welche Aspekte jeweils konstitutionell, welche intentional gesteuert und welche lediglich unbewusst, ohne kommunikative Absicht erfolgen. Stimmen verbales und nonverbales Verhalten nicht überein, dann gilt die nonverbale Aussage oder Botschaft als glaubwürdiger als die verbale (Scherer 1977, 282). Die meisten Menschen gehen nämlich davon aus, dass man mit den nonverbalen Verhaltensweisen nicht lügen und dass man diese eindeutig interpretieren kann. Es wird also angenommen, dass nonverbale Kommunikation universell ist. Dies ist aber nicht für alle Ausdrucksformen der Fall. Vielmehr haben viele Signale wie Gesten oder auch Sprachmelodie und Lautstärke von einer Sprechergemeinschaft zur anderen unterschiedliche Bedeutungen. So bedeutet beispielsweise das Nicken mit dem Kopf in Mitteleuropa ‚Ja‘, während es in Süditalien, Griechenland oder auch der Türkei ‚Nein‘ ausdrückt. Für interkulturelle Kommunikation, und damit auch für die Kommunikation mit Mehrsprachigen, kann es deshalb problematisch sein und zu Missverständnissen führen, dass die nonverbalen Signale so hoch bewertet und als universell angenommen werden.

Die Interpretation von Äusserungen mit ihren verbalen und nonverbalen Anteilen sowie die Einschätzung von Situationen erfolgt, wie bereits gesagt, auf der Basis von Welt- oder Hintergrundwissen. Dieses individuelle Welt- oder Hintergrundwissen kann nur durch Erfahrung aufgebaut werden. Menschen machen unterschiedliche Erfahrungen. Wie sehr sich diese voneinander unterscheiden, hängt unter anderem davon ab, wie ähnlich oder unterschiedlich die jeweiligen Lebensbedingungen der Menschen sind. Und diese kann man, wenn man den Aspekt ‚gemeinsame Sprache und Sprachverhalten‘ in die Überlegungen mit einbezieht, auf verschiedene Gemeinschaftsgrössen hin analysieren: Vom gemeinsamen Sprachraum (z.B. Deutsch) über Regionen (z.B. Deutschschweiz) zur Stadt (z.B. Freiburg), übers Quartier hin zur Schule und Schulklasse, zur Familie bis hin zum Paar oder zur Mutter-Kind-Beziehung wurden verschiedenste Einheiten auf das in ihnen geltende Sprachverhalten hin untersucht und beschrieben. Um zu zeigen, auf welche Aspekte sich Regeln beziehen können, soll auf Forschung zurückgegriffen werden, die sich mit grösseren Sprach- und Kulturräumen und dem darin herrschenden Umgang mit spracherwerbenden Kindern befasst.

An dieser Stelle ist ein kurzer Exkurs über den Begriff ‚Kultur' angebracht. In der Fachliteratur existieren unzählige Definitionen von ‚Kultur'. Je nach Fachrichtung unterscheiden sich diese wesentlich voneinander. Für einen kurzen Überblick sei auf Lin-Huber (1998, 16-22) verwiesen, eine kritische Diskussion im Zusammenhang mit dem Begriff der ‚Interkulturellen Pädagogik' bietet Kronig (2000, 72-98). Die Diskussion soll an dieser Stelle nicht nochmals aufgerollt werden. Vielmehr soll der Definitionsversuch von Nieke (2000, 50, Hervorh. im Orig.) gelten, der unter Kultur **„die Gesamtheit der kollektiven Deutungsmuster einer Lebenswelt (einschliesslich ihrer materiellen Manifestationen)"** versteht. Der Vorteil dieser Definition besteht darin, dass er die Gemeinsamkeiten einer bestimmten Gruppe von Menschen erfassen kann, ohne sich an eine Nation, ethnische Gruppe oder Sprache zu binden. Gerade für die Lebenswelt mehrsprachiger Personen ist dieser Aspekt wesentlich.

Verschiedentlich wurde bereits versucht, Verhaltensweisen von Erwachsenen verschiedener Kulturen gegenüber spracherwerbenden Kindern zu beschreiben und zu analysieren. So kommt beispielsweise Lin-Huber (1998) nach einem Literaturüberblick zum Schluss, „dass jede Gesellschaft **Form**, **Inhalt** und **Funktion** kindlicher Sprachmuster beeinflusst, indem sie die Art und Weise strukturiert, wie Kinder in soziale Situationen involviert werden.

- Gewisse sprachliche Formen mögen in einer Kultur früher als in einer anderen erworben werden, weil sie von hoher Priorität in dieser Gesellschaft sind. Andere werden nicht oder später auftauchen, weil sie in dieser Gesellschaft nicht erwünscht sind und/oder die Kinder zu ihrem Gebrauch nicht ermutigt werden.
- Gewisse Inhalte sind in einer bestimmten Kultur von grosser Bedeutung, während sie in einer anderen kaum angesprochen werden oder vielleicht sogar tabu sind.
- Da Sprache in den verschiedenen Kulturen eine unterschiedliche Funktion zukommt, werden auch die Ziele des Spracherwerbs unterschiedlich gesteckt.

Das Endergebnis ist eine **kulturspezifische kommunikative Kompetenz.** Unterschiede dieser kulturspezifischen Kommunikationskompetenzen werden jedoch erst in der interkulturellen Kommunikation deutlich" (Lin-Huber 1998, 67, Hervorh. i. Orig.).

Konkret umfasst die kulturspezifische kommunikative Kompetenz eine ganze Reihe von Regeln, die das Kind lernen muss und die ihm vornehmlich in der primären Sozialisation durch die Eltern oder in der Familie vermittelt werden. Es „lernt, wer, wie, was, wann sagt:

- **Wer**: Sprecherrechte (Gesprächseröffnung, Einbringung des Themas, Sprecherwechsel, Gesprächsbeendung) richten sich nach der hierarchischen Organisation einer Kultur.
- **Wie**: Die sprachliche Form, wie etwas ausgedrückt wird (direkte oder indirekte Sprechweise, Grad der Bestimmtheit des sprachlichen Ausdrucks, Höflichkeitsstrategien, formale oder individuelle Ausdrucksweise, Sprecher- und Hörerverhalten), gründet auf kulturellen Wertvorstellungen.
- **Was**: Obligate Gesprächsfloskeln, Gesprächs- sowie Tabuthemen sind kulturspezifisch.
- **Wann**: Diskursorganisation, Informationsstrukturierung, in einer bestimmten Situation zu sprechen oder zu schweigen; all dies sind kulturelle Gepflogenheiten" (Lin-Huber 1998, 207, Hervorh. i. Oirg.).

Ergänzen könnte man die Aufzählung noch mit dem ‚Wo‘, da die räumlichen Gegebenheiten und die Bedeutung des Ortes den Kontext mitbestimmen und sich deshalb ebenfalls auf die zu wählenden sprachlichen Strukturen auswirken. Um all diese Regeln korrekt umzusetzen, sind entsprechende sprachliche wie auch nichtsprachliche Fähigkeiten nötig. Beide Ebenen können dabei äusserst komplex sein – man denke nur an die korrekte Umsetzung von Höflichkeitsformen in verschiedenen Sprachen –, und keine ist für sich alleine hinreichend.

Auf die beschriebenen kommunikativen Kompetenzen sind alle Menschen angewiesen, wenn sie sprachlich kommunizieren wollen. Für mehrsprachige Menschen beinhalten die kommunikativen Kompetenzen ausserdem, zu erkennen, wann welche Sprache oder auch Sprachmischung angemessen und welcher Kommunikationsstil damit verbunden ist. In diesem Sinne bedeutet kulturspezifisch für zweisprachige Personen, dass sie nicht davon ausgehen können, ihr sprachliches Repertoire und die damit verbundenen Verhaltensweisen jederzeit und überall voll einsetzen zu können. Vielmehr müssen sie aus ihrem Gesamtrepertoire die für die jeweiligen Gesprächspartner und die jeweilige Situation gültigen Regeln auswählen und verbal wie nonverbal korrekt umsetzen. Die Feststellung, dass diese Regeln kulturspezifisch sind, bedeutet deshalb für mehrsprachige Menschen, in jedem Gespräch zu evaluieren, welche Kultur gilt und welche Verhaltensweisen entsprechend angemessen sind. In gewissem Masse betrifft dies auch einsprachige Personen, aber für mehrsprachige sind die Entscheidkomplexität und der Unterschied zwischen den Kodes grösser.

Bei Kindern, die mit zwei Erstsprachen aufwachsen, wird der dazugehörige Erwerb der kommunikativen Kompetenzen meist nicht als Problem gesehen. Sie werden in dem Masse in die dazugehörigen Verhaltensweisen hinein sozialisiert, wie ihnen die damit verbundenen sozialen Kontakte zur Verfügung stehen. Ein Beispiel für die Auswirkungen eines eingeschränkten Sprachangebotes gibt Saunders (Saunders 1988, 192), dessen Kinder in Australien das deutsche Höflichkeitsregister nicht erwarben, weil sie Deutsch nur mit befreundeten oder verwandten Personen sprachen. Entsprechend erwarben sie die Höflichkeitsformen erst sehr spät bei einem längeren Aufenthalt in Deutschland.

Kinder erwerben die kulturspezifische kommunikative Kompetenz auch für weit voneinander entfernte Sprachen gleichzeitig mit dem Spracherwerb, wie Lin-Huber (1998) am Beispiel ihres mit Deutsch und Chinesisch aufwachsenden Sohnes schön zeigt. Sie können deshalb auch mit grösseren Unterschieden gut umgehen. Die unterschiedliche Herkunft der Eltern kann jedoch auch ein besonderes Konfliktpotential in sich bergen, beispielsweise wenn die Eltern sehr verschiedene Erziehungsideale haben. Ein Beispiel dafür ist die Vorstellung, wie sehr Kinder am Leben der Erwachsenen teilnehmen und in deren Gespräche involviert werden sollen (Fantini 1985, 26). Ein weiteres typisches Beispiel sind abweichende Vorstellungen über angemessene Verhaltensweisen für Mädchen. Solche unterschiedlichen Erwartungen können zu belastenden Spannungen in der Familie führen (kommen allerdings bei weitem nicht nur in Familien mit multikulturellem Hintergrund vor). Besteht ein solches Konfliktpotential, dann wirkt sich das nicht primär auf den Spracherwerb aus (wobei auch dies möglich ist, indem das Kind eine der Sprachen verweigert.) Vielmehr sind alle Lebensbereiche des Kindes und seiner Familie davon betroffen (Aleemi 1991).

Obwohl also die Mehrzahl der Anpassungsleistungen von allen Menschen erbracht werden müssen, stehen mehrsprachige Menschen, die aus einem breiteren Spektrum von Möglichkeiten die jeweils angemessene Variante wählen müssen, vor spezifischen Herausforderungen. Die Anpassung kann bei zweisprachigen (wie bei einsprachigen) Menschen gelegentlich misslingen. In manchen Fällen handelt es sich aber nicht um ein Misslingen, sondern um eine unsorgfältige

Analyse der Situation durch die Beobachter. Dadurch bedingte Fehlinterpretationen kommen im Zusammenhang mit Mehrsprachigen öfter vor, indem deren spezifische Kommunikationsformen als Störungen fehl gedeutet werden. Oft wird vorschnell angenommen, dass die zur Anpassung benötigten sprachlichen Mittel (noch) nicht in genügendem Masse zur Verfügung stehen. Damit wird man aber den sprachlichen und kommunikativen Fähigkeiten mehrsprachiger Menschen zu wenig gerecht.

Im Folgenden sollen deshalb die diesbezüglich für Mehrsprachige spezifischen Fragen bearbeitet werden. Insbesondere wird angesprochen, wie mehrsprachige Menschen die angemessene Sprache wählen und nach welchen Kriterien Sprachwechsel erfolgen können. Danach werden verschiedene Formen des Sprachwechsels oder der gegenseitigen Beeinflussung der Sprachen einer mehrsprachigen Person beschrieben und dargestellt, wie diese erklärt werden. Damit verbunden sind Modelle der Sprachverarbeitung bei mehrsprachigen Personen, die zur Erklärung dieser Phänomene herangezogen werden. Und schliesslich soll diskutiert werden, mit welchen Mitteln Gesprächspartner auf die Sprachverarbeitung und Sprachverwendung der mehrsprachigen Personen Einfluss nehmen können.

4.2 Spezifische Anpassungsleistungen Mehrsprachiger: Sprachwahl und Sprachwechsel

4.2.1 Bedeutung des Sprachmodus für die Beurteilung mehrsprachiger Äusserungen

Mit Sprachwahl ist die Fähigkeit gemeint, die angemessene Sprache als Basissprache der Konversation zu wählen und gegebenenfalls auch zu wechseln. Mehrsprachigen Menschen wird oft unterstellt, dass sie ihre Sprachen nicht gut trennen könnten, dass also ihre Sprachwahl zu wenig angemessen und vor allem zu wenig konsequent erfolge. Beobachtungen von mehrsprachigen Kindern im Spracherwerb oder von Gesprächen Mehrsprachiger untereinander können zu dieser Einschätzung verleiten. Die Sprachproduktion spracherwerbender Kinder oder mehrsprachiger Personen untereinander kann nämlich durch Formen von Sprachwechsel und Sprachmischung auf verschiedenen Ebenen geprägt sein. Deshalb wird laut Kroffke und Rothweiler (2004, 18) auch öfter darauf hingewiesen, dass Sprachmischungen ein wichtiges diagnostisches Kriterium für Sprachauffälligkeiten seien, ohne dass genauer beschrieben würde, wie dieses

Kriterium anzuwenden wäre. Aus der Beobachtung von Sprachwechseln direkt auf mangelhafte Sprach- oder Trennkompetenz zu schliessen, ist jedenfalls häufig eine Fehleinschätzung. Bei der Beurteilung, um welche Form von Sprachbeeinflussung oder Sprachwechsel es sich handeln könnte, muss nämlich berücksichtigt werden, ob die zweisprachige Person überhaupt die Absicht hatte, nur eine ihrer Sprachen zu verwenden und Einflüsse der anderen Sprache zu unterdrücken.

François Grosjean (z.b. 1996, 166-170; 2001) hat sich mit diesem Problem intensiv auseinandergesetzt und dazu ein Modell entwickelt, das Modell der Sprachmodi. Zur Benennung des Modells ist Folgendes anzumerken: Da sich das Modell auf alle Ebenen der Sprachverarbeitung bezieht und sowohl gesprochene, wie geschriebene und die Gebärdensprache Gehörloser umfassen soll, spricht Grosjean (2001, 2) seit 1994 in seinen Veröffentlichungen von „language mode". Dem entspricht die deutsche Übersetzung „Sprachmodus" – welche auch Kroffke und Rothweiler (2004) benutzen – besser als der Begriff „Kommunikationsmodus", den Grosjean (1996) selbst in einem deutschsprachigen Artikel verwendet. Der Begriff Kommunikationsmodus verschleiert, worum es in diesem Modell geht, nämlich nicht (nur) um die Beobachtung des Kommunikationsverhaltens zweisprachiger Personen, sondern um deren Sprachverarbeitung. Es geht darum, die Prozesse zu verstehen, die sich im Gehirn mehrsprachiger Menschen abspielen, wenn sie Sprache hören und verstehen oder produzieren. Zweisprachige verändern je nach Gesprächspartner und Situation ihre Sprachverarbeitungsprozesse, was zu unterschiedlichen Mustern von Sprachwechseln oder gegenseitiger Einflussnahme der Sprachen führt. Im Gespräch mit Einsprachigen aktivieren sie die nicht beteiligte Sprache praktisch nicht. Green, auf dessen Inhibitionsmodell später noch eingegangen wird, meint sogar, dass die unbeteiligte Sprache aktiv unterdrückt wird (Green 1986). Es kommt infolgedessen nur zu wenigen und in der Regel unbeabsichtigten Einflussnahmen der unbeteiligten Sprache auf die aktivierte Sprache. Diesen Zustand nennt Grosjean (z.B. 2001) den „monolingualen Sprachmodus".

Im Gespräch mit ähnlich kompetenten Zweisprachigen, die Sprachwechsel zulassen, aktivieren die Zweisprachigen beide Sprachen ähnlich stark, sodass sie frei zwischen ihnen hin und her wechseln können. Diesen Zustand nennt Grosjean (ebenda) den „bilingualen Sprachmodus". Die beiden Zustände sind Endpunkte eines Kontinuums. Je nach Position auf dem Kontinuum vergrössert oder verkleinert sich der Aktivierungsunterschied zwischen den Sprachen. In Richtung des monolingualen Sprachmodus nimmt der Unterschied zu bis hin zur fast völligen Deaktivierung einer Sprache. In Richtung des bilingualen Sprachmodus verkleinert sich der Unterschied bis hin zur fast gleich starken Aktivierung beider Sprachen. Eine der Sprachen ist immer stärker aktiviert als die andere, auch im bilingualen Sprachmodus. Diese Sprache leitet den Sprachverarbeitungsprozess und wird die Basissprache genannt, während man die andere als Gastsprache bezeichnet (Grosjean 2001, 3-4). So kann sich die zweisprachige Person, unter Beachtung der sprachlichen Fähigkeiten des Gesprächspartners, zwischen den beiden Polen bewegen, indem sie die nicht als Basissprache gewählte Sprache mehr oder weniger umfassend verwendet, beispielsweise in Form von eingeschobenen Wörtern oder Phrasen. Was bedeutet dies nun für mögliche Formen von Sprachmischungen?

Befindet sich die Person im monolingualen Sprachmodus, so ist die eine Sprache deaktiviert. Die Deaktivierung gelingt jedoch häufig nicht vollständig, so dass es zu Interferenzen der deaktivierten auf die aktivierte Sprache kommen kann. Unter Interferenz versteht man eine Abweichung in der Äusserung des Sprechers, die auf den Einfluss der deaktivierten Sprache zurückzuführen ist (Grosjean 1996, 167). Interferenzen können auf allen linguistischen Ebenen (phonetisch-phonologisch, lexikalisch-semantisch, morphologisch-syntaktisch und kommunikativ-pragmatisch) vorkommen. Man kann zwei Typen von Interferenzen unterscheiden: statische Interferenzen, welche dauerhafte Spuren einer Sprache in einer anderen repräsentieren, und dynamische, welche ein vorübergehendes Eindringen in die andere Sprache anzeigen (Grosjean 1996, 167-168).

Im Folgenden einige Beispiele für nicht beabsichtigte Einflüsse der deaktivierten Sprache auf die voll aktivierte Sprache, also für Interferenzen:

Beispiel 13
Phonetisch-phonologische Interferenz:
Englisch-französisch Bilinguale sagen gelegentlich „„Je l'ai *observé*', wobei das /p/ und das /s/ als /b/ und /z/ ausgesprochen sind" (Grosjean 1996, 167-168, Hervorh. im Orig.).

Beim Partizip wird also die englische Aussprache auf das französische Wort übertragen.

Beispiel 14
Morphologisch-syntaktische Interferenz:
Ebenfalls englisch-französisch Bilinguale könnten sagen: „„Là où l'accent tonique est' basierend auf ‚The place where the stress is' anstatt ‚Là où est l'accent
tonique'" (Grosjean 1996, 168).

Hier bildet die englische Satzstruktur die Grundlage für die französische Äusserung.

Beispiel 15
Lexikalisch-semantische Interferenz:
Der türkisch-deutschsprachige A. (3;10 Jahre) sagt zu seiner deutschsprachigen
Mutter: „Söll ich dr Färnseh **uf**mache?" *(Soll ich den Fernseher aufmachen?)*

Das Präfix ‚auf' statt ‚an' kann als Interferenz des Türkischen interpretiert werden, da es dort ‚Televizion açmak', also den Fernseher öffnen heisst, und da der
türkische Ausdruck dem Kind geläufiger ist als das entsprechende deutsche
Wort.

Beispiel 16
Kommunikativ-pragmatische Interferenz:
Der griechisch-deutschsprachige Mar (5;3 Jahre) ruft mit griechischer Auffor-
derungs-Intonation: „Johanna, komm ein bisschen!" und winkt sie dabei auf
griechische Weise (d.h. mit nach unten gekehrter Handfläche) heran.

Das Beispiel enthält neben den Interferenzen auf nonverbaler Ebene auch eine
lexikalische Interferenz, indem die griechische Aufforderung wörtlich übersetzt
wird (Leist 1996, 70).

Für den bilingualen Sprachmodus sind gerade die beabsichtigten (was nicht
gleichbedeutend ist mit bewussten) Wechsel von einer Sprache zur anderen typisch. Das bedeutet nicht, dass im bilingualen Modus Interferenzen nicht möglich wären. Sie sind aber sehr schwer von anderen, beabsichtigten Formen des
Sprachwechsels abgrenzbar. Was wie eine Interferenz aussieht, könnte oft ebenso gut ein Gastelement sein, welches der zweisprachige Sprecher in dem Bewusstsein produziert, dass der Hörer gemischte Sprache verstehen kann (Grosjean 2001, 14).

Welche Formen von Sprachmischungen und Sprachwechseln werden nun für den bilingualen Sprachmodus beschrieben? Im Folgenden sollen nur die zwei häufigsten Formen dargestellt werden.

Typisch sind Entlehnungen der Art, dass Wörter oder kurze Ausdrücke der Gastsprache in der Basissprache verwendet werden. Dabei werden diese oft morphologisch und auch phonologisch angepasst (Grosjean 1996, 170).

Beispiel 17
A. (3;5) schaut mit seiner deutschsprachigen Mutter ein Bilderbuch an, in welchem eine Hexe die Färbung ihres Katers und ihres Schlosses verzaubert. Daraus entwickelt sich ein Spiel, bei dem Mutter und Sohn so tun, als ob sie die Farbe eines Gegenstandes verzaubern würden. Sie begleiten das Zaubern sprachlich beispielsweise mit: „Ich zaubere dr Tisch rot!" (*Ich zaubere den Tisch rot!*) A. bezieht nun seinen türkischsprachigen Vater in das Spiel ein.
A. (3;5): „Ben bunu kırmızı **zauber**acagım!" (*Ich werde dies rot zaubern!*)
(Normaldruck Türkisch, Kursivdruck deutsche Übersetzung)

Im korrekten türkischen Satz wird der deutsche Verbstamm ‚zauber' eingesetzt. Die türkische Verb-Endung ‚-acagım' drückt Zukunft und 1. Person Singular aus und ist phonologisch korrekt an den entliehenen Verbstamm angepasst. Die türkische Übersetzung von ‚zaubern' (büyü yapmak) wird umgangssprachlich zweiteilig mit einem Nomen und dem Verb ‚machen' ausgedrückt. Wahrscheinlich hat A. sie zu diesem Zeitpunkt noch nicht erworben, so dass er auf das deutsche Wort zurückgreift.

Ebenfalls typisch für zweisprachige Personen im bilingualen Sprachmodus ist das Code-Switching, bei dem für eine gewisse Zeit vollständig die Sprache gewechselt wird. Spezifisch für das Code-Switching ist, dass man nicht voraussagen kann, wann der Sprecher wieder in die andere Sprache wechseln wird. Dies im Unterschied zum eingestreuten Fremdwort, bei dem allen Dialogpartnern klar ist, dass die anschliessenden Sprechhandlungen wieder in der Grundsprache bzw. Basissprache stattfinden werden (Franceschini 1999, 10). In der Regel erfolgen die Wechsel von einer Sprache zur anderen beim Code-Switching unbewusst und mit der Geschwindigkeit, die der Sprachproduktion ohnehin eigen ist (Romaine 1989, 132).

Grosjean (1997, 236-238) stellt dar, dass bei der Produktion von Code-Switches keinerlei zeitliche Verzögerungen feststellbar sind. Wenn die zweisprachige

Person die Phonetik beider Sprachen beherrscht, dann kann sie den Wechsel von einer Sprache zur anderen sofort und vollständig vollziehen. Die Produktion eines Code-Switches scheint sich also nicht von der Produktion anderer Wörter in der Basissprache zu unterscheiden. Etwas anders sieht es beim Sprachverständnis aus. Das Erkennen von Gastwörtern innerhalb der Basissprache kann durch eine momentane Dominanz von Elementen der Basissprache (Phoneme, Silben oder Wörter) leicht verzögert werden (Grosjean 1997, 236). Der Hörer muss also zuerst erkennen, dass die Sprache gewechselt wurde, bevor er selber umschalten und verstehen kann. Auch dieser Prozess spielt sich aber normalerweise äusserst schnell ab.

Sprachwechsel können also sehr rasch und für Aussenstehende praktisch nicht wahrnehmbar vollzogen werden. Sie können aber auch speziell angezeigt werden, beispielsweise durch Pausen, metasprachliche Kommentare oder hervorhebende Intonation (Poplack 1985). Anscheinend bringt die zweisprachige Person damit, neben anderen pragmatischen Funktionen, oft ihr Bewusstsein darüber zum Ausdruck, dass ein Sprachwechsel eigentlich nicht angebracht wäre, aus welchem Grund auch immer.

Beispiel 18
Ein Beispiel dafür ist der deutsch-englischsprachige D. (4;2 Jahre) im Gespräch mit seiner englischsprachigen Kinderfrau bzw. Nanny. Die Nanny und D. schauen gemeinsam ein Bilderbuch an. Die Nanny zeigt auf eine Zitrone.
Nanny: „What's that? Do you like that?"
D.:   „That's a ... **Zitrone**."
Nanny: „A lemon ..."
D.:   „I don't like lemon."

D. zeigt sowohl durch die Pause vor ‚Zitrone' als auch durch seinen Tonfall und den auffordernd fragenden Blick, dass er sehr wohl weiss, dass die Nanny das deutsche Wort Zitrone nicht verstehen wird. Da ihm das entsprechende Wort auf Englisch aber nicht einfällt, was an seinem suchenden Blick während des Zögerns ersichtlich ist, versucht er es trotzdem mit dem deutschen Wort. Die Nanny kann aufgrund ihrer Frage das gemeinte Wort erschliessen und stellt es D. zur Verfügung. Damit dient dieser Code-Switch dem Spracherwerb.

Code-Switching scheint formalen Regeln zu folgen. Es ist bisher nicht gelungen, solche eindeutig zu beschreiben, es gibt jedoch Hinweise aus der neueren Grammatikforschung, dass es übergeordnete, hierarchische Prinzipien geben muss, anhand derer Code-Switches organisiert werden. Interessanterweise stimmen nämlich mehrsprachige Personen weitgehend darin überein, welche Code-Switches sie als wohlgeformt, also formal akzeptabel beurteilen und welche nicht (Toribio 2001, 206). Das bedeutet auch, dass Code-Switching nicht einfach eine Individualsprache ist, sondern dass es überindividuell und mit konventionalisierten sozialen und formalen Regeln zum Zwecke der Kommunikation verwendet wird. Es können auch mehr als zwei Sprachen miteinander verwoben werden, wobei die Sprecher mit dem Code-Switching immer eine Kompatibilität zwischen den Sprachen herstellen, ungeachtet der Verwandtschaftsgrade der involvierten Sprachen (Franceschini 1999). Grosjean (2001, 17-18) hat übrigens sein Modell der Sprachmodi auch für dreisprachige Personen ausgeführt und betont, dass es entsprechend auch für vier- und mehrsprachige Personen gilt.

Neben dem Code-Switching kann es innerhalb des bilingualen Sprachmodus auch geschehen, dass die Basissprache des Gespräches gewechselt wird. Geschieht dies, dann ist nicht mehr die gleiche Sprache am meisten aktiviert und leitend für die Sprachverarbeitung. Dieser Wechsel der Basissprache kann ebenfalls mehrmals im gleichen Gespräch erfolgen (Grosjean 2001, 6).

Es soll nochmals betont werden, dass auch zweisprachige Personen für ein Gespräch miteinander nicht immer in den bilingualen Modus gehen. Auch unter Zweisprachigen wird nur dann gewechselt, wenn dieses Verhalten erwünscht ist. Die Bewertung von Sprachwechseln oder Code-Switching als Kompetenz oder als Defizit durch die Zweisprachigen selbst und die Bedeutung, die sie ihm geben sind, mitentscheidend dafür, ob ein solches stattfindet oder nicht. Während viele Zweisprachige Code-Switching als schlechten Sprachgebrauch ablehnen, zeigt Franceschini (1999), wie Code-Switching von so genannten ‚Secondos‘, also Angehörigen der zweiten Generation von Familien mit Migrationshintergrund, aber auch von anderen Mehrsprachigen als Identität stiftendes Verhalten genutzt wird. Wer ‚mitswitchen‘ kann, kann zur Gruppe gehören. Dadurch wird ein Wir-Gefühl aufgebaut, eine soziale Identität ausgedrückt und eine Aussengrenze konstituiert. Dies ist ein Vorgang, den man in ähnlicher Form von Jugendgruppen und ihren Jugendsprachen schon seit längerem kennt (Meibauer/ Steinbach 2002, 4).

Phänomene wie das Code-Switching wurden lange Zeit als Indiz für unvollständige Sprachbeherrschung interpretiert. Unterdessen haben sie jedoch eine Neubewertung erfahren, da sie eine beachtliche Kompetenz in beiden Sprachen erfordern (Tracy 1996, 25). Es hat sich nämlich gezeigt, dass nur Personen mit hoher Kompetenz in beiden Sprachen in der für Mehrsprachige so besonderen Art code-switchen können (Toribio 2001, 204).

Fällt es schon bei erwachsenen Zweisprachigen oft nicht leicht zu beurteilen, um welche Art von Sprachmischung es sich handelt, so ist die Einordnung der Sprachmischungsphänomene bei Kindern im Spracherwerb noch zusätzlich erschwert. Neben den bisher besprochenen Aspekten muss bei der Interpretation von Sprachwechseln oder ‚Mischungen' beachtet werden, dass es sich um im Aufbau begriffene Sprachsysteme handelt. Nicht jede von der Zielsprache abweichende Äusserung muss mit einer Interferenz oder einem Sprachwechsel in Zusammenhang stehen. Es kann sich auch um Strukturen handeln, die alle Kinder in einem bestimmten Moment des Spracherwerbs produzieren, also um normale Entwicklungsphänomene.

Man sollte es also auf jeden Fall vermeiden, Strukturen, die im Vergleich zur Erwachsenensprache auffällig sind, vorschnell mit der Mehrsprachigkeit oder mit dem Einfluss einer Sprache auf die andere zu erklären. Vielmehr sollte man sorgfältige Analysen von Spracherwerbsstand und Kontext vornehmen. Um zu beurteilen, welche Sprachwechsel und -mischungen allenfalls Hinweis auf eine Störung des Spracherwerbs sein könnten, muss man also nicht nur die Sprachmodi berücksichtigen, sondern auch wissen, wie mehrsprachige Kinder ihre Sprachen erwerben. Darauf wird in Kapitel 5 eingegangen, welches sich mit dem Erwerb zweier Erstsprachen befasst.

In diesem Teilkapitel wurden die Sprachmodi beschrieben, in welche eine mehrsprachige Person sich versetzen kann, sowie deren Bedeutung für die Beurteilung der Sprachproduktion reflektiert. Zusammenfassend kann man dazu sagen, dass im monolingualen Modus nur eine Sprache voll aktiviert ist. In diesem Modus kann es zu unerwünschten Einflüssen der nicht aktivierten Sprache kommen, zu so genannten Interferenzen, weil es kaum gelingt, die nicht aktivierte Sprache vollständig zu deaktivieren. Interferenzen können auf allen Sprachebenen stattfinden. Im bilingualen Sprachmodus kommen Interferenzen ebenfalls vor. Sie sind aber schwer unterscheidbar von anderen Formen der Sprachmischung wie Entlehnungen, Code-Switches oder Wechseln der Basissprache. Zwischen den beiden Polen gibt es alle möglichen Zwischenstufen von Aktivierungsgraden der beiden Sprachen. Während eine Sprache, die Basissprache, jeweils voll aktiviert ist, kann die Gastsprache mehr oder weniger stark aktiviert sein, womit sie dann auch mehr oder weniger Einfluss nimmt auf die Basissprache. Je nach Sprachmodus verändert sich also die Wahrscheinlichkeit, dass in der Sprachproduktion Einflüsse einer Sprache auf die andere wahrgenommen werden können. Auch die Bedeutung dieser Einflüsse kann sich ganz wesentlich verändern. Das bedeutet also, dass bei einer Beurteilung von sprachlich gemischten Äusserungen der Sprachmodus, in welchem sich die zweisprachige Person befunden hat, mit berücksichtigt werden muss. Zu ergänzen ist, dass die Sprachmodi für alle sprachlichen Kompetenzen, also für Produktion, Verstehen, Lesen und Schreiben, angenommen werden, da sie sich auf Sprachverarbeitung generell beziehen.

Was veranlasst nun die zweisprachige Person, in einen bestimmten Sprachmodus zu gehen? Es gibt eine Reihe von Kriterien, die als Hinweise für den angemessenen Sprachmodus genutzt werden können:
- **Merkmale des Gesprächsteilnehmers**: seine Sprachkompetenz in beiden Sprachen, sein Alter, seine soziale Stellung, seine sprachlichen Vorlieben, die Sprache, die er gewöhnlich mit seinem bilingualen Gegenüber spricht, das zwischen den Gesprächspartnern bestehende Machtverhältnis ...;
- **Situationsspezifische Faktoren**: der Gesprächsort, die An- oder Abwesenheit von Monolingualen, die Formalität der Situation;
- **Inhaltsspezifische Faktoren**: der Gesprächsgegenstand;
- **Die Funktion der Interaktion** betreffende Faktoren: der Wille, zwischen den Gesprächsteilnehmern Distanz zu schaffen, die Stellung eines Teilnehmers zu verbessern, jemanden ein- oder auszuschliessen ... (Grosjean 1996, 169, Hervorh. CFS).

Die Aufzählung der Faktoren ist nicht vollständig, da grundsätzlich alle Aspekte der Kommunikationssituation einbezogen werden können. Das Gewicht der einzelnen Faktoren kann sich im Verlauf eines Gesprächs auch verschieben, was durchaus zu mehrfachen Änderungen des Sprachmodus führen kann.

Zu beachten ist, dass sich der Sprachmodus auch dann ändern kann, wenn die mehrsprachige Person keine Sprache produziert. Auch beim Zuhören können die Sprachen unterschiedlich aktiv sein. Und manchmal genügt die Erwartung, dass etwas in der anderen Sprache geäussert werden könnte, das Bewusstsein, dass man gerade in seiner Eigenschaft als zweisprachiger Mensch beobachtet wird, oder das Wissen um die Zweisprachigkeit des Gesprächspartners, um die zweisprachige Person in einen bilingualen Modus zu versetzen. Grosjean betont, dass es sehr komplex ist, durch äussere Einflüsse den Sprachmodus einer mehrsprachigen Person zum Beispiel für die Dauer eines Experimentes zu kontrollieren (für eine ausführliche Diskussion der damit verbundenen Probleme siehe Grosjean 2004, 32-63). Dies gilt besonders für das Herbeiführen eines monolingualen Sprachmodus, was beispielsweise bei der Erforschung des Spracherwerbes kleiner mehrsprachiger Kinder viel zu wenig berücksichtigt wurde (Grosjean 2004, 45). Und doch können Kinder und Erwachsene ihre Sprachverarbeitung den Gesprächspartnern und der Situation anpassen. Wenn es nun aber so schwierig ist, bei einer mehrsprachigen Person bewusst einen bestimmten Modus herbeizuführen, wie gelingt es dann der betreffenden Person selbst, in einen angemessenen Modus zu gehen? Und wie können Gesprächspartner allenfalls auf diesen Prozess Einfluss nehmen?

Diesen beiden Fragen soll im Folgenden nachgegangen werden. Zunächst soll anhand von Sprachverarbeitungsmodellen eine Vorstellung davon entwickelt werden, wie zweisprachige Menschen Sprache verarbeiten und damit auch ihren Sprachmodus kontrollieren. Danach soll gezeigt werden, welche Möglichkeiten Gesprächspartnern im Dialog zur Verfügung stehen, um auf die Sprachverwendung und damit wohl indirekt auch auf die Sprachverarbeitung der mehrsprachigen Person Einfluss zu nehmen.

4.2.2   Kontrolle über die Sprachmodi

Es ist durchaus nicht selbstverständlich, dass die Sprachverarbeitung Mehrsprachiger so gezielt ablaufen kann, dass die passende Sprache gewählt und beibehalten oder gegebenenfalls auch gewechselt werden kann. Besonders deutlich wird dies bei mehrsprachigen Menschen, die von einer Aphasie betroffen sind. Mit Aphasie bezeichnet man eine erworbene Sprachstörung, die auf eine Hirnschädigung infolge Hirnblutung oder Schädelhirntrauma zurückzuführen ist. Bei solchermassen beeinträchtigten Menschen zeigt es sich des öfteren, dass der Mechanismus der Sprachunterdrückung nicht mehr wie vorher funktioniert. Manche Patienten können eine der Sprachen während der ersten Zeit nach dem Eintritt der Aphasie nicht vollständig unterdrücken. Anderen gelingt dies dauerhaft nicht mehr, wieder anderen sogar im Wechsel (einen Tag die eine, einen Tag die andere Sprache). Das führt zu einer massiven Zunahme von ungewollten Sprachmischungen oder unangemessener Sprachwahl (Paradis 1989, 117). Ausserdem scheinen Aphasiker des öfteren sprachstrukturelle Regeln zu verletzen, denen ein normales Code-Switching folgt (Huber 1998, 123). Auch bei verschiedenen Sprachstörungen bei Kindern geht man davon aus, dass neurologische Ursachen zumindest mit beteiligt sind. Dass diese auch Auswirkungen auf mehrsprachige Sprachverarbeitung haben, ist anzunehmen.

Somit soll in diesem Kapitel der Versuch unternommen werden, zweisprachige Sprachverarbeitung modellhaft darzustellen. Beiträge zum Thema liefern unterschiedliche Fachrichtungen (beispielsweise Psycholinguistik, Linguistik, Neuropsychologie oder auch Neurolinguistik). Da die Forschung im Bereich der Sprachverarbeitung zur Zeit sehr intensiv ist, verändern sich die Modelle laufend. Es kann deshalb nur darum gehen, Prinzipien aufzuzeigen, um ein allgemeines Verständnis zu ermöglichen, das für die sprachheilpädagogische bzw. logopädische Arbeit mit Zweisprachigen nötig ist.

Als Einstieg wird ein Modell des Wortabrufes vorgestellt, welches einen Überblick über alle daran beteiligten Prozesse gibt, das Modell von Levelt, Roelofs und Meyer (1999). Es wird als eines der zur Zeit differenziertesten und umfassendsten Modelle zur Beschreibung der Lexikalisierung, also der lautsprachlichen Produktion von einzelnen Wörtern anerkannt (Jescheniak 2002, 23). Es hat zum Ziel, sämtliche Schritte von der konzeptuellen Vorbereitung bis zur Artikulation zu beschreiben. Erstmals wurde es 1989 (Levelt 1989) veröffentlicht und seither intensiv überprüft und weiterentwickelt. Die ursprüngliche Version von 1989 wurde bereits als Basis für Modelle der zweisprachigen Sprachproduktion verwendet. Im Folgenden soll die aktuelle Version als Grundlage für die Darstellung dienen.

In seiner aktuellen Form (Levelt u.a. 1999) umfasst das Modell vier Hauptebenen: die Aktivierung lexikaler Konzepte, die Selektion von Lemmas, die morphologische und phonologische Enkodierung eines Wortes in seinem prosodischen Kontext und die phonematische Enkodierung. Die einzelnen Schritte des auf der folgenden Seite in Abbildung 2 vorgestellten Modells sollen kurz erläutert werden (Levelt u.a. 1999, 3-6):

Auf der Ebene der konzeptuellen Vorbereitung wird eine kommunikative Absicht in ein lexikales Konzept umgeformt. Ein lexikales Kozept ist die konzeptuelle Repräsentation, für welche ein Eintrag im lexikalen Gedächtnis vorliegt. Zur Form der Repräsentation existieren zwei verschiedene Sichtweisen, die holistische und die dekompositionelle. Nach holistischen Ansätzen ist das Konzept ‚weisses Pferd‘ als ‚Schimmel‘, also in einem einzigen Konzept abgespeichert.

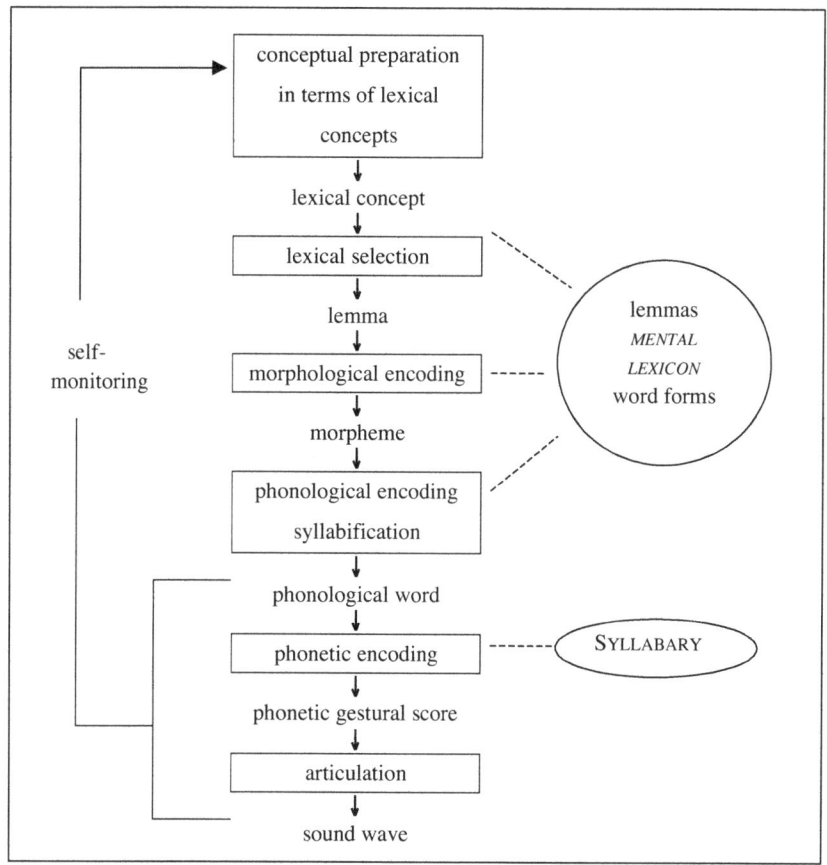

Abbildung 2: An der Lexikalisierung beteiligte Prozesse (Levelt u.a. 1999, 3)

Ein ‚braunes Pferd' müsste mit zwei Konzepten repräsentiert werden, nämlich mit ‚braun' und ‚Pferd'. Dekompositionelle Ansätze dagegen gehen davon aus, dass Bündel semantisch-konzeptueller Merkmale den Input für den Lexikalisierungsprozess bilden. Der ‚Schimmel' würde entsprechend durch Merkmale wie ‚wiehert, vierfüssig, hat Hufe, Reit- und Zugtier, Grasfresser, hat lange Mähne und Schweif, weiss' repräsentiert. Levelt, Roelofs und Meyer (1999, 4) folgen dem holistischen Ansatz für lexikale Konzepte. Der Sprecher hat zwar das Wissen über die einzelnen Merkmale, welche die Basis für die dekompositionellen Ansätze bilden. Für die Lexikalisierung greift er jedoch auf ein holistisches Konzept zu.

Nach der Bereitstellung des lexikalen Konzeptes geht es darum, das dazugehörige Wort aufzurufen. Dafür muss das mentale Lexikon herangezogen werden. Die Repräsentation eines Wortes im mentalen Lexikon umfasst das gesamte dazu verfügbare Wissen, also das Lemma und die Wortform. Unter Lemma versteht man eine abstrakte, nicht-phonologische Repräsentation, welche neben der Bedeutung die unveränderlichen syntaktischen Eigenschaften des Wortes beinhaltet und bestimmte grammatikalische Merkmale aufgrund des konzeptuellen Inputs bereits festlegt (z.b. ob ein Nomen im Singular oder Plural produziert werden soll). Weitere grammatikalische Anpassungen werden erst bei der grammatischen Enkodierung geplant (Levelt u.a. 1999, 4). Die Wortform enthält morphologische und phonologische Aspekte. Lemma und Wortform sind je in einem eigenen Lexikon innerhalb des mentalen Lexikons organisiert. Jedes Lemma deutet auf seine korrespondierende Form, was bedeutet, dass es Hinweise auf die Adresse im Formlexikon enthält, an der die entsprechende Form zu finden ist (Levelt 1989, 187-188). Im mentalen Lexikon wird also zunächst das passende Lemma für jedes lexikale Konzept ausgewählt.

Danach muss die entsprechende artikulatorische Geste vorbereitet werden. Die Zielform des Wortes muss jedoch in mehreren Schritten generiert werden. Zuerst erfolgen morphologische Enkodierung und Syllabifizierung. Komplexe Wörter sind in Form separater Morpheme sowie eines Rahmens repräsentiert, der die morphologische Struktur spezifiziert (Bsp.: Wort + Wort bei ‚Leder + sofa'; Wortstamm + Affix bei ‚lieb + lich'). Dann werden die metrischen und segmentalen Eigenschaften der Morpheme verfügbar. (Bsp.: ‚Sofa' hat als metrisches Muster einen Trochäus, also eine lange und eine kurze Silbe mit dem Hauptakzent auf der ersten Silbe. Die segmentale Komposition besteht aus den Phonemen /s/ /o/ /f/ /a/). Damit steht nun das phonologische Einzelwort zur Verfügung. Der Abruf phonologischer Wörter dauert übrigens bei seltenen Wörtern länger als bei häufigen (Levelt u.a. 1999, 5).

Steht das phonologische Wort bereit, dann muss es in den Kontext eingebettet werden. Das bedeutet, dass die metrischen Muster angrenzender Wörter verschmolzen und die segmentale Information sequentiell, von links nach rechts in die Leerstellen dieser Struktur eingefügt werden. Es entstehen phonologische Wörter, die aus phonologischen Silben zusammengesetzt sind. Die silbische Struktur des Wortes kann sich während dieses Prozesses verändern. Levelt, Roelofs und Meyer (1999, 20, Hervorh. i. Orig.) geben dazu folgendes Beispiel:

Beispiel 19

„... in *Peter doesn't understand it* the syllabification of the phrase *understand it* does not respect lexical boundaries, that is, it is not *un-der-stand-it*. Rather, it becomes *un-der-stan-dit*, where the last syllabe *dit*, straddles the lexical word boundary between *understand* and *it*."

Die nun geschaffene Repräsentation wird mit der phonetischen Enkodierung in eine Sequenz abstrakter artikulatorischer Gesten umgesetzt. Diese Gesten spezifizieren die artikulatorischen Ziele, die bei der Produktion erreicht werden müssen. Unter artikulatorischen Gesten versteht man also abstrakte Repräsentationen, die keine konkreten Bewegungswege festlegen. Abstrakt müssen sie deshalb sein, weil die konkrete Umsetzung von der phonetischen Umgebung eines Lautes abhängt, und weil Sprecher fähig sind, die Aussprache eines Lautes bei veränderten Aussprachesituationen so zu modifizieren, dass der Laut verständlich bleibt (Levelt/Roelofs/Meyer 1999, 31). Bekanntes Beispiel dafür sind Jugendliche mit Zahnspangen, die ihre Aussprache den veränderten Bedingungen in der Mundhöhle anpassen können und trotz des Hindernisses im Mund verständlich sprechen.

Bei der phonetischen Enkodierung müssen Dauer, Grundfrequenz und Amplitude für die einzelnen Silben festgelegt werden. Für einige hoch frequente Silben existieren fertig kompilierte artikulatorische Gesten, die im mentalen Silbenlexikon gespeichert sind. Für niedrig frequente Silben werden die artikulatorischen Gesten aus den Programmen für einzelne Segmente bei Bedarf generiert.

Der abschliessende Prozess der Artikulation setzt die Sequenz der artikulatorischen Gesten in motorische Programme um, deren Ausführung schliesslich zum wahrnehmbaren Schallereignis führt. Darauf geht das vorliegende Modell aber nicht mehr detailliert ein (Levelt u.a. 1999, 6).

Während des gesamten Prozesses findet ein Selbstmonitoring statt. Das bedeutet, dass Sprecher ihre eigene Sprachproduktion verfolgen. Dabei können Korrekturen nicht erst dann stattfinden, wenn ein Wort vollständig geäussert wurde, sondern bereits vorher, auf der Stufe der inneren Sprache. Als Ort dieser Selbstkorrektur von innerer Sprache nehmen die Autoren die Ebene des phonologischen Wortes an (Levelt u.a. 1999, 34).

Das Modell basiert auf der Vorstellung, dass Items durch sich ausbreitende Aktivierung ausgewählt werden. Im Gegensatz zu anderen Modellen (Green 1986;

1993; 1998) ist nicht vorgesehen, dass nicht ausgewählte Items durch Unterdrückung bzw. Inhibition verhindert werden (Levelt u.a. 1999, 6). Was ist mit ‚sich ausbreitender Aktivierung' gemeint?

Bei interaktiven Aktivierungsmodellen (z.b. Dell 1986; 1988) fliessen beim Abrufprozess Informationen zwischen einem bereits ausgewählten Item und dem durch dieses auszulösenden nächsten Merkmal (z.b. das ausgewählte Lemma und die dazugehörige Wortform) hin und her. Aitchison (1997) verwendet als Veranschaulichung dafür das Bild von elektrischem Strom, der zwischen den Punkten des Netzwerkes fliesst, und zwar im Sinne einer sich ausbreitenden Aktivierung. Beginnt die Sprachproduktion in der semantischen Komponente, so wird dort ein semantisches Feld aktiviert und auf einen Bereich eingegrenzt. Bevor die endgültige Auswahl getroffen wird, fliesst der Strom zur phonologischen Komponente, wo einige Muster und damit eine Reihe von Wörtern aktiviert werden. Diese werden wieder in den semantischen Bereich geleitet, wo sie weitere Wörter aktivieren. Der ‚Zündfunke' breitet sich fächerartig aus, und durch die Vor- und Rückbewegungen werden immer mehr Wörter aktiviert. Bei der Überprüfung der aktivierten Knoten werden nun die relevanten Punkte immer stärker erregt, während die unerwünschten schwächer werden. Immer mehr Eintragungen werden aus der Auswahl gestrichen. Passen die phonologischen Merkmale zu mehr als einem der semantisch passenden Wörter, dann werden beide gleich erregt, und der Sprecher muss auswählen. Ansonsten wird die gegenseitige Aktivierung und Abschwächung so lange fortgesetzt, bis ein Wort sich durchsetzt (Aitchison 1997, 268-270). Wie hoch genau die Aktivierungsschwelle ist, hängt davon ab, wie häufig das Item verwendet und wann es zuletzt aktiviert wurde. Jedes Mal, wenn ein Item benutzt wird, sinkt seine Aktivierungsschwelle, womit sich seine erneute Auslösung erleichtert. Bei seinen Konkurrenten erhöht sich im Verhältnis zum aktivierten Item die Aktivierungsschwelle, wodurch mehr Impulse notwendig sind, um sie auszulösen. Dieser Mechanismus gilt für einzelne Items innerhalb einer Sprache, z.B. Wörter, syntaktische Konstruktionen oder morphologische Strukturen, aber auch für Teilsysteme wie Register einer Sprache oder ganze Systeme wie eine bestimmte Sprache (Paradis 1993, 138-140).

Green postuliert solche Aktivierungszustände für ganze Sprachen. Nicht nur das Aktivierungsniveau eines Wortes kann steigen oder sinken, sondern auch das von Sprachen. Wie hoch das Aktivierungsniveau einer Sprache ist, hängt von ih-

rer Nutzung ab. Green (1986, 215) bestimmt drei Zustände, in denen sich Sprachen befinden können:
- ausgewählt, und damit die Sprachproduktion kontrollierend
- aktiv, und damit im laufenden Prozess eine Rolle spielend
- schlafend, das heisst im Langzeitgedächtnis gespeichert, aber ohne Einfluss auf laufende Prozesse.

Diese Unterscheidung ist für das Verständnis des bilingualen Modus wie auch für mögliche Interferenzen sehr hilfreich. Leider führt Green (1986, 1993) selbst nicht weiter aus, wie eine ganze Sprache den Aktivierungszustand wechselt, abgesehen davon, dass sie lange nicht gebraucht werden darf, um einzuschlafen. Möglicherweise erlaubt es die gemeinsame Markierung als einer Sprache zugehörig, das Aktivierungsniveau einheitlich zu verändern.

Diese knappe Darstellung wird zwar der Komplexität des Modells von Levelt, Roelofs und Meyer (1999) in keiner Weise gerecht, kann aber Grundlage für die Diskussion von Fragen sein, die mehrsprachige Sprachverarbeitung betreffen. Die zentrale Frage ist, auf welchen Verarbeitungsebenen die Mehrsprachigkeit der Person relevant ist. Die Antwort ist einfach und komplex zugleich: auf allen Ebenen, aber auf jeder Ebene in spezifischer Art und Weise.

Auf der allem übergeordneten Ebene des Weltwissens und des Denkens wird die kommunikative Absicht generiert, oder wie Levelt, Roelofs und Meyer (1999, 3) es ausdrücken, die Botschaft. Auf dieser Ebene spielt Mehrsprachigkeit keine wesentliche Rolle. Es geht lediglich um die Frage, wie Sprache und Denken sich gegenseitig beeinflussen und formen. Dies ist eine sehr interessante und auch in der Literatur ausführlich und kontrovers diskutierte Frage. Für die Sprachverarbeitung im engeren Sinn ist sie jedoch nicht relevant und wird deshalb hier auch nicht weiterverfolgt.

Sobald es darum geht, die kommunikative Absicht bzw. die Botschaft in lexikale Konzepte zu fassen, muss Mehrsprachigkeit berücksichtigt werden. Zwei Aspekte sind hier zentral: Soll die kommunikative Absicht in Sprache umgesetzt werden, dann muss eine spezifische Auswahl der Mittel passend zur Kommunikationssituation mit all ihren Facetten getroffen werden. Die einsprachige Person passt auf dieser Ebene ihren Stil an, indem sie geeignete Wörter, grammatische Strukturen und die Ausspracheweise wählt (was auch mit Register bezeichnet wird, siehe Levelt 1989, 368). Für die zweisprachige Person gehört dazu ausserdem die Wahl der geeigneten Sprache. Da die Anpassung an die

Kommunikationssituation auf dieser Ebene erfolgen muss – spätere Ebenen laufen automatisierter ab und sind für äussere Beeinflussungen weniger offen – muss bereits hier Sprachwahl möglich sein (de Bot 1992, 7).

Der zweite Aspekt besteht darin, dass die Lexikalisierung von Konzepten in verschiedenen Sprachen unterschiedlich erfolgen muss, da die lexikalen Konzepte selbst sprachabhängig sind. Als Beispiel dafür wird häufig die unterschiedliche Strukturierung des Raumes angeführt. Manche Sprachen kennen nur zwei Angaben wie ‚hier – dort' (z.b. Englisch, Niederländisch), andere Sprachen unterteilen in drei, etwa ‚hier – da – dort' (z.b. Spanisch) (Levelt 1989, 103-104; de Bot 1992, 8). Die Beziehung zwischen Konzept und Lexikalisierung in den verschiedenen Sprachen kann also unterschiedlich sein. Es gibt Konzepte, die man in einer Sprache mit einem Wort, in der anderen Sprache gar nicht oder nur sehr umständlich ausdrücken kann:

Beispiel 20
Ein sehr eindrückliches Beispiel ist das österreichische Wort ‚Schmäh'. Agar (1994, 100-105) beschreibt auf vielen Seiten, wie er mit österreichischen Studenten und Studentinnen versucht, die Bedeutung dieses Wortes zu klären. Auch nach einem Semester gelangen sie nicht zu einer eindeutigen Definition. So erstaunt es auch nicht, dass Agar das Wort nicht ins Englische übersetzt, sondern es bei einem einigermassen klärenden Satz belässt: „Schmäh [...] is about a principle that says the world is basically ironic rather than literal" (Agar 1994, 120). Es geht also um die Ironie des Lebens.

Andere Konzepte sind in verschiedenen Sprachen mit einem Wort ausdrückbar und weitgehend deckungsgleich:

Beispiel 21
Orange (Deutsch, Englisch, Französisch) – portakal (Türkisch) – naranja (Spanisch) meint in jedem Fall eine orangefarbene, runde, süss-saure Frucht

Wieder andere Konzepte sind nur teilweise deckungsgleich, da zwar das Hauptmerkmal übereinstimmt, eine Reihe von weiteren Merkmalen jedoch nicht:

Beispiel 22
Brot – bread (Englisch)
‚Brot' bezeichnet Gebäck, das rund oder länglich ist, eine bestimmte Grösse sowie meistens eine knusprige Kruste hat, und einen ausgeprägten Geschmack

aufweist. Mit ‚bread' hingegen verbinden englischsprachige Menschen eher die Vorstellung eines weichen, weissen Gebäcks ohne ausgeprägten Geschmack.

Auch Übersetzungsequivalente wie ‚Brot – bread' sind also oft nicht völlig deckungsgleich in ihrer Bedeutung. Bei konkreten Wörtern entsprechen sich die Bedeutungen in den verschiedenen Sprachen meistens viel eher als bei Abstrakta. Um angemessen lexikalisieren zu können, also die geeigneten Wörter (bzw. Lemmas) für die auszudrückenden lexikalen Konzepte aktivieren zu können, muss also eine Art von Sprachwahl bereits stattgefunden haben.

Die lexikalische Selektion, also die Wortauswahl, ist wohl die am häufigsten diskutierte Ebene im Zusammenhang mit Mehrsprachigkeit. Es ist offensichtlich, dass es im mentalen Lexikon Einträge in beiden Sprachen geben muss. Über die Form, wie diese organisiert sind, besteht keine Einigkeit. Sind die Wörter beider Sprachen in getrennten Lexika abgespeichert oder in einem grossen, gemeinsamen Lexikon? Sind sie in anatomisch unterscheidbaren Regionen abgespeichert oder nur funktional getrennt? Wie sind sie miteinander verknüpft? Dies sind zentrale Fragen in dieser Diskussion. Aktuell bekommt die Subset-Hypothese von Paradis (1989; 1993) viel Unterstützung. Sie besagt, dass es ein übergeordnetes System, nämlich eine implizite linguistische Kompetenz für alle Sprachen gibt. Die einzelnen Elemente einer Sprache werden durch gemeinsame Verwendung miteinander verbunden. Die einzelnen Subsysteme können so unabhängig voneinander aktiviert oder gehemmt werden (Paradis 1993, 137). Auf das mentale Lexikon bezogen bedeutet dies, dass die Einträge aller Sprachen sich in einem einzigen Lexikon befinden. Die Wörter einer Sprache werden durch gemeinsame Verwendung enger miteinander verknüpft als dies mit Wörtern geschieht, die nicht zur gleichen Sprache gehören und deshalb seltener zusammen in einer Äusserung verwendet werden.

Ausführlich diskutiert wurde auch die Frage, ob die Lemmas der einzelnen Sprachen jeweils direkt mit der Konzeptebene verbunden sind, oder ob beispielsweise das Lemma der einen Sprache nur über die andere Sprache, also quasi als Übersetzung abgerufen werden kann. Die Art dieser Verknüpfung scheint jedoch von verschiedenen Faktoren abhängig zu sein. Ein neu in einer Sprache erworbenes Wort kann zuerst nur über seine Übersetzung in jene Sprache abgerufen werden, in der es zuerst erworben wurde. Je häufiger das Wort bereits verwendet wurde, desto stärker wird die direkte Verbindung zwischen dem neu gelernten Wort und der Konzeptebene. Für Verständnis und Produktion muss also nicht mehr der Weg über das zuerst gelernte Wort genommen werden.

Die Verbindung zwischen den Lemmas der beiden Sprachen bleibt aber bestehen (Kroll/de Groot 1997, 178). Im mentalen Lexikon Mehrsprachiger scheinen jedoch verschiedene Arten von Repräsentationsformen nebeneinander zu existieren. Wörter einer Sprache mit eigenem Konzept ohne Übersetzungsequivalent stehen neben Wörtern beider Sprachen, die beide direkt mit dem zugehörigen Konzept verknüpft sind, wie auch neben Wörtern einer Sprache, die nur über das entsprechende Wort der anderen Sprache mit dem Konzept verbunden sind. Die Art der jeweiligen Speicherung hängt ab von der Lerngeschichte, von der Häufigkeit eines Wortes, von der Wortart oder auch davon, ob die Wortbedeutung kulturell verschieden ist (de Groot 1993, 46).

Die Wörter beider Sprachen sind aber nicht nur in einem gemeinsamen mentalen Lexikon gespeichert, man muss auch davon ausgehen, dass irgendeine Form von paralleler Verarbeitung stattfindet. Das bedeutet, dass ein lexikales Konzept nicht nur das Lemma der aktivierten Sprache aufruft, sondern dass auch ein Teil der Energie an das korrespondierende Wort der anderen Sprache gesendet wird. Je ausgeprägter die Person sich im bilingualen Sprachmodus befindet, desto stärker muss diese Mitaktivierung sein. Wäre dies nicht der Fall, dann könnten Code-Switches und Versprecher nicht angemessen erklärt werden.

Die aktivierten Lemmas müssen nun Informationen weiterleiten, damit ein Wort in seiner phonologischen Form vorbereitet wird. Während in der Literatur Übereinstimmung darüber herrscht, dass von der Konzeptebene aus eine Vielzahl von Lemmas aktiviert wird (und nicht nur eines), herrscht Uneinigkeit darüber, wie viele Lemmas ihre korrespondierende Wortform aktivieren. Kaskadenmodelle besagen, dass alle aktivierten Lemmas in gewissem Ausmass Aktivierungsenergie an ihre Wortform senden. Andere Modelle hingegen nehmen an, dass nur das ausgewählte Lemma seine phonologischen Segmente aktiviert (Costa 2004, 210). In jedem Fall steht die zweisprachige Person nun vor der Aufgabe, die zum aktivierten Wort passenden Laute abzurufen. Der Zweisprachige erwirbt ein Repertoire von Lauten, aus dem ein Lemma jeweils die für seine Produktion notwendigen Laute abruft. Die Wortformmuster geben genau vor, in welcher Art und Weise sie produziert werden sollen. Da sie auf die jeweiligen Segmente verweisen, diese also klar bestimmen, ist es zwar möglich, aber nicht nötig, dass ein Sprachhinweis mitgeliefert wird. Wird nämlich spezifiziert, dass ein bestimmtes /r/ beispielsweise für die Produktion des deutschen Wortes ‚rot' abzurufen ist, dann ist es für das System nicht mehr relevant, welcher Sprache dieses /r/ angehört. Unabhängig davon ist es natürlich möglich, dass das englische /r/

mit aktiviert wird, falls das englische Wort ‚red' ebenfalls Aktivierungsenergie erhalten hat.

Bei Kindern im Spracherwerb werden solche Phonempositionen mit dem korrekten Laut gefüllt, soweit dieser erworben ist. Falls er noch nicht erworben wurde, füllt das System die Position mit dem Laut aus dem Repertoire, welcher dem vorgesehenen am meisten entspricht. Das können auf der Phonemebene sehr unterschiedliche Laute sein wie im wohlbekannten Beispiel von Menschen japanischer Herkunft, die /r/ in deutschen Wörtern durch /l/ ersetzen. Der Unterschied kann aber auch sehr viel kleiner sein und beispielsweise in einer leicht verschobenen Einsatzzeit der Stimmhaftigkeit von Lauten vor Vokalen (die so genannte ‚voice onset time' oder VOT) liegen, sodass er nicht mehr hörbar, sondern nur noch mit Präzisionsgeräten messbar ist (Watson 1991, 40).

Im Modell von Levelt, Roelofs und Meyer (1999) ist ein Selbstmonitoring über mehrere Phasen vorgesehen. Die Bedeutung dieser Kontrollaktivitäten für die mehrsprachige Sprachproduktion betonte bereits Green (1993) ausdrücklich und wies auf die dafür benötigte Energie hin. Systemkontrolle benötigt Energie, also Ressourcen. Laut Autor gibt es anregende Ressourcen, die das Aktivierungsniveau erhöhen, und hemmende Ressourcen, die es senken. Bei Sprachverarbeitungsprozessen, sei es Verständnis oder Produktion, werden Ressourcen verbraucht und müssen wieder ergänzt werden. Individuelle Performanz wird dadurch bedingt, wie Ressourcen bereitgestellt werden können, um Kontrolle über die Aktivierungsniveaus (ausgewählt – aktiv – schlafend) auszuüben (Green 1993, 262-263). Dieser Aspekt bietet einen Erklärungsansatz dafür, dass zweisprachige Menschen unter erschwerten Lebensbedingungen zeitweise (z.B. aufgrund von Müdigkeit, Krankheit, Stress oder Ablenkung) oder dauerhaft (z.B. aufgrund von Aphasie oder Spracherwerbsstörung) Mühe mit der Kontrolle ihrer Sprachmodi haben können.

Zusammenfassend kann man sagen: Für die Sprachproduktion werden mehrere Verarbeitungsebenen angenommen. (Für das Sprachverständnis gibt es entsprechende modifizierte Modelle, siehe beispielsweise das BIMOLA von Grosjean 1997, 248.) Aktuelle Modelle gehen von vier Hauptebenen aus: Aktivierung lexikaler Konzepte, Selektion von Lemmas, morphologische und phonologische Enkodierung eines Wortes in seinem prosodischen Kontext und phonematische Enkodierung. Es gibt Hinweise darauf, dass auch Repräsentationen der nicht gebrauchten Sprache auf verschiedenen Verarbeitungsebenen aktiviert sind. Das entspricht Greens Sichtweise, dass auch aktive Sprachen neben der ausgewählten Sprache einen Einfluss auf den Sprachproduktionsprozess haben. Ausserdem meint Grosjean (2001, 7), dass wahrscheinlich auch im monolingualen Sprachmodus die nicht aktivierte Sprache nie vollständig deaktiviert sein kann. Dies erklärt, warum Interferenzen auf allen Ebenen jederzeit möglich sind, und wieso Sprachwechsel im bilingualen Sprachmodus so rasch und effizient stattfinden können.

Dass dennoch nicht dauernd Elemente der ‚falschen‘ Sprache aktiviert werden, kann entweder nach Green (1986; 1998) mit einem Unterdrückungsmechanismus (bzw. mit aktiver Inhibition unter den Items) erklärt werden oder mit Aktivierungsmechanismen, wie sie für Netzwerke angenommen werden. Bei diesen erhalten nicht erwünschte Items im Laufe des Aktivierungsprozesses immer weniger Energie und erreichen deswegen die Aktivierungsschwelle nicht. Die Kontrolle dieser Prozesse kann allerdings zeitweise oder dauerhaft gestört sein, sodass unerwünschte Sprachwechsel gehäuft stattfinden oder gewünschte Sprachwechsel bzw. eine bestimmte Sprachwahl nicht mehr möglich sind. Prinzipiell scheinen sich die Sprachverarbeitungsprozesse mehrsprachiger Menschen jedoch nicht von denen einsprachiger Menschen zu unterscheiden. Es gibt also keinen grundsätzlichen Unterschied zwischen ein- und zweisprachigen Gehirnen (Paradis 2000, 62).

4.2.3   Abstimmung des Sprachmodus im Dialog

Im letzten Kapitel wurde besprochen, wie man sich mehrsprachige Sprachverarbeitung und die Kontrolle der Sprachmodi vorstellt. Wie gelingt es nun dem mehrsprachigen Menschen, seine Position auf dem Kontinuum der Sprachmodi auf den Gesprächspartner abzustimmen? Wodurch wird der Anpassungsprozess angeregt? Könnten diese Fragen beantwortet werden, dann liesse sich auch einschätzen, inwiefern die Umwelt auf Sprachwahlprozesse des Kindes Einfluss nehmen kann. Da sich Menschen ihren Gesprächspartnern in der Kommunikation anpassen, ist anzunehmen, dass sie Möglichkeiten der Einflussnahme haben und damit aktiv mitbestimmen können, welche sprachlichen Verhaltensweisen ihnen gegenüber benutzt werden und welche nicht. Tatsächlich werden solche Verhaltensweisen gegenüber zweisprachigen Kindern beschrieben. Die meisten Modelle beschreiben jedoch nur diejenigen Verhaltensweisen, mit denen Erwachsene bezwecken wollen, dass die Kinder zeitweilig auf den Gebrauch einer Sprache verzichten (z.B. Döpke 1992b). Ein Modell von Lanza (1992) beschreibt hingegen auch Verhaltensweisen, die typisch zweisprachiges Sprachverhalten zulassen. Entstanden ist das Modell aus der Beobachtung, dass sich zweisprachig aufwachsende Kinder ihren Eltern gegenüber unterschiedlich strikt an Sprachregelungen halten, auch wenn beide Eltern versuchen, jeweils nur in ihrer eigenen Erstsprache mit dem Kind zu kommunizieren. So hielt sich beispielsweise die englisch-norwegischsprachige Siri ihrer amerikanischen Mutter gegenüber viel strikter an das Prinzip, nur Englisch zu sprechen, als ihrem norwegischen Vater gegenüber an die Regel, nur Norwegisch zu reden. Und dies, obwohl beide Eltern sich dafür entschieden hatten, jeweils nur ihre Erstsprache mit Siri zu sprechen (bei guter Kompetenz in der jeweils anderen Sprache), und obwohl Siris dominante Sprache, also die weiter und differenzierter entwickelte Sprache, Norwegisch war (Lanza 1992).

Überraschend an dieser Beobachtung ist, dass das Kind nicht vermehrt Elemente aus seiner starken Sprachen Norwegisch in die schwache Sprache übernimmt. In der Literatur herrschte nämlich bisher die Meinung vor, dass vor allem die dominante Sprache die schwache Sprache beeinflusse. Bei Siri war das Gegenteil der Fall. Im Englischen fanden sich zwar grammatikalische Interferenzen, aber sehr wenige lexikalische Mischungen. Im Norwegischen hingegen konnten neben einigen grammatikalischen vor allem lexikalische Mischungen beobachtet werden. Lanza stellte auf der Suche nach der Ursache dieses Phänomens fest, dass sich die Eltern unterschiedlich verhielten, wenn Siri Elemente der anderen Sprache verwendete. Mit ihren Reaktionen konnten sie anscheinend das weitere Sprachverhalten ihrer Tochter beeinflussen. Lanza konnte fünf typische Reaktionsweisen identifizieren, die zu mehr oder weniger ausgeprägtem mono- bis bilingualem Sprachverhalten führten. Entsprechend der Auswirkungen der Reaktionsweisen auf das kindliche Sprachverhalten ordnete Lanza sie auf einem Kontinuum an. Dabei achtete sie darauf, wie sehr die Reaktionsweisen das Kind dazu veranlassten, bei einer der beiden Sprachen zu bleiben, und wie sehr sie die Möglichkeit zu zweisprachiger Rede zuliessen (Lanza 1992, 649).

mono-lingual context						bilingual context
	minimal grasp	expressed guess	adult repetition	move on strategy	Code-switching	

Abbildung 3: „Parental strategies toward child language mixes" (Lanza 1992, 649)

Auf der Seite des monolingualen Kontextes finden sich ‚minimal grasp' bzw. die Nichtverstehensstrategie sowie ‚expressed guess', von jetzt an Vermutungsstrategie genannt. Diese beiden Strategien werden bereits von Ochs (1988, 133-136) beschrieben. Die Autorin meint, dass überall auf der Welt Sprecher diese beiden Strategien dazu benutzen, unverständliche Äusserungen eines anderen Sprechers zu klären. Ihrer Meinung nach sind die Strategien universell, jedoch sei der Kontext, in welchem die Strategien benutzt und in welchem die jeweilige Strategie bevorzugt werde, kulturell unterschiedlich (Ochs 1988, 133). Auch für zweisprachige Kinder werden diese Strategien in der Literatur öfter erwähnt (z.b. Döpke 1992b, Juan-Garau/Perez-Vidal 2001, Saunders 1988). Was genau ist darunter zu verstehen?

Bei der Nichtverstehensstrategie verlangt der Erwachsene Klärung, indem er dem Kind bedeutet, dass er dessen Äusserung nicht verstanden hat. Formulieren kann der Erwachsene dies auf unterschiedliche Art. Vom simplen „Was?" und allen möglichen Formen des Nachfragens bis zur klaren Aufforderung „Sag es nochmals" sind verschiedenste Abstufungen von Direktivität und Höflichkeit möglich. Der Erwachsene bestreitet quasi, eine zweisprachige Identität zu haben, und fordert das Kind auf, seine Mitteilung nochmals neu zu formulieren. Für das zweisprachige Kind heisst dies, dass es sein Anliegen in der anderen Sprache nochmals anbringen muss. Der Erwachsene gibt dafür jedoch keine Hilfestellung. Sehr deutlich reagiert beispielsweise der deutschsprechende Vater gegenüber Frank (2;7), der Englisch und Deutsch spricht:

Beispiel 23
Frank: „I'm driving a little truck, George."
Vater: „Was?"
Frank: „Ich fahr'n Lastkraftwagen, Dad."
(Saunders 1988, 124)

Die trockene Nachfrage des Vaters führt zu einer deutschen Wiederholung der Aussage (Saunders 1988, 124).
Eine etwas andere Form der Nachfrage zeigt das folgende Beispiel:

Beispiel 24
B. (2;3) sitzt auf dem Töpfchen und möchte urinieren. Üblicherweise betrachtet er dabei ein Bilderbuch. Diesmal hat er keines mitgenommen. Er ruft nach seiner Mutter und sagt: „gigak"

Die Mutter vermutet, dass er das türkische Wort ‚kitap' meint. Sie ist aber nicht ganz sicher, deshalb fragt sie nach. Sie wiederholt die Äusserung des Kindes, jedoch in fragendem Ton: „gigak?"

B. antwortet darauf mit: „Buech" (*Buch*)

Ein einsprachiges Kind hätte in dieser Situation versucht, die Produktion von ‚gigak' an das Zielwort anzunähern oder zusätzliche Informationen zu geben, um das Kommunikationsproblem aufzulösen. B. hingegen interpretiert die Sprachwahl als Quelle des Problems und wiederholt das Wort auf Deutsch, was zum Erfolg führt. Es kann auch sein, dass B. sich bewusst ist, dass seine türkische Produktion von ‚gigak' weniger zielgerecht ist als die deutsche Entsprechung, und dass er deswegen gar nicht erst versucht, das türkische Wort korrekter auszusprechen, sondern entsprechend der zweisprachigen Kompetenzen der Mutter das für ihn leichtere Wort wählt.

Der Vorteil der Nichtverstehensstrategie gegenüber einer direkten Aufforderung zum Übersetzen liegt darin, dass Nichtverstehensreaktionen in die Interaktion eingebettet werden können und dadurch (relativ) glaubwürdig sind. Die direkte Aufforderung zum Übersetzen kann hingegen zum Abbruch der Konversation führen. Sie lädt das Kind zu offenem Widerstand ein (Döpke 1992b, 66), weil zu deutlich wird, dass der Erwachsene die Mitteilung wohl verstanden hat, dass es ihm aber nur um die Form der Äusserung und nicht um den Inhalt geht. Kommt dies häufig vor, dann kann es das Verhältnis zwischen Kind und Erwachsenem belasten und fördert sicher nicht den Erwerb oder die positive Einstellung zu einer Sprache.

Während der Erwachsene bei der Nichtverstehensstrategie keine Hilfestellung für die Neuformulierung gibt, ist dies bei der Vermutungsstrategie anders. Der Erwachsene zeigt zwar dem Kind ebenfalls, dass er nicht verstanden hat, er bietet jedoch eine Bedeutung an und fragt, ob seine Interpretation stimme. Damit deutet er implizit an, dass er die Äusserung versteht, da er ja sonst deren Inhalt nicht erraten könnte. Das Kind selbst muss hauptsächlich bestätigen, ob der Erwachsene richtig vermutet hat. Falls dies nicht der Fall ist, kann (oder soll) es seine Äusserung wiederholen, und der Erwachsene bekommt eine neue Gelegenheit, Vermutungen anzustellen (Ochs 1988, 135). Solche Vermutungsäusserungen sind in der Kommunikation zwischen kleinen Kindern und Erwachsenen sehr häufig. Sie können eine weite Bandbreite von Funktionen abdecken: von der wilden Vermutung bei quasi unverständlichen Äusserungen kleiner Kinder bis hin zur fast sicheren Vermutung, die sich der Erwachsene nur bestätigen lassen will (Ochs 1988, 135). Damit stellen Vermutungsäußerungen dem Kind auch möglicherweise fehlende sprachliche Strukturen zur Verfügung, die es danach für weitere Äußerungen nutzen kann. Als Beispiel für die Vermutungsstrategie hier wieder eine Sequenz von Siri (2;0) und ihrer Mutter. Die beiden betrachten gemeinsam ein Bilderbuch mit einem Hund:

Beispiel 25
Mutter: „Yeah, what does the vov-vov want?"
Siri: „m...**ben**"
Mutter: „A bone?"
Siri: „yeah"
(Lanza 1997, 263. Normaldruck Englisch, Fettdruck Norwegisch)

Die Mutter wiederholt Siris norwegische Äußerung auf Englisch, und zwar in Form einer Frage. So kann Siri bestätigen, dass sie das gemeint hat, und sie hat gleichzeitig die Gelegenheit, das allenfalls noch nicht gelernte Wort aufzunehmen (Lanza 1997, 263).

Für die Strategie findet sich auch bei de Houwer (1990, 323) ein schönes Beispiel. Der Interviewer übersetzt die Aussage von Kate (2;7) in fragender Form, worauf diese ganz zum Niederländischen wechselt und den Inhalt bestätigt.

Beispiel 26
Kate: „**Nog!** Once more time."
Interviewer: „**Nog ene keer?**" *(Noch einmal?)*
Kate: „**Ja, ene keer.**" *(Ja, nochmal)*
(de Houwer 1990, 323. Normaldruck Englisch, Fettdruck Niederländisch, Kursivdruck deutsche Übersetzung CFS)

Die nächste Strategie auf dem Kontinuum in Richtung des bilingualen Kontextes ist die ‚adult repetition', von jetzt an Wiederholungsstrategie genannt. Sie bedeutet, dass der Erwachsene den Inhalt der Äußerung in der anderen Sprache wiederholt. Er fordert vom Kind keine Korrektur oder Ergänzung, sondern übersetzt selbst in die von ihm gewünschte Sprache. Er liefert dem Kind damit wiederum allenfalls fehlende sprachliche Strukturen und führt das Gespräch dann weiter.

Das Beispiel dazu stammt diesmal von Siri (2;3) und ihrem Vater, die gemeinsam Siris Puppe umziehen:

Beispiel 27

Siri:	„sann / og ny **diaper**" *(so / und eine neue Windel)*
Vater:	„Og sa en ny bleie." *(Und dann eine neue Windel)*
Siri:	**„Clothes?"**

(Lanza 1997, 265. Normaldruck Norwegisch, Fettdruck Englisch, Kursivdruck deutsche Übersetzung CFS)

Der Vater wiederholt das von Siri geäusserte englische Wort auf Norwegisch, indem er es in einen norwegischen Satz einbaut. Siri geht darauf nicht weiter ein, da damit auch keine Aufforderung verbunden war. Sie fährt mit dem Spiel auf Englisch fort.

Das Kind wird zwar nicht zum Wiederholen aufgefordert, oft tut es dies aber spontan. In der Literatur finden sich dazu zahlreiche Beispiele. Erklärbar ist dies damit, dass Imitation sowieso eine sehr frühe Spracherwerbsstrategie ist und vom Kind durchaus spontan eingesetzt wird. Auch dazu ein Beispiel:

Beispiel 28

B. (2;3) bekommt vom Vater ein Bonbon und ein Stück Schokolade zum Nachtisch. Seine Mutter geht vorbei. B. zeigt ihr sein Bonbon.

B. ruft:	„mis!"	*(Meins!)*
Mutter:	„jo, hesch e Däfeli?"	*(Ja, hast du ein Bonbon)*
B.:	„ja, ... mis"	*(Ja, meins)*

Wenige Minuten später kommt er nach einem türkischen Wortwechsel mit dem Vater zur Mutter in die Küche. Er zeigt ihr ein Stück Schokolade.

B. ruft:	**„o benim!"**	*(Das ist meins!)*
Mutter:	„jo, das isch dis"	*(Ja, das ist deins)*
B. wiederholt:	„mis!" und steckt die Schokolade in den Mund.	

(Normaldruck Schweizerdeutsch, Fettdruck Türkisch, Kursiv Übersetzung)

Die Mutter kann zwar in diesem Fall die Äusserung nicht wörtlich in der gewünschten Sprache wiederholen, weil sie ja den Perspektivenwechsel vornehmen muss von ‚meins' zu ‚deins'. Dennoch reicht diese Art der Wiederholung, um das Kind zum Sprachwechsel zu animieren und ihm einen Hinweis zur Verwendung der Possessivpronomen zu geben. Das Kind nimmt die Anregung spontan auf.

Bei der ‚move on strategy', ab jetzt Verstehensstrategie genannt, macht der Partner deutlich, dass er die gemischte Äusserung verstanden hat, und er führt das Thema weiter. Diese Strategie ist also ganz auf den Inhalt und den Fortgang des Gesprächs fokussiert, wie auch das Beispiel zeigt, das aus einer Untersuchung von Lindholm und Padilla (1978) stammt. Der vorgeblich nur Spanisch sprechende Untersucher antwortet immer wieder sinngemäss auf die englischen Äusserungen des Kindes und bestärkt dieses damit in der Gewissheit, dass er es versteht und es seine Sprache nicht ändern muss. Die Autoren interpretieren das Verhalten des Kindes in dieser Situation als Test, ob der Interviewer tatsächlich die andere Sprache nicht versteht (Lindholm/Padilla 1978, 36). Die Zweifel des Kindes werden mit dem Verhalten des Erwachsenen gemäss der Verstehensstrategie natürlich verstärkt und bestätigt, sodass keine Veranlassung besteht, die Sprache zu wechseln.

Beispiel 29

Interviewer: „Y qué son estos?" (*Und was sind das*)

Kind: **„Wings"**

Interviewer: „Ah ha (yes). Son alas de quién?" (*Wessen Flügel sind es?*)

Kind: **„It goes in back over here."**

Interviewer: „Como va?" (*Wie geht das?*)

Kind: **„In back, it goes in back."**

Interviewer: „Qué son estos?" (*Was sind das?*)

Kind; **„Parrots"**

Interviewer: „Que hacen?" (*Was machen sie?*)

(Lindholm/Padilla 1978, 36. Normaldruck Spanisch, Fettdruck Englisch, Kursivdruck deutsche Übersetzung CFS)

Diese Strategie entspricht einer für die vielsprachige Schweiz vor allem in der Politik viel beschworenen Vorgehensweise: Jeder spricht selber in seiner eigenen Sprache, versteht aber die andere. Damit wird auch deutlich, dass diese Strategie nicht auf die Veränderung des Sprachverhaltens des Gesprächspartners abzielt. Bewusst eingesetzt soll sie vielmehr einen sicheren Fortgang der Kommunikation bei Wahrung der eigenen Identität gewährleisten. Allerdings ist es oft gar nicht so einfach, bei dieser Regelung zu bleiben, wenn man beide Sprachen gut beherrscht, da diese Strategie gegen das Prinzip verstösst, in derjenigen Sprache zu antworten, in welcher man angesprochen wird. Und an diesem Prinzip orientieren sich bereits ganz kleine Kinder.

Die zum bilingualen Kontext gehörige Strategie schliesslich ist das bereits besprochene Code-Switching. Beim Code-Switching lässt sich der Erwachsene vom Kind zum Sprachwechsel animieren. Die Sprachform und damit die gewählte Sprache hat anscheinend wenig Bedeutung für die Interaktionssequenz.

Das Beispiel dazu stammt von Tomas, einem weiteren von Lanza (1997, 238) beobachteten Kind, dessen Englisch und Norwegisch sprechende Eltern angeben, die Sprache jeweils frei zu wählen, ohne sich an ein Prinzip zu halten.

Beispiel 30

Tomas (2;0) und seine Mutter sind gerade mit der Betrachtung eines Bilderbuches fertig geworden:

Mutter: „O.K. Are we finished? You wanna go downstairs and have dinner? Are you hungry?"

Tomas: **„ikke na"** *(nicht jetzt)*

Mutter: **„Ikke na? Du, skal vi ned og spise mat?"** *(Jetzt nicht? Hey, sollen wir runtergehen und essen?)*

(Lanza 1997, 267. Normaldruck Englisch, Fettdruck Norwegisch, Kursivdruck deutsche Übersetzung CFS)

Nach der norwegischen Antwort ihres Sohnes wechselt auch die Mutter ins Norwegische und wiederholt sinngemäss ihre englische Äusserung. Sie hat sich also von ihrem Sohn zu einem vollständigen Sprachwechsel veranlassen lassen (Lanza 1997, 267). Möglicherweise passt sie sich in der Sprachwahl ihrem Kind an, um ihrem Vorschlag mehr Gewicht zu verleihen. Auf jeden Fall versucht sie nicht, irgendwelche Sprachwahlwünsche ihrerseits auszudrücken oder gar durchzusetzen.

Wie ist die Wirkung der Strategien auf dem Kontinuum einzuschätzen? Strategien, in denen der Erwachsene nach Klärung verlangt, rufen nach einer Antwort des Kindes und verlangen damit, dass das Kind seine Äusserung modifiziert. Dies ist bei der Wiederholungsstrategie nicht der Fall (Lanza 1992, 649-651). Damit fordern nur die beiden ersten Strategien, die Nichtverstehensstrategie und die Vermutungsstrategie, das Kind dazu heraus, eine seiner Sprachen zugunsten der anderen aktiv zu unterdrücken und „Fehlleistungen" zu korrigieren. Das bedeutet, dass mehr auf monolingualen Kontext ausgerichtete Strategien sich eher mit der Form der kindlichen Äusserungen befassen und diese eventuell zu ändern versuchen. Je mehr die Strategien in Richtung bilingualen Kontext angeordnet sind, desto deutlicher fokussieren sie den Inhalt der Äusserungen. Die Strategien verfolgen also unterschiedliche formale und kommunikative Ziele. Sie dienen auch nicht nur dem Zweck, Fehler in der Sprachverwendung zu korrigieren, sondern helfen den Kommunikationspartnern, Missverständnisse und Probleme im Gesprächsverlauf anzuzeigen und aufzulösen. Man darf sie also keinesfalls als rein didaktisches Mittel betrachten.

Werden die Strategien über längere Zeit bewusst und mit Lehrintention eingesetzt, dann führt dies zu unterrichtsähnlichen Situationen, die normalerweise in
dieser Form in der Familienkommunikation äusserst selten sind. Dadurch kommen die Kinder in einen Konflikt. „Sie wollen mit den Eltern kommunizieren
und sind kooperativ. Doch der Forderung der Eltern, immer wieder vorgegebene
Modelläusserungen oder ‚unechte' Wissensfragen zu beantworten, wollen sie
sich ebenso entziehen" (Afshar 1998, 215). Somit kann eine übertriebene, nicht
kommunikativ notwendige Steuerung der Sprachwahl bei den Kindern zu Ablehnung führen, da die Vermischung von Übung und Bedürfnis-Äussern-Wollen
bei den Kindern Frustration hervorruft (Afshar 1998, 228). Damit wird der
Spracherwerb der Kinder belastet statt gefördert.

Zusammenfassend kann man nun sagen, dass die Verwendung der Strategien in
unterschiedlichen Zusammenhängen den Platz verdeutlicht, den diese Strategien
bei dem Versuch einnehmen können, kindlichen Spracherwerb und kindliche
Sprachverwendung zu beeinflussen. Um für die Förderung des Spracherwerbs
Erfolg versprechend zu sein, müssen sie jedoch eine authentische Sprachverwendung aller Beteiligten erlauben und eine natürliche Kommunikation ermöglichen. Nur so behält die sprachliche Kommunikation zwischen Erwachsenen
und Kindern die Qualität, auf die Kinder für einen natürlichen Spracherwerb angewiesen sind.

Nun kann gezeigt werden, wie das Modell von Grosjean (1996) zu den Sprach-
modi Mehrsprachiger und das Modell von Lanza (1992; 1997) mit den Verhal-
tensweisen der Gesprächspartner zusammenhängen. Lanza beschreibt das
Kommunikationsverhalten der Gesprächspartner und die daraus resultierende
Situation. Es geht also darum, in welcher Weise Kommunikationspartner versu-
chen, die Kommunikationssituation zu beeinflussen, um sie ihren Wünschen und
Bedürfnissen anzupassen. Grosjean beschreibt auf der Seite der mehrsprachigen
Person die Art und Weise, wie sie auf Steuerungsversuche reagiert, um die
Kommunikationssituation angemessen zu gestalten. Somit richtet Grosjean sein
Augenmerk auf die Sprachverarbeitungsprozesse der zweisprachigen Person und
die daraus resultierende Sprachproduktion (oder Sprachrezeption). Die komplexe mehrsprachige Kommunikationssituation wird so von unterschiedlichen Seiten her zu verstehen gesucht, und jedes Teilmodell leistet seinen Beitrag zum
Verständnis des Ganzen. Somit kann man die beiden Modelle integrieren zu einem umfassenderen Modell, das mehrere Aspekte der zweisprachigen Kommunikationssituation umfasst (wenn auch längst nicht alle möglichen):

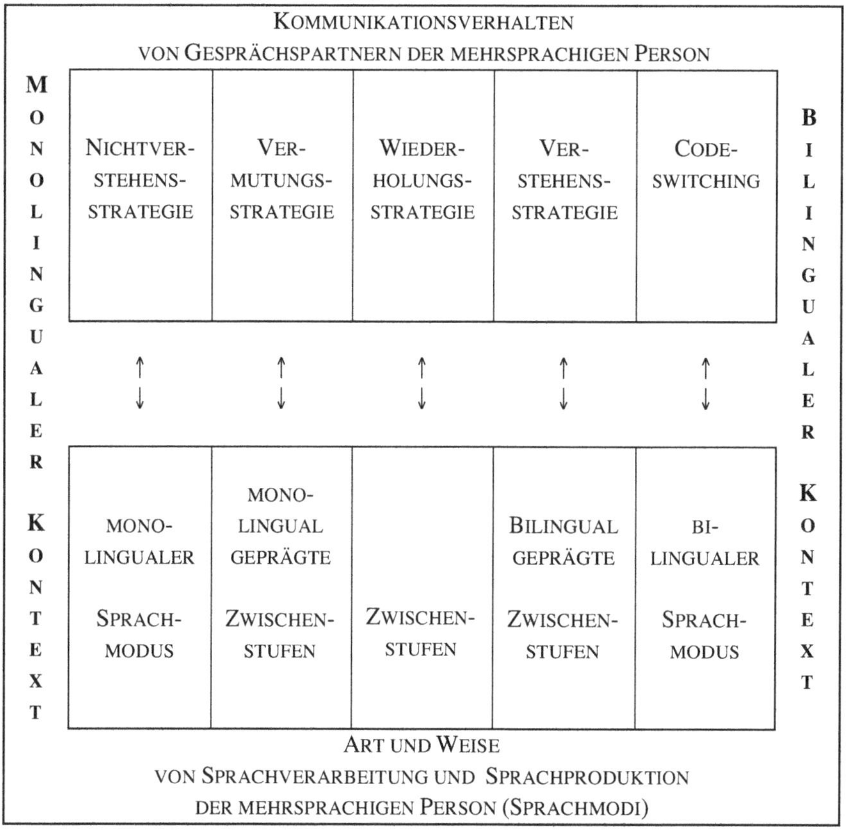

	KOMMUNIKATIONSVERHALTEN VON GESPRÄCHSPARTNERN DER MEHRSPRACHIGEN PERSON					
M O N O L I N G U A L E R	NICHTVERSTEHENSSTRATEGIE	VERMUTUNGSSTRATEGIE	WIEDERHOLUNGSSTRATEGIE	VERSTEHENSSTRATEGIE	CODESWITCHING	**B I L I N G U A L E R**
	↑ ↓	↑ ↓	↑ ↓	↑ ↓	↑ ↓	
K O N T E X T	MONOLINGUALER SPRACHMODUS	MONOLINGUAL GEPRÄGTE ZWISCHENSTUFEN	ZWISCHENSTUFEN	BILINGUAL GEPRÄGTE ZWISCHENSTUFEN	BILINGUALER SPRACHMODUS	**K O N T E X T**
	ART UND WEISE VON SPRACHVERARBEITUNG UND SPRACHPRODUKTION DER MEHRSPRACHIGEN PERSON (SPRACHMODI)					

Abbildung 4: Gestaltung der Kommunikationssituation mit mehrsprachigen Personen (in Anlehnung an Grosjean 1996 und Lanza 1992; 1997)

Nachdem sich gezeigt hat, dass die sprachliche Kommunikation zwischen ein- und mehrsprachigen Personen oder auch zwischen mehrsprachigen Personen in einem komplexen Austausch geregelt wird, kann man die Frage stellen, wie weit dies auch für langfristige sprachliche Beziehungen möglich, sinnvoll oder gar nötig ist. Es besteht diesbezüglich eine lange Tradition von mehr oder weniger wissenschaftlicher Ratgebertätigkeit, sodass es sicher nützlich ist, deren Forderungen darzustellen und die Bedeutung dieser Forderungen für den Spracherwerb der Kinder kritisch zu diskutieren. Dies soll im folgenden Kapitel geschehen.

4.3 Gezieltes Beeinflussen der Sprachverwendung mehrsprachiger Kinder: Möglichkeiten und Grenzen

4.3.1 Prinzipien zur Sprachverwendung

Seit hundert Jahren ist es gang und gäbe, Eltern von zweisprachig aufwachsenden Kindern Ratschläge darüber zu geben, wie sie sich sprachlich ihren Kindern gegenüber verhalten sollen. Ein Beispiel dafür ist Ronjat (1913), der seinen Sohn zweisprachig erziehen wollte und von entsprechenden Ratschlägen eines damals bekannten Linguisten berichtete. Wer solche Ratschläge erteilt, geht davon aus, dass man die Spracherwerbssituation so beeinflussen kann, dass die Kinder in gewünschter Weise reagieren und dadurch auch Sprache in gewünschter Art und Weise erwerben. Da bisher beschrieben wurde, dass Kinder und Erwachsene in Kommunikationssituationen sensibel auf das Verhalten ihrer Gesprächspartner reagieren und sich entsprechend anzupassen versuchen, ist diese Annahme auch durchaus plausibel. Nicht nur bei zweisprachig aufwachsenden Kindern wird auf diese Beobachtung zurückgegriffen, sondern auch für die Förderung von sprachauffälligen Kindern ist die Annahme, dass die Art des Sprachangebotes den Spracherwerb beeinflusst, eine entscheidende Bedingung.

In welcher Hinsicht erscheint nun ein Strukturieren des Sprachangebots für zweisprachig aufwachsende Kinder notwendig? Zentral ist hierfür die Befürchtung vieler Menschen, dass diese Kinder bei zu wenig oder schlecht strukturiertem Sprachangebot keine der Sprachen korrekt erwerben könnten. Wie bereits ausgeführt, werden Kinder zweisprachig, weil ihre Umwelt diese Anforderung an sie stellt. Oft sind die sprachlichen Situationen komplex, mit denen die Kinder konfrontiert werden, sodass sich die Frage stellt, ob die Kinder in den einzelnen Sprachen genügend sprachliche Angebote bekommen, um jede umfassend und differenziert zu erwerben. Würden einem Kind seine beiden Sprachen dauernd in Mischform angeboten, dann könnte daraus resultieren, dass es eine Art Mischsprache als Erstsprache erwirbt (z.B. Kielhöfer/Jonekeit 1984, 64). Aus dieser Sorge heraus wurde eine Reihe von Hinweisen entwickelt, wie Eltern und Bezugspersonen die Spracherwerbssituation gestalten sollen, damit die Kinder alle beteiligten Sprachen möglichst korrekt und umfassend erwerben können. Allen Modellen gemeinsam ist die Forderung nach Funktionalität der Sprachen. Jede Sprache soll klar erkennbare Funktionen haben und nicht einfach willkürlich eingesetzt werden. Nur so kann es dem Kind möglich sein, das sprachliche Angebot zu ordnen.

Sprachen können unterschiedliche Funktionen übernehmen. Wichtig ist der Grundsatz, dass die Funktion jeder Sprache für Eltern und Kinder klar, erfassbar und kommunikativ sinnvoll sein, und den sprachlichen Kompetenzen der Familienmitglieder entsprechen sollte. Rein zeitliche Abgrenzungen der Verwendung einer Sprache, die nicht irgendwie mit einer kommunikativen Notwendigkeit zusammenhängen, gelten deshalb als wenig sinnvoll, da sie willkürlich und unnatürlich wirken. Allerdings gibt es auch dafür Erfolgsberichte (Past 1976), sodass man mit der Beurteilung, was sinnvoll ist und was nicht, sehr vorsichtig sein muss. Häufig werden diesbezüglich Ratschläge und Beurteilungen abgegeben, die zwar plausibel erscheinen, jedoch nie in umfassenderer Form (d.h. anders als in anekdotischer Form und aufgrund persönlicher Erfahrungen) dokumentiert oder überprüft wurden.

Beispiele für Regelungen, die aufgrund von kommunikativer Notwendigkeit und im Zusammenhang mit sprachlicher Kompetenz zustande kommen, sind die Prinzipien ‚Umgebungssprache – Familiensprache‘, ‚Muttersprache – Vatersprache‘ oder auch ‚Sprachtrennung nach Situationen‘.

Das Prinzip ‚Umgebungssprache – Familiensprache‘ erscheint üblicherweise im Zusammenhang mit dem Zweitspracherwerb, beispielsweise bei Familien, die in ein anderes Sprachgebiet umziehen oder bei Familien, die schon längere Zeit an einem Ort leben, aber wenig Kontakt zur Umgebungssprache haben, wie dies bei Migrantenfamilien oft der Fall ist. Wenn die Kinder jedoch schon vom ersten Lebensjahr an intensiven Kontakt mit der ausserfamiliären Umwelt und damit der Umgebungssprache haben, kann auch dieses Prinzip zum Erwerb zweier Erstsprachen führen. Oft wird dieser Kontakt über Tagesbetreuung durch eine Krippe oder eine Tagesmutter hergestellt.

Die Aufteilung in ‚Muttersprache – Vatersprache‘ ist beim Erwerb zweier Erstsprachen sehr häufig und wird auch das ‚eine Person – eine Sprache‘-Prinzip genannt. Dieses Prinzip wird seit Ronjat (1913, 3) immer wieder erwähnt und Eltern empfohlen. Das ‚eine Person – eine Sprache‘-Prinzip wird aber auch auf andere Spracherwerbssituationen übertragen. So wird beispielsweise für den frühen Fremdsprachenunterricht in Schulen häufig das Ideal formuliert, dass nicht die deutschsprachige Lehrperson auch noch Französisch oder Englisch unterrichten solle, sondern eine andere Person. Unter anderem wird damit argumentiert, dass die Kinder die neue Sprache mit einer Person verknüpfen können, was die Zuordnung des Inputs erleichtere.

Sprachtrennungen nach Situationen sind komplexer. Als Beispiele dafür werden genannt: „Wochenendsprache – Werktagssprache; Sprache, wenn Papa (Mama) da ist – Sprache, wenn Papa (Mama) nicht da ist" (Burkhardt Montanari 2000, 31). Wissenschaftlich sind solche Prinzipien kaum untersucht, sie werden aber in Elternratgebern erwähnt. Es ist anzunehmen, dass sie vor allem in Kombination mit einem der Hauptprinzipien ‚Umgebungssprache – Familiensprache‘ und ‚Muttersprache – Vatersprache‘ angewendet werden. Ein Beispiel dafür ist die Sprachregelung, welche Quay (1998) beschreibt. Diese berücksichtigt den Ort und die Sprachfähigkeit der anwesenden Personen. Eltern und Kind sprechen z.b. in der Öffentlichkeit Englisch und zu Hause Spanisch, ausser wenn monolingual englischsprachiger Besuch da ist.

Burkhardt Montanari (2000, 35-36) empfiehlt solche Vorgehensweisen auch für die dritte Sprache, wenn in einer Familie bereits nach dem Prinzip ‚Muttersprache – Vatersprache‘ vorgegangen wird, aber noch eine dritte Sprache einen eigenen Platz benötigt. Die dritte Sprache soll dann einen besonderen Ort in der Wohnung, eine besondere Zeit oder eine besondere Aufgabe (z.b. die Gute-Nacht-Geschichte) erhalten.

Diese Hauptprinzipien können passend zu den besonderen Bedürfnissen einer Familie weiter ausdifferenziert und kombiniert werden. Ausserdem können die Methoden innerhalb einer Familie im Laufe der Zeit wechseln, beispielsweise im Zusammenhang mit sich verändernder Sprachkompetenz eines Elternteils (Mahlstedt 1996, 58) oder mit dem Zuwachs an sprachlicher Kompetenz des Kindes und damit verbunden mit veränderten Zielen der Eltern (Juan-Garau/Perez-Vidal 2001). Elternratgeber, die sich mit den konkreten Problemen zweisprachiger Familien befassen, gehen auf solche Bedürfnisse ein. In der Wissenschaft wurden sie bisher erst wenig reflektiert und untersucht.

4.3.2   Problematik von Sprachverwendungsprinzipien

Zumindest seit Beginn des 20. Jahrhunderts wird also zweisprachig erziehenden Eltern empfohlen, sich streng an das Prinzip ‚eine Person – eine Sprache‘ zu halten, da die Kinder sonst ihre beiden Sprachen mischen würden. Da dieses Prinzip im Zusammenhang mit dem Erwerb zweier Erstsprachen schon so lange als bedeutend dargestellt wird, soll es genauer ausgeführt und diskutiert werden. Beim ‚eine Person – eine Sprache‘-Prinzip spricht jeder Elternteil immer in seiner eigenen Sprache mit dem Kind, das Kind soll auch in der jeweiligen Sprache antworten. Man geht davon aus, dass Kinder die Regel befolgen, vorausgesetzt ihre Eltern beziehungsweise die Bezugspersonen halten sich selbst konsequent daran. Beides scheint jedoch nicht selbstverständlich zu sein.

Zwischenmenschliche Kommunikation findet normalerweise nicht statt, um formale Sprachkompetenz zu vermitteln, sondern um Gedanken, Gefühle und Meinungen auszutauschen und eigene Absichten anderen verständlich zu machen. Deshalb steht für die meisten Erwachsenen im Gespräch mit Kindern das Gelingen der Kommunikation im Zentrum. Besonders mit sehr kleinen Kindern werden also Erwachsene alle ihre kommunikativen Mittel einsetzen, um die Verständigung zu sichern und die Motivation des Kindes für den Spracherwerb zu erhalten. Dies beinhaltet aber oft, Wörter zu verwenden, von denen man weiss, dass das Kind sie versteht, auch wenn sie nicht der eigenen Sprache entstammen. Oder es wird Verständnis signalisiert, obwohl das Kind sich nicht in der eigenen Sprache geäussert hat und man vielleicht die Aussage nur wegen des Kontextes verstehen konnte.

Beispiel 31
Ein Beispiel für Letzteres ist die folgende Situation: B. (1;7) benutzt für alle künstlichen Flugkörper sowie manchmal für grosse Vögel das türkische Wort für Flugzeug „uçak". Er spricht das Wort seinem Alter entsprechend als „dudak" aus, mit Betonung auf der zweiten Silbe, wie es das Türkische verlangt. Seine Äusserung muss wegen der phonologischen Veränderungen auch von türkischsprachigen Personen gedeutet werden.

B. ruft:	„Mami ... **dudak**!" (und zeigt dabei gegen den Himmel)
Mutter:	„Hesch es Flugzüüg gseh?" *(Hast du ein Flugzeug gesehen?)*
B.:	„Ja ..., Mami ... **dudak**!"
Mutter:	„Wo isch es Flugzüüg" (sucht und entdeckt es ebenfalls)
	„Ah ja, da isch es Flugzüüg. Lueg ... s' Flugzüüg." *(Wo ist ein Flugzeug? Ah ja, da ist ein Flugzeug. Schau, das Flugzeug.)*
B.:	„**dudak**!"

(Fettdruck Türkisch, Kursivdruck deutsche Übersetzung)

Obwohl die Mutter mehrfach das deutsche Wort Flugzeug verwendet, verändert B. seine Wortwahl nicht. Wie für die Kommunikation mit so kleinen Kindern im hiesigen Kulturkreis typisch, behauptet die Mutter daraufhin nicht, dass sie die Äusserung des Kindes nicht versteht. Sie liefert aber mehrfach das korrekte Wort in ihrer Sprache. Damit verfolgt die Mutter die Wiederholungsstrategie (Lanza 1992, 649). Oberstes Ziel scheint für sie zu sein, das Kind in seinen sprachlichen Äusserungen zu bestärken, geteilte Aufmerksamkeit herzustellen und die Kommunikation aufrechtzuerhalten. Spracherwerb an sich steht also im Zentrum ihrer Bemühungen. Zu diesem Schluss kommt auch Goodz (1989). Sie zeigt, dass sich die Eltern je nach Spracherwerbsstand ihres Kindes unterschiedlich streng an das Prinzip halten. Wenn das Kind mit der Sprachproduktion beginnt, dann nehmen die Eltern seine Äusserungen auf, indem sie diese wiederholen, umformen oder erweitern. In dieser Phase greifen sie oft auf beide Sprachen zurück und betonen semantische oder pragmatische Aspekte, nicht formale. Sobald das Kind besser versteht und mehr Sprache produzieren kann, verlangen die Eltern auch vermehrt die Beachtung der formalen Aspekte. Beherrscht schliesslich das Kind beide Sprachen gut, dann nehmen auch die Eltern bezüglich Sprachtrennung wieder eine flexiblere Haltung ein.

Es fällt also den Erwachsenen schwer, sich immer streng an die Regel ‚eine Person – eine Sprache' zu halten. Dies ist mit ein Grund dafür, dass das Prinzip seine Kritiker findet. So meint Tracy (1994, 61), es sei naiv anzunehmen, dass die Eltern nie in Gegenwart ihrer Kinder die Sprachen mischten; die Trennung nach Personen sei in jedem Fall nur eine Annäherung. Am ehesten wäre sie möglich, wenn die betreffenden Personen keinerlei Kenntnisse der anderen Sprache hätten. Aber sogar in einem solchen Fall werden Wörter der anderen Sprache gebraucht oder zumindest verstanden.

Dazu kommt, dass sich die meisten Menschen gar nicht so bewusst sind, wie sie ihre Sprachen gebrauchen. Gründe dafür sind auf verschiedenen Ebenen zu finden, nämlich bei der Sprachverarbeitung und bei der Funktion von Sprache. Bezüglich Sprachverarbeitung weiss man heute, dass ein Satz unter Normalbedingungen in seiner Oberflächenform sozusagen ‚online' verarbeitet wird. Sukzessive wird er, so wie er hereinkommt, in allen Dimensionen analysiert. Behalten wird dann sein Inhalt, während die Erinnerung an die wörtliche Formulierung bereits nach wenigen Sekunden abgebaut ist (Dittmann 2001, 126). Das bedeutet, dass auch zweisprachige Menschen bereits nach kurzer Zeit nicht mehr sagen können, wie genau und in welcher Sprache sie einen Satz gesagt haben, obwohl sie sich an den Inhalt noch bestens erinnern.

Ein weiterer Grund liegt darin, dass normalerweise das Gelingen der Kommunikation im Vordergrund steht. Besonders bei ähnlicher Kompetenz in beiden Sprachen wird kaum darauf fokussiert, in welcher Sprache eine Kommunikationssequenz abgelaufen ist. Dies bestätigen verschiedene Untersuchungen, in denen Eltern befragt wurden, wie sie Sprache im Umgang mit ihren Kindern handhaben. Es stellte sich in den meisten Fällen heraus, dass die Selbsteinschätzung der Eltern wenig mit ihrem tatsächlichen Verhalten übereinstimmte. Sprachwechsel kamen vor, und zwar unabhängig davon, ob die Eltern sich bei der Sprachtrennung als besonders streng oder besonders frei bezeichneten (als Beispiel Genesee u.a. 1995, 626).

Ein Beispiel dafür ist die folgende Situation. Der Vater von A. hält sich sehr streng daran, mit seinen Kindern nur Türkisch zu sprechen. Wenn A. nicht Türkisch spricht, fragt der Vater oft nach und sagt sogar, dass er A. nicht verstanden habe. Und doch kann es zu Situationen kommen, in denen er das Prinzip nicht so strikt einhält:

Beispiel 32
A. (4;2) möchte aus seinem Frühstücksgipfeli ein Schinkensandwich machen. Er fordert seinen türkischsprachigen Vater auf, dies für ihn zu tun. Seine Äusserung formuliert er auf Türkisch, er benutzt dabei aber das deutsche Wort „Schinken". Der Vater antwortet auf Türkisch, benutzt aber ebenfalls „Schinken" und nicht das türkische Wort.

Für diesen Sprachgebrauch von Vater und Sohn kommen mehrere Gründe in Frage: Möglicherweise sind mit dem türkischen Wort für Schinken andere Vorstellungen verbunden als mit dem deutschen Wort, weil Schinken in der Türkei anders schmeckt und aussieht als in der Schweiz. Dann würde das deutsche Wort besser bezeichnen, worum es geht, und es würde sich nach Grosjean um eine Entlehnung handeln, wie sie für den bilingualen Kommunikationsmodus typisch ist. Für diese Interpretation spricht, dass die deutschsprachige Mutter ebenfalls mit am Tisch sass, wodurch die Situation deutlich zweisprachig geprägt war. Interessant dabei ist ausserdem, dass A. nicht die dialektale Form von „Schinken" benutzt, sondern die hochdeutsche Form. Die Mutter wendet sich an den Vater in Hochdeutsch. Insofern hat sich das Kind an die Sprachvarianten gehalten, die mit dem Vater in der Familie üblich sind. Möglicherweise war aber weder dem Vater noch dem Sohn die Benutzung des deutschen Wortes bewusst, womit es sich auch um eine Interferenz handeln könnte.

Ein weiteres Problem dieser Sprachregelung (oder jeder anderen angeratenen Regelung) liegt im engen Fokus auf die Eltern. Es wird nicht berücksichtigt, dass das Kind auch mit anderen Personen im sprachlichen Austausch steht und von diesen folglich ebenfalls Sprache und die Regeln der Sprachverwendung erwirbt. Zudem wird vernachlässigt, dass auch die Erwachsenen untereinander sprachlich kommunizieren und das Kind Zeuge davon ist. Das Kind merkt also auf jeden Fall, wenn Erwachsene nicht nur die Sprache beherrschen, welche sie mit ihm verwenden.

Kommunikation im mehrsprachigen Alltag gestaltet sich oft komplex, ohne dass dies gleich problematisiert werden müsste. So scheint es in mehrsprachigen Familien bereits ab dem zweiten Kind sehr schwierig zu sein, das Prinzip ‚eine Person – eine Sprache' konsequent durchzusetzen. Dies zeigt die Untersuchung von Brohy (1992), in der nur Paare mit Einzelkindern die Strategie konsequent anwenden konnten. Die Autorin erklärt dies damit, dass ein Einzelkind für die intrafamiliäre Interaktion, die beim Spracherwerb (im hiesigen Kulturraum, Anmerkung CFS) zentral ist, immer mindestens mit einem Elternteil im Kontakt steht. Sobald eine Familie mehrere Kinder hat, ist dies nicht mehr gegeben, da die Kinder auch in Abwesenheit der Eltern miteinander interagieren. Bei einer Vergrösserung der Kinderzahl treten die älteren Kinder bereits mit der Aussenwelt in Kontakt, und dadurch kommt es zu einer immer häufigeren Anwendung der Umgebungssprache auch durch die jüngeren Kinder (Brohy 1992, 196). Dieselbe Beobachtung lässt sich übrigens bei zweitspracherwerbenden Kindern machen. Sobald ältere Geschwister in die Schule kommen, nimmt der Gebrauch der Umgebungssprache bei Gesprächen unter den Kindern zu.

Das bedeutet jedoch nicht, dass deshalb mit Schwierigkeiten im Spracherwerb zu rechnen wäre. Es gibt nämlich bisher keine wissenschaftlichen Belege dafür, dass die konsequente Trennung nach Personen oder Kontext die ideale Voraussetzung für erfolgreiche Zweisprachigkeit ist (Tracy 1994, 61) oder dass Verstösse gegen das Prinzip zu Spracherwerbsproblemen führen müssen. Auch de Houwer (1995, 240) weist nach der Durchsicht verschiedener Studien aus den 1980er und 1990er Jahren darauf hin, dass Spracherwerbssituationen, in welchen die Sprachen nicht klar getrennt werden, dennoch zu grammatisch getrennten Sprachsystemen führen können.

Trotzdem gibt es gute Gründe für die Orientierung am Prinzip ‚eine Person – eine Sprache'. Einerseits weiss man aus der allgemeinen Spracherwerbsforschung, dass Qualität und Intensität des Inputs wesentliche Faktoren für den Spracherwerb sind. Daraus kann man für zweisprachige Kinder ableiten, dass ihnen ein geordneter Input wahrscheinlich die Erwerbsaufgabe erleichtert, vorausgesetzt er ermöglicht eine natürliche Kommunikation. Andererseits kann die Orientierung an diesem Prinzip, wie auch an anderen klaren Prinzipien, den Eltern die

Aufgabe erleichtern, den Input in beiden Sprachen in genügendem Ausmass über längere Zeit aufrecht zu erhalten (Brohy 1992, 172). Dies ist besonders für den Erhalt von Minderheitssprachen wichtig, da bei ihnen die Gefahr besteht, dass sie mit der Zeit ausgeblendet werden.

Die klare Bindung einer Person an eine Sprache hat für kleine Kinder – abgesehen von der klaren Orientierung und dem eindeutigen Input – noch eine andere Bedeutung. Kleine Kinder mögen es nicht, wenn Personen ihrer Umgebung sich sehr verändern. Für sie ist die etablierte Sprache so etwas wie ein persönliches physisches Merkmal der Eltern oder anderer Personen. Deshalb können sie auch irritiert reagieren, wenn eine etablierte Regel durchbrochen wird (Taeschner 1983, 207). Im folgenden Beispiel zeigt die italienisch-deutschsprachige Lisa (3;11) solch eine Reaktion, als sie mit dem Vater zur Krippe gehen soll und die deutschsprachige Mutter sie in der „falschen" Sprache auffordert, brav zu sein.

Beispiel 33
Mutter: „Fai la brava!" (Sei brav!)
Lisa nickt und geht mit dem Vater zum Lift.
Sie fragt ihn: „Perché Mamma mi parla in italiano?" (Warum spricht Mama
                 mit mir Italienisch?)
(Taeschner 1983, 207. Fettdruck Italienisch, Kursivdruck deutsche Übersetzung CFS)

Auch die kritische Bemerkung von A (3;4) deutet in diese Richtung, während er und seine deutschsprachige Mutter Spielzeug in einen Rucksack packen. A. nimmt einen Spielhaifisch in die Hand.

Beispiel 34
A. (3;4):   „Dr Papi seit ‚**köpek balıgı**' zum Haifisch." (*Papa sagt* **köpek
              balıgı** *zum Haifisch.*)
Mutter: „**Köpek balıgı**?"
A.:   „Jo."
Mutter: „Also, denn nimm din **köpek balıgı** und pack en in Rucksack!"
              (*Also, dann nimm deinen* **köpek balıgı** *und pack ihn in den
              Rucksack.*)
A.:   „Nei, du seisch nid **köpek balıgı**, will das isch Dütsch." (*Nein,
              du sagst nicht* **köpek balıgı**, *weil das ist Deutsch.*)
(Fettdruck Türkisch, Kursivdruck deutsche Übersetzung)

A. korrigiert die falsche Sprachverwendung der Mutter und begründet seine Kritik. Unklar ist, was er genau mit seiner Begründung sagen will. Meinte er mit „das ist Deutsch", dass die Sprache der Mutter Deutsch ist und sie deshalb Deutsch sprechen sollte? Oder hat er die Begriffe Deutsch und Türkisch verwechselt und wollte eigentlich sagen, dass „köpek balığı" Türkisch sei und die Mutter diesen Ausdruck deshalb nicht verwenden sollte? Auf jeden Fall argumentiert er, dass der gemischte Sprachgebrauch der Mutter nicht angemessen ist.

Unabhängig davon, wie eine Regelung gestaltet ist, sind Kinder wie Erwachsene sensibel für Regelverstösse. Reaktionen darauf lassen sich nicht nur im Privaten beobachten, wie die Beispiele von Lisa und A. illustrieren, sondern auch in der Schule beziehungsweise im Logopädiezimmer.

Als Antwort auf einen verlangten Regelverstoss könnte man nämlich die Reaktionen von Kindern in einer logopädischen Abklärung oder in der Schule interpretieren, welche aufgefordert werden, etwas in ihrer nichtdeutschen Sprache zu sagen. Solche Aufforderungen beantworten die Kinder häufig mit Schweigen, oder sie sagen nur nach langem Zögern und mit offensichtlichem Unbehagen einige Worte. Oft wird aus solchem Verhalten geschlossen, dass die Kinder das gefragte Wort nicht kennen. Mindestens so plausibel ist jedoch die Interpretation, dass die Kinder sensibel auf den Verstoss gegen Sprachregelungen reagieren. Ein solcher liegt bei derartigen Aufforderungen nämlich in mehrfacher Hinsicht vor. Der Kontakt mit der Logopädin, dem Logopäden oder der Lehrperson ist auf Deutsch etabliert. Kindergarten und Schule, zu denen der Logopädieraum oft gehört, sind stark mit Deutsch verknüpfte Orte. Ist die Aufforderung zudem eindeutig nicht kommunikativ sinnvoll, weil die Logopädin bzw. Lehrperson und das Kind Deutsch als beste gemeinsame Sprache teilen oder die Logopädin die andere Sprache überhaupt nicht beherrscht, dann ist die Aufforderung für das Kind mit zu vielen Verstössen gegen pragmatisch-kommunikative Regeln verbunden, als dass es ihr nachkommen könnte (und wollte). Hinzu kommt, dass sich die Kinder meist nicht gerne mit ihrem Anderssein zur Schau stellen. Die Situation verändert sich etwas, sobald ein Elternteil anwesend ist, der die gefragte Sprache vertritt. Damit handelt es sich nicht mehr um eine einsprachige Kommunikationssituation, und das Kind befindet sich nicht mehr im monolingualen Kommunikationsmodus. Somit fällt es dem Kind normalerweise auch leichter, solch einer Aufforderung nachzukommen.

Zusammenfassend lässt sich bezüglich der Sprachverwendungsregelungen Folgendes sagen:

Eine klare Regelung der Sprachverwendung, die sich auf sprachliche Kompetenzen und kommunikative Notwendigkeit stützt, scheint für die Familienkommunikation nützlich zu sein. Sie erlaubt eine natürliche Kommunikation unter den Familienmitgliedern, ohne dass die Organisation der Sprachverwendung zuviel Energie verlangt. Damit schafft sie die Voraussetzung für einen reichhaltigen und regelmässigen Input in allen Sprachen, wie er für Spracherwerb nötig ist.

Es hat sich aber gezeigt, dass die Einhaltung von Prinzipien wie des ‚eine Person – eine Sprache‘-Prinzips im kommunikativen Alltag auf Dauer schwierig sein kann und offensichtlich nicht vollständig gelingt. Ob dies Auswirkungen auf den Spracherwerb der Kinder hat, und wenn ja, ab welchem Ausmass von Nichteinhaltung, wurde bisher nicht systematisch untersucht.

4.3.3   ‚Scheitern‘ von Beeinflussungsversuchen

Im Laufe eines Lebens verändern sich die sprachlichen Kompetenzen mehrsprachiger Menschen immer wieder. Das können auch Gestaltungsversuche nicht verhindern. Da die Sprachkompetenz eines Menschen stark von Notwendigkeit und Verwendungsgelegenheit bestimmt ist, kann ein einmal erworbenes Gleichgewicht, d.h. das Dominanzverhältnis zwischen zwei Sprachen, kaum ein Leben lang stabil sein. Grosjean (1996, 164) bezeichnet dies als das „Auf und Ab der Zweisprachigkeit". Neue Situationen erfordern bestimmte sprachliche Kompetenzen, wieder andere bewirken, dass diese nicht mehr benötigt werden und verschwinden. Typische Situationen, die zu einer Dominanzverschiebung führen können, sind beispielsweise der Eintritt in eine Krippe oder in die Schule, der Schuleintritt älterer Geschwister, die Veränderung von Familienverhältnissen, in späteren Jahren auch Arbeitsplatzwechsel, Partnerwahl und Ähnliches. Auch emotional bedeutsame Erlebnisse im Zusammenhang mit einer der Sprachen können dazu führen, dass diese nicht mehr gerne verwendet und mit der Zeit sogar aufgegeben wird.

4.3.3.1   Verweigern einer Sprache – Perspektive der Kinder

Sprachverweigerung ist für mehrsprachige Kinder zeitweise typisch und für die davon betroffenen Eltern sehr schmerzhaft. Deshalb soll der Verweigerung und ihren möglichen Ursachen noch etwas Aufmerksamkeit geschenkt werden. Gründe für eine Sprachverweigerung können auf verschiedenen Ebenen liegen, sie reichen von psychosozialen bis hin zu organischen Problemen.

Einer der wichtigsten Gründe besteht darin, dass die betroffene Sprache in der Umgebung des Kindes zu schwach ausgeprägt ist. Sie wird beispielsweise ausschliesslich von einem Elternteil vertreten und deshalb aus mangelndem Anreiz, mangelnder Motivation verweigert (Aleemi 1991, 49). Zwar konnte bisher kein eindeutiger unterer Schwellenwert für das Sprachangebot nachgewiesen werden. In einer Untersuchung von Spanisch und Englisch sprechenden Kindern in Miami verwendeten Kinder, deren Spanisch-Input unter 20 % lag, diese Sprache nur noch sehr zögernd (Pearson u.a. 1997, 51-56). Wenn die Kommunikationsversuche zu unbefriedigend werden und es eine sprachliche Alternative gibt, dann kann dies schliesslich zum Aufgeben der Sprache führen.

Besonders häufig kommt es zur Verweigerung, wenn der Vater die Minderheitssprache vertritt (beispielsweise bei Afshar 1998). Von Minderheitssprache spricht man übrigens, wenn eine Sprache nicht mehrheitlich in der Umgebung gesprochen wird. Auch heute noch können sich wenige Väter so lange und intensiv mit ihren Kindern abgeben, dass sie ihnen während dieser Zeit einen ausreichenden sprachlichen Input verschaffen können, und deshalb erreichen die Kinder selten eine genügende kommunikative Kompetenz in dieser Sprache (Afshar 1998, 270). Ist hingegen die Mutter Sprecherin der Minderheitssprache, so scheint es durchaus möglich zu sein, dass die Kinder sowohl die Mehrheitsals auch die Minderheitssprache erwerben. In beiden Fällen besteht jedoch längerfristig die Gefahr, dass das Kind wegen des einseitigen und damit in seiner Vielfalt eingeschränkten Inputs diese Sprache nicht genügend ausbauen kann, die damit verbundenen Kommunikationsschwierigkeiten nicht erträgt und die Sprache aufgibt.

Ist ein Elternteil alleiniger Vertreter einer Sprache, dann erlebt das Kind ihn zudem zwangsläufig oft in Situationen, in denen er die andere Sprache verwenden muss. Folgerichtig erkennt das Kind, dass die Beibehaltung der betreffenden Sprache nicht notwendig ist. Da Kinder nur diejenigen Sprachen aufrechterhalten, die sie benötigen, können sie nach dieser Erkenntnis die betreffende Sprache aufgeben, falls nicht andere Gründe für ihre Beibehaltung sprechen.

Bei sehr kleinen Kindern kann diese Situation auch dazu führen, dass sie die betreffende Sprache gar nie aktiv zu produzieren beginnen. Wenn sie bei Kommunikationsversuchen in der ‚falschen' Sprache erleben, dass sie verstanden werden, besteht keine Notwendigkeit, die Sprachproduktion anzupassen. Folge davon wäre, dass sie die betreffende Sprache zwar verstehen, selbst aber nicht produzieren.

Für ein solches Muster des Sprachgebrauches könnten allerdings auch die Hypothesen des Kindes verantwortlich sein, wer welche Sprache warum spricht. Diese Hypothesen können sich durchaus auf andere Kriterien beziehen, als Erwachsene erwarten würden. Ein schönes Beispiel dafür beschreibt Tracy (1996):

Beispiel 35
Ein dreijähriger Junge spricht wie sein Vater und seine sonstige Umgebung konsistent Deutsch, obwohl er seine Mutter und einen weiblichen Babysitter, die ihn beide auf Englisch ansprechen, problemlos versteht. Der Junge produziert nur dann englische Äusserungen, wenn er in Rollenspielen den Part einer weiblichen Puppe übernimmt. Er scheint anzunehmen, dass nur Frauen Englisch sprechen (Tracy, 1996, 79).

Die Autorin meint an derselben Stelle dazu, dass viele Fälle von passivem Bilingualismus ihre Ursache in solchen Zuordnungen haben mögen.

Ein weiterer Grund für Sprachverweigerung kann in persönlichen Erfahrungen mit der Umgebung liegen. So kann es sein, dass das Kind in seiner Umgebung eine negative Einstellung zur Zweisprachigkeit oder zu einer seiner Sprachen erfährt (Aleemi 1991, 49; Mahlstedt 1996, 207). Bei Kindern mit Migrationshintergrund geschieht es häufig, dass sie die Herkunftssprache ihrer Eltern, die in der Gesellschaft wenig Prestige geniesst, ablehnen oder zumindest in der Öffentlichkeit nicht sprechen wollen. Mit dem Prestige einer Sprache ist deren implizite gesellschaftliche Bewertung gemeint. Status bedeutet hingegen, wie abgesichert die Position dieser Sprache formal ist. Nun ist es leider so, dass der Status, den eine Sprache besitzt, leicht auch ihren Sprechern zugesprochen wird (Kremnitz 1990, 74-75). Kinder sind schon früh sensibel darauf, in welchen Situationen eine Sprache verwendet werden kann und welche Hinweise auf Wertschätzung oder Ablehnung damit verbunden sind. Es ist also nicht erstaunlich, dass sie darauf auch reagieren, und zwar in einer Weise, wie sie auch für Erwachsene beschrieben wird. So stellt beispielsweise Kremnitz (1990) dar, wie Minderheiten mit Diskrepanzen zwischen ihrem Prestige und Status und demjenigen der Mehrheit umgehen. Wenn Minderheiten versuchen, sich bedingungslos und ohne innere Distanz mit der herrschenden Gruppe zu identifizieren, so kann dies zu Problemen führen, die mit Selbsthass bezeichnet werden. Sprachlich zeigt sich Selbsthass durch ideologische Abwertung der Herkunftssprache und durch Nachahmungsverhalten. Betroffene leugnen die Kenntnis ihrer Sprache oder spielen sie herunter und dulden deren Verwendung in ihrer Gegenwart nicht (Kremnitz 1990, 65-66). Im Extremfall können Menschen, die so reagieren, sich sogar politisch gegen ihre eigene Herkunftsgruppe wenden. Dies beschreibt Brunner (1987, 73) für die Kärntner Slowenen, wo sich die Gruppe der „radikalen Assimilanten" deutschnational engagiert. Aber auch die neuste Zeit zeigt Beispiele von so genannten Secondos, also Angehörigen der zweiten Generation von Einwanderern, die als besonders strikte Verfechter des Schweizertums oder des jeweiligen neuen Heimatlandes auftreten (Ackeret 2002).

Solche Prozesse können bei allen mehrsprachig aufwachsenden Kindern ablaufen, und sie können schwerwiegende Konsequenzen nicht nur für ihre sprachliche Situation haben, sondern vor allem für ihre Identität und ihr seelisches Wohlbefinden. Wahrscheinlich geschieht dies umso eher, je grösser das Prestigegefälle zwischen den beiden Sprachen oder Herkunftskulturen ist und je grössere Konflikte Eltern beziehungweise Familien deswegen aushalten müssen.

Als weiterer Anlass für das Aufgeben einer Sprache können Beziehungsstörungen innerhalb der Familie in Frage kommen. Wenn ein Kind einen Elternteil ablehnt, kann es gleichzeitig dessen Sprache verweigern (Aleemi 1991, 49; Mahlstedt 1996, 207). Nicht nur die Beziehung zwischen Kind und Elternteil, die für solch eine Reaktion wohl massiv gestört sein muss, kann sich entsprechend auswirken, sondern auch die Beziehung zwischen Vater und Mutter. Bedeutungsvoll sind in diesem Zusammenhang nicht bearbeitete Widerstände gegen Sprache und Kultur des Partners. Kinder nehmen auch nicht explizit ausgesprochene Ablehnung wahr und reagieren darauf. Sie kommen dadurch jedoch in Loyalitätskonflikte. Im schlimmsten Fall reagieren sie mit Verweigerung der abgelehnten Sprache. Dies ist natürlich für den betroffenen Partner sehr schmerzhaft. Möglicherweise werden diesbezügliche Einstellungen und schlechte Gefühle den Kindern durch veränderte Diskursstrategien vermittelt. Dies vermutet zumindest de Houwer (1995, 230), die meint, es sei weniger wichtig, welche Sprache die Eltern wählen, als wie sie diese wählen. Dass die Einstellung der Eltern ein wesentlicher Faktor dafür ist, welche Sprachen die Kinder erwerben, zeigt auch die Untersuchung von Harrison und Piette (1980) in Wales. Dort erwarben nur solche Kinder Englisch und Walisisch, deren einsprachige Väter das Walisisch der zweisprachigen Mütter unterstützten.

Nicht nur das Verhältnis der Familienmitglieder zueinander, die Intensität des sprachlichen Inputs und die Wertschätzung von Zweisprachigkeit und der betroffenen Sprachen können für die Aufrechterhaltung oder Aufgabe einer Sprache entscheidend sein. Als Ursache für Sprachverweigerung kommen auch organisch bedingte Veränderungen in Frage. Ein entsprechendes Beispiel wird von Pearson u.a. (1997) berichtet. Ein englisch-spanischsprachiges Mädchen weigerte sich im 3. Lebensjahr plötzlich, Englisch zu sprechen, und es wehrte sich umso heftiger dagegen, je mehr die Eltern darauf bestanden. Nach einiger Zeit entdeckten die Eltern, dass das Kind aufgrund einer Schallleitungsstörung einen Hörverlust hatte. Die Hörstörung schien seine Englischbemühungen zu beeinträchtigen, veränderte sein besser entwickeltes Spanisch jedoch nicht. Nach Normalisierung des Gehörs brauchte das Kind über ein Jahr, um den Rückstand in Englisch aufzuholen. Der Widerstand allerdings war danach nicht mehr erkennbar (Pearson u.a. 1997, 55).

Da es also vielfältige Ursachen für eine Sprachverweigerung gibt, muss im gegebenen Fall die Situation sorgfältig abgeklärt werden, bevor irgendwelche Massnahmen ergriffen werden. Solche können denn auch in verschiedenen Bereichen angesiedelt sein. Gemäss den erwähnten Beispielen kann es sich um medizinische, psychologische oder auch ‚nur‘ sprachpflegerische Massnahmen handeln.

4.3.3.2 Aufgeben einer Sprache – Perspektive der Eltern

Auch die Eltern können aus verschiedenen Gründen, unter anderem auch wegen der Sprachverweigerung ihrer Kinder, in die Situation kommen, über die Weiterverwendung einer Sprache entscheiden zu müssen. In dieser Lage stehen ihnen verschiedene Wege offen: aufgeben, Massnahmen zur Stützung der betreffenden Sprache ergreifen oder das mit der zweisprachigen Erziehung angestrebte Ziel verändern.

Zum Aufgeben einer Sprache können Eltern beispielsweise kommen, wenn sie sehen, dass sich diese nicht wie erwartet entwickelt und sie deswegen den Mut verlieren. Dies kann geschehen, wenn die Erwartungen der Eltern nicht realistisch sind. Angemessene Erwartungen sind ein wichtiger Erfolgsfaktor, da zu hohe Ansprüche das Kind unter Druck setzen und damit zu Schwierigkeiten führen können. Ausserdem werden in solchen Fällen Schwierigkeiten schnell der Zweisprachigkeit zugeschrieben, auch wenn es sich eigentlich um Entwicklungsphänomene handelt (Saunders 1988, 190).

Bei angeblichen oder echten Schwierigkeiten irgendwelcher Art können auch unsachgemässe Ratschläge von Fachpersonen dazu führen, dass Eltern eine Sprache aufgeben oder dass die Kommunikation mit dem Kind derart erschwert wird, dass sie nur noch reduziert stattfindet.

Beispiel 36

Ein Beispiel beschreibt Taeschner (1983, 22): Ein 18 Monate altes Kind, dessen Eltern je in ihrer Erstsprache mit ihm redeten, hatte selbst noch nicht zu sprechen begonnen. Daraufhin empfahl der Kinderarzt, eine der beiden Sprachen wegzulassen. Die Mutter verzichtete schweren Herzens auf die Verwendung ihrer Erstsprache. Zwei Monate später begann das Kind zu sprechen.

Solche Ratschläge sind in mehrerer Hinsicht unsachgemäss: Erstens können sie sich nicht auf wissenschaftliche Belege berufen. Zweisprachigkeit konnte bisher nicht als verursachender Faktor für Sprachstörungen oder Spracherwerbsverzögerungen nachgewiesen werden. Deshalb ist auch nicht anzunehmen, dass die Reduktion des Sprachangebotes auf eine Sprache die sprachliche Symptomatik beeinflussen kann. Zweitens ist der verlangte Eingriff in die Familienkommunikation massiv und in seinen Auswirkungen wahrscheinlich auch vom Ratgebenden kaum reflektiert. Die Kommunikation zwischen Eltern und Kindern kann sich wesentlich verändern. So besteht beispielsweise die Gefahr, dass die Kinder den Erwachsenen, der seine Herkunftssprache aufgibt, häufig als gehemmten Gesprächspartner erleben, was für die emotionale Beziehung nicht förderlich ist und sich auch auf den Spracherwerb negativ auswirken kann (Afshar 1998, 227-228).

Leider ist jedoch davon auszugehen, dass auch heute zweisprachigen Familien solche Ratschläge erteilt werden, obwohl die Notwendigkeit und Nützlichkeit dieser Massnahmen nicht belegt sind.

In sprachlichen Krisenzeiten kann die Versuchung aufzugeben gross sein. Halten die Eltern und andere Bezugspersonen jedoch an der Verwendung aller Sprachen fest, dann kann sich das Gleichgewicht auch wieder verschieben. Kommt es nicht zum Erwerb der zweiten Sprache, so kann das Kind wenigstens Kompetenzen im Sprachverständnisbereich aufbauen. Verstehenskompetenz kann also ein neues Ziel sein, wenn die Ziele einer zweisprachigen Erziehung neu definiert werden müssen. Verstehenskompetenz lässt immerhin offen, dass die Kinder bei intensiviertem Sprachkontakt den Erwerb weiterer Kompetenzen schneller bewältigen (Afshar 1998, 261). Aber auch *über* die zweite Sprache sprechen zu lernen, kann es den Kindern erlauben, ein positives Bewusstsein für die eigene bikulturelle Herkunft zu entwickeln und zu bewahren (Afshar 1998, 271, Hervorh. CFS).

Wie bereits angedeutet, können Eltern verschiedenste Massnahmen ergreifen, um eine schwache Sprache zu fördern. Diese reichen von Aufenthalten im entsprechenden Sprachgebiet über das bewusste Anbieten von Geschichten, Liedern und Fernsehen in dieser Sprache bis hin zu sprachlehrenden (Afshar 1998) oder sprachwahlsteuernden (Lanza 1997) Strategien. Je nach Gesamtsituation können solche Massnahmen kurz- oder längerfristig wirksam sein. Besonders wirksam scheinen jedoch Veränderungen zu sein, die den Input der Sprache in einem für das Kind attraktiven Umfeld sehr stark erhöhen. Diese Schlussfolgerung lassen jedenfalls Untersuchungen zum Einfluss von Krippe und Schulbesuch zu (Harrison/Piette 1980; Sirén 1991).

Dass die Schule auf den Stellenwert einer Sprache grossen Einfluss hat, ist nicht weiter erstaunlich. Am offensichtlichsten lassen sich die Auswirkungen des Schulbesuchs bei der Umgebungssprache beobachten. Spätestens mit dem Schuleintritt der Kinder gewinnt nämlich die Umgebungssprache zunehmend an Gewicht und Prestige. Gewicht bekommt sie dadurch, dass sie während des ganzen Schultages gesprochen wird, aber auch, weil wichtige Personen wie die Schulkameraden oder die Lehrperson sie sprechen. Prestige gewinnt sie ausserdem dadurch, dass sie dem Kind mit dem Schriftspracherwerb Zugang zu einer neuen, grösseren Welt verschafft. Dieser eher symbolische Aspekt darf nicht unterschätzt werden. Er ist einer der Beweggründe dafür, zweisprachigen Kindern den Schriftspracherwerb in beiden Sprachen zu ermöglichen.

Bisher bietet die Schule jedoch wenig Raum dafür, dass Kinder in anderen als in der Landessprache und in den im Lehrplan vorgesehenen Fremdsprachen Kompetenzen auf- und ausbauen könnten. Dabei entspricht es sicher nicht den Bedürfnissen zweisprachig aufwachsender Kinder, ihre Erstsprache oder eine ihrer Erstsprachen als Fremdsprache behandeln und auf diese Art (nochmals) lernen zu müssen. Für Kinder, deren Sprachen im Lehrplan nicht vorgesehen sind, bestehen – abgesehen von privaten Initiativen – bisher wenig Möglichkeiten, ihre zweisprachigen Kompetenzen weiterzuentwickeln.

Dennoch scheint sich bezüglich der Einstellung gegenüber der Mehrsprachigkeit in der Schulpolitik einiges zu bewegen, da die Schule langsam davon Abstand nimmt, sich als grundsätzlich einsprachig zu definieren. So berichtet Perregaux (1999), dass in der Schweiz in den letzten Jahren mehr und mehr Projekte entwickelt werden, die verschiedenen Sprachen im Klassenzimmer Raum geben. Dasselbe gilt für Deutschland, wo seit Jahren zweisprachige Klassen erprobt werden (z.b. May 2003). Profitieren können von solchen Projekten alle Kinder. Einsprachige Kinder bekommen viele Anregungen für ihr Sprachlernen, insbesondere für ihre metasprachliche Entwicklung, und für ihre Auseinandersetzung mit einer Umwelt, die mehrere Kulturen umfasst (Perregaux 1999, 14). Und für die zweisprachigen Kinder ist es bedeutsam, dass durch die Berücksichtigung in der Schule Zweisprachigkeit an sich öffentliche Wertschätzung erfährt.

Aus den Ausführungen des Kapitels wird ersichtlich, dass es sehr von der Familiensituation und der Einbettung in eine weitere Umgebung abhängt, in welcher Weise sich das Verhältnis zwischen den Sprachen einer Familie entwickelt. Entscheidend ist, ob die Sprachen kommunikativ notwendig sind und über einen genügend grossen Anwendungsbereich verfügen. Es kommt jedoch aufgrund der Erwerbsbedingungen nicht selten dazu, dass eine der Sprachen von zweisprachigen Kindern irgendwann im Laufe der Zeit mehr oder weniger verloren geht. In solchen Fällen handelt es sich normalerweise um die Minoritätssprache, während die Umgebungssprache in Gebrauch bleibt und entsprechend weiter entwickelt wird.

5 Erwerb zweier Erstsprachen

Wie bereits beschrieben ist Zweisprachigkeit das Resultat einer psychosozialen Herausforderung. Die Umgebung stellt das Kind vor die Notwendigkeit, mit mehr als einer Sprache seinen Alltag zu bewältigen. Das Kind erwirbt die dazu notwendigen sprachlichen Fähigkeiten, was schliesslich zu seiner spezifischen Form von Zwei- oder Mehrsprachigkeit führt. Die Verschiedenartigkeit jeder einzelnen Spracherwerbssituation führt dazu, dass jedes Kind seinen eigenen Weg zur Mehrsprachigkeit nimmt. Deshalb kann man zwar den Erwerb zweier Erstsprachen beschreiben, man kann jedoch nicht davon ausgehen, dass die beschriebenen Entwicklungsschritte bei jedem einzelnen Kind wiederzufinden sind.

5.1 Einleitende Bemerkungen

Natürlich ist Sprache aus der Sicht des kommunizierenden Menschen immer eine Ganzheit. Dennoch kann man beim Sprache erwerbenden Kind beobachten, dass sich seine Sprache zeitweise bezüglich bestimmter Aspekte besonders stark verändert, während andere Aspekte eher zu ruhen scheinen. Deshalb ist es sinnvoll, nach linguistischen Ebenen getrennt zu beschreiben, welchen Prinzipien der Erwerb folgt und inwiefern die Notwendigkeit, zwei Sprachen zu bewältigen, deren Erwerb beeinflusst.

Eine weitere Vorbemerkung ist nötig bezüglich einer Frage, welche für die frühe Phase des Erwerbs zweier Erstsprachen intensiv diskutiert wurde, nämlich ob die Kinder zu Beginn von einem Gesamtsystem ausgehen und daraus erst allmählich die zwei Sprachen herauskristallieren, oder ob sie vielmehr von Anfang an zwei voneinander getrennte Sprachsysteme erwerben. Auch heute ist diese Frage nicht abschliessend beantwortet. Es gibt sogar Stimmen, die sie in dieser Form für falsch gestellt halten. Für den frühen Syntaxerwerb gibt es nämlich Hinweise, dass die Kinder individuell unterschiedliche Wege gehen können, indem die einen eher von einem gemeinsamen System ausgehen und dieses ausdifferenzieren und die anderen von Anfang an zwei Systeme entwickeln (Klausen u.a. 1993, 88). Aber auch andere Vorgehensweisen sind denkbar. So könnten Kinder von unabhängigen Systemen ausgehen, bis sie bei bestimmten sprachlichen Strukturen Übereinstimmungen finden. Diese Strukturen würden sie dann miteinander in Zusammenhang bringen und sie als gemeinsame Teilsysteme behandeln (Tracy 1996, 78). Ausserdem ist es möglich, dass der Erwerb von Wortschatz, Grammatik und Phonologie nicht in analoger Weise abläuft.

Obwohl die Frage also nicht gesamthaft beantwortet werden kann, hat die diesbezügliche Forschung viel zum aktuellen Wissen über zweisprachigen Spracherwerb beigetragen. Deshalb wird in der nachfolgenden Schilderung des Erwerbs zweier Erstsprachen das Thema immer wieder aufscheinen, auch wenn es an sich nicht zentral ist.

Vorauszuschicken ist schliesslich noch, dass es vor allem im deutschsprachigen Raum eine langjährige Tradition der Befürchtungen bezüglich ungünstiger Folgen eines mehrsprachigen Spracherwerbs gibt (siehe z.b. Hakuta 1986; Welling 1998a; Frigerio Sayilir 2001). Trotzdem setzt sich langsam die Erkenntnis durch, dass sich der Erwerb zweier Erstsprachen grundsätzlich kaum vom Erwerb einer einzigen Erstsprache unterscheidet. Weder zeitlich noch qualitativ noch bezüglich Sprachstörungen konnten bisher wesentliche Unterschiede im Spracherwerb von ein- und zweisprachigen Kindern nachgewiesen werden. Darauf wird im Einzelnen noch einzugehen sein.

5.2 Phonetisch-phonologische Kompetenzen

5.2.1 Die Erwerbsaufgabe

Phonetik und Phonologie befassen sich mit den Charakteristika gesprochener Sprache. Phonetik untersucht die materiellen Eigenschaften mündlicher Äusserungen, also alles, was an Lauten hör- und messbar ist. Geäusserte Laute bzw. Phone werden zwischen eckigen Klammern notiert, also z.B. als [s]. Phonologie ist nicht an der konkreten Umsetzungen von Lauten interessiert, sondern an den Funktionen von Lauten und Lautsequenzen innerhalb eines Sprachsystems. Ausgangspunkt für die Phonologie bildet das Phonem als kleinste bedeutungsunterscheidende Einheit einer Sprache und als Bündel distinktiver artikulatorischer oder akustischer Eigenschaften (Ramers 2001, 72-82). Phoneme sind theoretische Elemente einer Sprache und werden zwischen Schrägstrichen notiert, also z. B. als /s/.

Ob ein Unterschied in der Lautbildung dazu führt, dass sich damit auch die Bedeutung eines Wortes verändert, ist sprachspezifisch. So hat eine interdentale Bildung des /s/-Lautes keinen Einfluss auf die Bedeutung des deutschen Wortes

‚Maus‘, es bleibt ein ‚kleines Nagetier‘. Somit handelt es sich bei der korrekten und der interdentalen Variante von /s/ im Deutschen um Allophone. Anders ist dies im Englischen, wo dieser Unterschied zu einem Bedeutungsunterschied führt. Die interdentale Variante ‚mouth‘ bedeutet ‚Mund‘, die nicht-interdentale Variante ‚mouse‘ bedeutet ‚Maus‘. Beide sind im Englischen korrekt und haben damit Phonemstatus.

Phonologie untersucht jedoch nicht nur die Phoneme, sondern mit der Phonotaktik auch die Reihenfolge und Kombinierbarkeit von Phonemen in einer Sprache. Da die Silbe für die Phonologie eine wesentliche Einheit ist, untersucht sie deren Struktur bezüglich Phonemkombinationen und Metrik. Damit sind Rhythmus wie auch Intonation einer Sprache ebenfalls Themen, mit denen sich die Phonologie befasst. Unter Intonation sind dabei verschiedene suprasegmentale bzw. prosodische Faktoren zusammengefasst, welche lautübergreifend sind. Dazu gehören der Tonhöhenverlauf bzw. die Sprechmelodie, womit die Änderung des Grundtones gemeint ist, der dynamische Verlauf, womit die Änderung der Lautheit gemeint ist, das Sprechtempo, die Pausen sowie die Klangfarbe der Stimme. Mit diesen Mitteln kann eine Äusserung moduliert, gegliedert und akzentuiert werden (Jahn 2000, 6).

Die Erwerbsaufgabe ist komplex. Das Kind ist von Anfang an einem Überfluss von akustischer Information ausgesetzt. Aus diesem sich ständig verändernden „Sprachfluss“ muss es die relevanten Muster erkennen und selbst produzieren lernen. Obwohl diese Erwerbsaufgabe anspruchsvoll ist und sich von Sprache zu Sprache unterschiedlich gestaltet, gelingt es den Kindern, jede bisher bekannte natürliche Sprache innerhalb eines ungefähr gleichen Zeitraumes zu erwerben (Jusczyk 1997, 28). Üblicherweise haben Kinder im Alter von vier bis fünf Jahren die Phonologie ihrer Sprache im Wesentlichen bewältigt (z.B. Jahn 2000, 22). Der Erwerb der deutschen Phonologie ist jedoch erst mit etwa acht Jahren abgeschlossen (Hacker 1999, 26). Das erklärt die Unfertigkeiten in der Aussprache von deutschsprachigen Kindergartenkindern und Schulanfängern, die vor allem mit der korrekten Bildung und dem Gebrauch von Frikativen (insbesondere /s/ und /sch/) sowie mit einigen Konsonantenverbindungen noch ihre Mühe haben.

Leider wurden zum frühen Spracherwerb in diesem Bereich nur wenige Studien mit zweisprachigen Kindern durchgeführt. Hingegen wurde verschiedentlich un-tersucht, ob und ab wann Kinder „ihre“ Sprache von anderen unterscheiden können und woran sie sich dabei orientieren. Auch wurden Kinder mit verschiedenen Sprachen untersucht und deren Entwicklung verglichen. Aus diesen Befunden kann man, mit der notwendigen Vorsicht, Schlüsse für zweisprachig aufwachsende Kinder ziehen. Im Folgenden soll nun zuerst die Seite der Sprachrezeption betrachtet werden, anschliessend die Seite der Produktion.

5.2.2 Rezeption von phonetisch-phonologischen Merkmalen des Sprachflusses

Auf der Ebene der Rezeption beginnt die phonetisch-phonologische Entwicklung schon sehr früh. Sobald das Gehör fertig ausgebildet und die auditive Wahrnehmungsfähigkeit angelegt ist, beginnt das werdende Kind damit, seine Höreindrücke zu verarbeiten und zu strukturieren. Nur so ist zu erklären, warum Neugeborene die Stimme ihrer Mutter von anderen weiblichen Stimmen unterscheiden können (Klann-Delius 1999, 27), oder warum Säuglinge bereits kurz nach der Geburt fähig sind, anhand von prosodischen Merkmalen wie Betonung und Rhythmus ihre Erstsprache von anderen Sprachen zu unterscheiden (Mehler u.a. 1988) und sie gegenüber anderen Sprachen zu bevorzugen (Jusczyk 1997, 86-87). Für Betonung und Rhythmus scheint es in den ersten sechs Lebensmonaten ein spezielles Entwicklungsfenster zu geben, da die sich normal entwickelnden Kinder bis zum Alter von sechs Monaten die diesbezügliche Grundstruktur ihrer Erstsprache erworben haben und der Erwerb dieser Struktur später so nicht mehr möglich zu sein scheint.

Für das Deutsche wird als Grundstruktur der Trochäus angenommen, also eine Silbenfolge von „lang/betont – kurz/unbetont", bei welcher die lange Silbe doppelt so lange sein sollte wie die kurze. Anhand dieser Struktur soll das Kind in der Lage sein, Wortgrenzen zu erkennen und wichtige Regeln der Wortbildung und der Grammatik abzuleiten (Penner 2004a, 9; Höhle 2005). Erst wenn das Kind Wortgrenzen erkennt, kann es Wörter wieder erkennen und damit erwerben. Deutschsprachige Kinder bewältigen dies im Alter von sechs Monaten für trochäische Wörter (Höhle 2005, 18) und mit zehn Monaten bereits auch für die im Deutschen selteneren iambischen Wörter (Höhle u.a. 2001, zitiert nach Höhle 2005, 19).

Die Kinder können aber nicht nur Betonung und Rhythmus früh erkennen, auch akustische Merkmale von Sprachlauten können sie bereits kurz nach der Geburt differenzieren (Vihman 1996, 59-69). Obwohl die Kinder Merkmale ihrer Erstsprache bevorzugen, sind sie in ihrer Wahrnehmungsfähigkeit noch für alle möglichen Merkmale von Sprachen offen. Erst etwa ab dem 7. Monat findet eine Einengung der Unterscheidungsfähigkeit auf diejenigen Merkmale statt, die in der Sprache enthalten sind, mit der die Kinder angesprochen werden. Diese Einengung scheint zunächst bei Vokalen stattzufinden. Das kann bereits bei Kindern festgestellt werden, die noch keine sechs Monate alt sind (Werker/ Stager 2000, 183). Etwas später folgen dann Konsonantenkontraste (Vihman 1996, 96). Mit neun Monaten haben die Kinder bereits einiges Wissen über die phonotaktischen Regeln ihrer Umgebungssprache aufgebaut. So bevorzugen neun Monate alte Kinder Wörter, die Phonemkombinationen enthalten, die für ihre Umgebungssprache zulässig sind. Sechs Monate alte Kinder sind für solche Sprachunterschiede noch nicht sensibel, für prosodische Merkmale wie typische Tonhöhenverläufe jedoch schon (Jusczyk u.a. 1993, 417).

Ein interessantes Nebenergebnis der Studie von Jusczyk u.a. (1993) bezieht sich auf zweisprachige Kinder. Die neun Monate alte niederländische Kindergruppe bevorzugte die niederländischen Wörter weniger deutlich als die englische Kindergruppe die englischen. Es stellte sich heraus, dass die niederländischen Kinder täglich mehr als eine Stunde auch Englisch hörten. Da andere Einflussfaktoren gut kontrolliert waren, scheint also dieses Sprachangebot die Wahrnehmungsfähigkeit der Kinder für Niederländisch und Englisch bewahrt und gefördert zu haben, sodass sie die Phonemkombinationen beider Sprachen für möglich hielten (Jusczyk u.a. 1993, 412-413).

Trotz der beschriebenen Fokussierung der Wahrnehmung auf die Umgebungssprache sind Kinder in diesem Alter noch sehr anpassungsfähig. Wenn es nötig ist, kann sich diese Einengung der Wahrnehmungsfähigkeit aufgrund von andersgearteten Erfahrungen auch wieder verändern. Das zeigen sowohl Laborexperimente (Kuhl 2004, 837) als auch Beispiele verwaister Kinder, die nicht im gleichen sprachlichen Umfeld geboren wie erzogen wurden, und die dennoch keinerlei Schwierigkeiten hatten, die betreffende Sprache zu erwerben (Jusczyk 1997, 87).

Wichtig ist in diesem Zusammenhang, dass Kinder rund um den 1. Geburtstag zu bemerkenswert feinen Differenzierungsleistungen fähig sind, solange es sich um Aufgaben handelt, die keinen Bezug zum Inhalt von Wörtern nehmen. Sobald es sich um eigentliche Wortlern-Aufgaben handelt, scheinen die Kinder dieselben Lautfolgen anders, nämlich ganzheitlich zu verarbeiten. Beispielsweise konnten 14 Monate alte Kinder die beiden Silben /bɪ/ und /dɪ/ unterscheiden, wenn es nur um die phonetische Unterscheidung ging. Waren die beiden Silben mit je einem Objekt verbunden, so dass sie von den Kindern als Wörter betrachtet und verarbeitet wurden, bemerkten sie den Unterschied nicht. Acht Monate alte Babys bewältigten beide Aufgaben in gleicher Art und Weise, was von den Autoren darauf zurückgeführt wird, dass sie noch nicht selbst begonnen hatten, Wörter zu produzieren (Werker/Stager 2000, 190). Mit 19 Monaten sind die Kinder dann fähig, minimale phonetische Kontraste zu nutzen, um auch Wörter voneinander zu unterscheiden (Werker/Stager 2000, 188).

Zusammenfassend kann man sagen, dass Kinder schon sehr früh fähig sind, phonetische und phonologische Merkmale von Sprachen wahrzunehmen. Die anfänglich sehr breite Wahrnehmungsfähigkeit für Sprachmerkmale richtet sich immer konkreter auf die Umgebungssprache aus. Die Kinder bevorzugen zunehmend hoch frequente phonetische Muster und schränken ihre Wahrnehmung auf die Information ein, die im Sprachangebot vorhanden ist (Werker/Stager 2000, 181). Nicht benötigte oder gar störende Unterscheidungen werden ausgeblendet. Wenn das Kind beginnt, seine Aufmerksamkeit auf Wortbedeutungen zu richten, dann scheint es auch einen Strategiewechsel vorzunehmen. Es verarbeitet Wörter zunächst ganzheitlich. Da das Kleinkind noch einen begrenzten und zudem stark im Kontext eingebetteten Wortschatz hat, benötigt es anfangs keine detailliertere phonologische Repräsentation. Unklarheiten können durch den Kontext aufgeklärt werden. Je grösser der Wortschatz wird und je öfter Bezugspersonen auch über Dinge ausserhalb des unmittelbaren Kontextes sprechen, desto mehr muss das Baby auch feinere phonetische Details beachten, um zu verstehen und verstanden zu werden (Edwards 2000, 243). Der Zuwachs beim Wortschatz ist also eng mit der Weiterentwicklung der phonologischen Fähigkeiten eines Kindes verbunden.

Aus den Beobachtungen bei einsprachigen Kindern kann man nun für zweisprachige Kinder schliessen, dass auch sie die Wahrnehmungs- und Verarbeitungsfähigkeit für alle zu erwerbenden Sprachen mitbringen. Da mit ungefähr sieben Monaten eine Einschränkung auf die Sprache stattfindet, mit der die Kinder angesprochen werden, und da zweisprachige Kinder in zwei Sprachen angesprochen werden, ist anzunehmen, dass Aufmerksamkeit und Wahrnehmungsfähigkeit für die Phoneme und Kontraste beider Sprachen erhalten bleiben.
Allerdings gibt es Hinweise darauf, dass mehrsprachige Kinder für die Organisation ihrer sprachlichen Wahrnehmung spezifische Wege nehmen. So zeigt eine

Studie von Bosch und Sebastián-Galles (2003), dass die zweisprachigen Kinder (Spanisch und Katalanisch) einen spezifischen Vokalkontrast des Katalanischen bei einem Untersuchungszeitpunkt mit acht Monaten, erwartungswidrig nicht unterscheiden konnten. Mit vier Monaten konnten alle ein- und zweisprachigen Kinder das Merkmal wahrnehmen. Mit acht Monaten waren nur die einsprachig katalanischen Kinder dazu fähig. Mit zwölf Monaten hatten die zweisprachigen Kinder die Fähigkeit jedoch wieder gewonnen. Warum die zweisprachigen Kinder mit acht Monaten den Kontrast nicht wahrnehmen konnten, ist unklar. Möglicherweise richten sie in diesem Alter ihre Aufmerksamkeit auf andere Aspekte der Sprache. Möglich wäre auch, dass die zweisprachigen Babys die Aufgabe als eine Wortlern-Aufgabe betrachteten und deshalb ganzheitlich verarbeiteten. Auch den zweisprachigen Kindern steht jedoch ihre sprachspezifische Wahrnehmungsfähigkeit zumindest zu Beginn des 2. Lebensjahres wieder zur Verfügung.

Ob zweisprachiges Aufwachsen auch die Wahrnehmungsfähigkeit älterer Kinder und Erwachsener für unbekannte Phonemkontraste verbessert, ist nicht geklärt (Beach u.a. 2001, 232). Es gibt aber Hinweise darauf, dass dies nicht der Fall ist, da sich bei solchen Wahrnehmungsaufgaben die Leistungen von Ein- und Zweisprachigen nicht unterscheiden. Allerdings scheint es Menschen zu geben, die für Phonemkontraste besonders sensibel sind. Diese können solche Kontraste gut diskriminieren und sie auch besonders deutlich produzieren. Bei der Produktion von wahrgenommenen Merkmalen könnte die Zweisprachigkeit aufgrund des grösseren phonetischen Repertoires höhere Genauigkeit ermöglichen. Dies sind jedenfalls Schlussfolgerungen welche Beach, Burnham und Kitamura (2001) aus ihrer Studie ziehen.

5.2.3 Produktion vorsprachlicher und sprachlicher Äusserungen

5.2.3.1 Vorsprachliche Lautproduktionen

In den ersten Lebenswochen bestehen die lautlichen Äusserungen des Babys im Schreien. Bereits ab der zweiten Woche weist dieses ein differenziertes Klangmuster auf und zeigt unterschiedliche affektive Zustände des Kindes an. Der heftige Schrei bei Schmerz oder Hunger verändert sich im Laufe der Monate wenig. Da diese Art Schrei bei den Betreuungspersonen eher ablehnende Reaktionen auslöst, wird er nicht als Keimzelle der menschlichen Kommunikation betrachtet (Klann-Delius 1999, 23). Anders ist dies bei denjenigen Säuglingsschreien, die lediglich den mässigen Unmut des Babys ausdrücken. Diese werden eher als Ausgangspunkt vokaler Kommunikation angenommen. Sie entwickeln sich im Laufe der ersten Lebenswochen vom einfachen Melodiebogen zu mehreren aneinander gereihten und komplexen Melodiebogen. Allerdings nimmt die Komplexität der Schreimelodie ab, je länger das Kind schreit (Wermke 2004, 62-64). Ob sich das Schreien von zweisprachig aufwachsenden Babys speziell gestaltet, ist nicht untersucht.

Hingegen war das Lallen bereits mehrfach Gegenstand solcher Forschung. Ein wichtiges Resultat dieser Forschung zeigt, dass sich der Zeitpunkt, zu dem das Lallen einsetzt, nicht verändert, wenn mehr als eine Sprache an das Kind gerichtet wird. Die erste Lallphase mit etwa zwei Monaten (manchmal auch Gurren genannt) ist noch nicht sprachlaut-spezifisch und tritt sogar bei gehörlosen Kindern auf. Interessanter im Hinblick auf zweisprachige Kinder ist die zweite Lallphase, die mit etwa sechs Monaten einsetzt, und zwar bei ein- und zweisprachigen Kindern gleichermassen. In dieser Lallphase bildet das Kind spielerisch und lustbetont, jedoch kontrolliert und wiederholt wohlgeformte Silben (Oller u.a. 1997, 412-417). In den Silbenfolgen des Lallens lassen sich bereits wesentliche Merkmale der zu erwerbenden Sprache entdecken (Klann-Delius 1999, 26), sodass die gelallten Einheiten akustisch als zur Zielsprache gehörig identifiziert werden können. Ob sich die Lautstruktur des Lallens durch die Anwesenheit mehrerer Sprachen im Umfeld verändert, ist nicht eindeutig geklärt (Oller u.a. 1997, 409).

5.2.3.2 Produktion der ersten 50 Wörter

Der Übergang vom Lallen zu den ersten Wörtern findet fliessend statt. Das Lallen verschwindet nicht einfach, sobald das erste Wort auftaucht, und frühe Wörter sind in ihrer Form den gelallten Strukturen noch sehr ähnlich. So ist es auch nicht immer einfach, die ersten Wörter eindeutig zu identifizieren. Vihman (1996, 135) definiert als erste Wörter diejenigen Äusserungen, deren phonetische Gestalt und deren Verwendungsbedingungen mit einiger Konstanz auf ein spezifisches Erwachsenenmodell bezogen sind. Inwiefern dieser Bezug tatsächlich vorhanden oder von den Betreuungspersonen lediglich unterstellt wird, ist am Anfang oft nur schwer zu entscheiden. Dennoch wird das Auftauchen erster Wörter meist um den ersten Geburtstag herum beobachtet, und zwar auch für zweisprachige Kinder (Pearson u.a. 1993).

Der Zeitpunkt, zu dem erste Einwortäusserungen auftreten, wird also durch die Zweisprachigkeit nicht verändert. Könnte es nun sein, dass die Auswahl der ersten Wörter durch die Zweisprachigkeit beeinflusst wird? Wählen einsprachige Kinder ihre ersten Wörter anhand von bestimmten Kriterien aus? Dies scheint der Fall zu sein, denn die frühen Wortformen einsprachiger Kinder weisen typische Merkmale auf. So sind die gut seh- und hörbaren Lippenlaute in Wörtern wesentlich häufiger vertreten als im Lallen. Frikative sind in ersten Wörtern selten, da ihre Produktion eine relativ genaue artikulatorische Kontrolle voraussetzt. Plosivlaute hingegen sind eher einfach zu bilden und kommen häufig vor. Die meisten frühen Wörter bestehen zudem nur aus einer bis zwei Silben. Da das Kind schon zu Beginn erstaunlich viele Merkmale des Erwachsenenzielwortes korrekt abbildet, wird angenommen, dass es den Strom der Erwachsenensprache durch eine Art artikulatorischen Filter strukturieren kann, der die Erinnerung an phonetisch in Reichweite liegende Wörter verstärkt und damit die motorische Abrufbarkeit dieser Wörter verbessert. So haben die ersten Wörter nicht nur eine einfache phonetische Struktur, sondern auch als Zielstruktur vergleichsweise einfache Erwachsenenwörter (Vihman 1996, 136-142). Die Kinder beginnen also mit Wörtern, die phonologisch und phonetisch nicht zu anspruchsvoll sind, sodass sie sich an sie erinnern und sie auch produzieren können. Es ist also wohl nicht Zufall und auch nicht nur vom Inhaltlichen her gesteuert, dass so viele deutschsprachige Kinder mit Wörtern wie „Mama", „Papa" oder „Auto" beginnen. Die gleiche Beobachtung kann man bei zweisprachigen Kindern machen. Sie wählen zudem von inhaltlich vergleichbaren Wörtern zweier Sprachen jeweils das phonologisch einfachere, also das leichter zu produzierende Wort (Yavas 1995).

Ein Beispiel dafür ist der türkisch-deutschsprachige B. (1;8). Er scheint bei der Produktion seiner frühen Wörter dieses Kriterium zu berücksichtigen. Sind die einander entsprechenden Wörter in beiden Sprachen vergleichbar einfach, dann benutzt er beide. Ist hingegen ein Wort in der einen Sprache wesentlich einfacher, dann benutzt er nur dieses. In der Zeit, aus der die Aufstellung von Abbildung 5 auf der nächsten Seite stammt, verfügt das Kind über einen aktiven Wortschatz von etwa 20 Wörtern. Es sind also nicht alle Wörter aufgeführt. Ist die Zielform einer Sprache weit von den Aussprachemöglichkeiten des Kindes entfernt, dann benutzt es nur die einfache Form der anderen Sprache. Auffällig ist, dass das Kind trotzdem schon sensibel darauf zu sein scheint, ob diese Sprachform in den kommunikativen Kontext passt oder nicht. So benutzt es einige der Wörter, die keine Entsprechung in der anderen Sprache haben, nur mit dem ‚passenden' Elternteil. Beispielsweise äussert B. mit 20 Monaten sehr häufig ‚ja' und ‚nein'. Er benutzt die beiden Wörter jedoch nie im Gespräch mit seinem türkischsprachigen Vater.

BEDEUTUNG	Zielwort Dialekt	Kindliche Form	Zielwort Türkisch	Kindliche Form
MAMA	mami	mami	*anne*	*anne*
JA	ja	ja	*evet*	—
NEIN	nei	nei	*hayır*	—
GEBEN	gä	gä	*ver*	*ve*
FLUGZEUG	flugzüüg	—	*uçak*	*dudak*
SCHNULLER	nuggi	gaggi	*emzik*	—
WASSER	wasser	—-	*su*	*du*
NEHMEN	nä	nä	*al*	*al*
AUF WIEDER-SEHEN	tschau-tschau	daudau	*hoşçakal*	*otata*
DANKE	dangge	dane	*tesekkür*	—

Abbildung 5: Beispiele des frühen deutsch-türkischen Wortschatzes von B. (1;8)

Die ersten 50 Wörter und Wendungen lernen Kinder also auf ganzheitliche Art. Sie wählen sie ihren phonetischen Fähigkeiten entsprechend und können somit Produktionen liefern, die denjenigen von Erwachsenen schon recht ähnlich sind. Das frühe Wortlernen ist jedoch stark durch Vermeidung oder Bevorzugung phonologischer Muster geprägt. Einige Kinder neigen dazu, bevorzugt solche Wörter neu zu erwerben, die zu bereits bewältigten Wörtern und zu in ihrem Lexikon vorhandenen prosodischen Rahmen passen (Edwards 2000). Nach 50 Wörtern findet eine Umorganisation statt, die einerseits die Strukturierung des Wortschatzes, andererseits die Phonologie betrifft. Die Kinder bauen mit zunehmendem Wortschatz ein eigentliches phonologisches System auf (Vihman 2002, 241). Erst dadurch werden die vielen aufgrund der persönlichen Präferenzen gleich lautenden Wörter so verändert, dass sie sich den Zielformen annähern.

Das bedeutet für zweisprachige Kinder, dass auch sie nicht mit einem oder zwei phonologischen Systemen ihre Sprachproduktion beginnen, sondern ohne System, lediglich mit ganzheitlich gespeicherten Wörtern und Wendungen. Aus diesen lexikalischen Repräsentationen entwickeln sie nach und nach ein funktionales Wissen um phonologische Kontraste. Um dieses Wissen auch umsetzen zu können, müssen sie zudem ihre motorischen Fähigkeiten entwickeln und trainieren (Vihman 2002, 241).

5.2.3.3 Ausbau der phonetisch-phonologischen Kompetenzen mit dem Wortschatzspurt

Mit dem Überschreiten der 50-Wortgrenze ist zwar ein fast magischer Moment der Sprachentwicklung erreicht, bei dem sich vieles ändert. Diese Veränderungen brauchen jedoch Zeit. Der Aufbau des phonologischen Systems des Kindes orientiert sich dabei vor allem am bisher aufgebauten Lexikon. Anhand der gewählten ersten Wörter und aufgrund von persönlichen Präferenzen entwickeln die Kinder Produktionsmuster, an welche sie weitere Wörter anpassen, und zwar Wörter beider Sprachen.

Beispiel 37

Als Beispiel dafür soll wieder B. (2;0) dienen. Obwohl B. mit 24 Monaten bereits Frikative erworben hat (ch im Anlaut, s im Auslaut), ist bei ihm die Plosivierung, und zwar meistens auf [g], ein sehr dominantes Muster. Vordere Plosivlaute werden häufig velarisiert und längere Wörter auf 1-2 Silben verkürzt. Bei manchen Wörtern passt dieses Muster recht gut, sodass keine oder nur wenige Veränderungen erkennbar sind:

/ekmek/ (Brot)	wird zu	[gegek]
/emzik/ (Schnuller)	wird zu	[emdik]
/singe/ (singen)	wird zu	[ginge]
/gige/ (Geige)	bleibt	[gige]

Bei anderen Wörtern hingegen verändert sich die Aussprache so stark, so dass sie für Aussenstehende kaum zu erkennen sind:

/nuggi/ (Schnuller)	wird zu	[gaggi]
/abegheit/ (gefallen)	wird zu	[geig]
/schnide/ (schneiden)	wird zu	[gige]
/zue/ (zu)	wird zu	[gue]
/Elefant/	wird zu	[bank]

Das Muster der Rückverlagerung bzw. Velarisierung auf [g] und der Plosivierung von Frikativen ist deutlich zu erkennen.

Verfügen die zu erwerbenden Sprachen über unterschiedliche prosodische Grundmuster, so stützen sich die Kinder häufig während der ersten paar hundert Wörter auf ein einziges prosodisches Muster, wobei dessen Wahl individuell erfolgt (Vihman 2002, 241-149) oder auf die aktuelle Dominanz einer Sprache zurückgeführt wird (Paradis 2001; Brulard/Carr 2003, beide Studien zu Französisch und Englisch). Allerdings gibt es auch Studien, in denen die beobachteten

Kinder von Anfang an unterschiedliche prosodische Muster für beide Sprachen verwenden (z.B. Keshavarz/Ingram 2002 zu Farsi und Englisch).

In dieser Zeit des frühen Spracherwerbs interagieren die Sprachen also in dem Sinne miteinander, dass phonologische Merkmale der einen Sprache auf die andere angewendet werden. Nach einigen Monaten und mit wachsendem Wortschatz nimmt die Anzahl der verschiedenen, bewältigbaren Produktionsmuster zu. Damit nähert sich das Kind in den verschiedenen Aspekten der Phonologie immer mehr den Zielsprachen an (Vihman 2002, 250). Das ist für die Sprachentwicklung einsprachiger Kinder keine neue Erkenntnis, meinten doch Ferguson und Farwell bereits 1977, dass die phonetischen Eigenschaften der gespeicherten lexikalischen Einheiten und die zugehörigen Artikulationsmuster den Grundstein für die individuelle Phonologie bilden, und zwar während des ganzen „linguistischen Lebens" (Ferguson/Farwell 1977, 36). Damit kann sich ein phonologisches System erst mit zunehmendem Lexikon herausbilden, was analog auch für die phonologischen Systeme mehrsprachiger Kinder gelten kann.

Dies bedeutet jedoch nicht, dass in der Sprachproduktion der Kinder keine sprachspezifischen Unterschiede zu erkennen wären. Je nach Zielstruktur der Wörter können sie diese in manchen Aspekten übernehmen oder müssen sie an ihre Produktionsmuster anpassen. Da die Zielstrukturen je nach Sprache unterschiedlich komplex sind, kann es deshalb sein, dass in der einen Sprache bereits eine Vielzahl von korrekten Produktionen gelingen, während in der anderen noch viele Vereinfachungen zu beobachten sind. Das zeigt Kehoe (2002) in ihrer Untersuchung der Vokale im Deutschen und Spanischen. Das einfache Vokalsystem des Spanischen haben alle Kinder, auch die zweisprachigen, mit zwei Jahren bewältigt. Für das komplexere deutsche System benötigten die zweisprachigen Kinder länger, und zwar insbesondere für den Erwerb des Vokallängenkontrastes (Beispiel: Hüte versus Hütte).

Der Eindruck, dass sich die Aussprache der Kinder in beiden Sprachen nicht unterscheidet, kann auch dadurch entstehen, dass die typischen Laute der Sprachen, durch die sie sich voneinander unterscheiden, bei manchen Sprachpaaren erst relativ spät erworben werden (z.B. Zurer Pearson/Navarro 1998). Ein Beispiel dafür ist die deutsch-englischsprachige Hildegard. Ihr Vater beklagte sich darüber, dass sie während längerer Zeit nur über ein einziges phonologisches System verfügt habe (Leopold 1970a, 179). Er gab aber selbst zu, dass beim

Sprachenpaar Deutsch – Englisch gerade die sprachunterscheidenden Phoneme erst relativ spät erworben werden (Leopold 1970b, 206).

Da Kinder in unterschiedlichem Tempo voranschreiten und auch individuelle Präferenzen und Prioritäten entwickeln, erstaunt die ungeheure interindividuelle Variabilität in diesem Bereich nicht. So kann man bisher festhalten, dass die aktuelle Forschungslage keine konkreten Hinweise für eine verzögerte Entwicklung der Lautproduktion zweisprachiger Kinder bietet, dass jedoch die enorme individuelle Variabilität bezüglich Tempo der Entwicklung und bezüglich Erwerbsstrategien auch für zweisprachige Kinder gilt (z.B. Schnitzer/Krasinski 1996; Zurer Pearson/Navarro 1998).

Vor allem der letztgenannte Punkt ist für zweisprachige Kinder sehr wichtig. Schon seit den 1970er Jahren werden unterschiedliche Spracherwerbsstile oder -strategien von Kindern beschrieben und diskutiert. So kann beispielsweise beobachtet werden, dass manche Kinder von Anfang an gut verständlich und eher in Einzelwörtern sprechen, während andere Kinder mit formelhaften Ausdrücken beginnen und längere Zeit schwerer verständlich sind. Unterschiede lassen sich auf allen Sprachebenen beschreiben, und die individuelle Sprachentwicklung der Kinder verläuft grundlegend anders. Zurückgeführt werden diese Unterschiede auf eher analysierende informationsverarbeitende Prozesse bei den einen Kindern gegenüber eher holistischen bei den anderen (Szagun 1996, 240-262).

Bei zweisprachigen Kindern besteht die Gefahr, dass Bezugspersonen (oder auch Fachpersonen) die Merkmale der individuellen Sprachverarbeitungsprozesse und des daraus resultierenden Entwicklungsweges eines Kindes lediglich mit der Zweisprachigkeit in Verbindung bringen und deshalb zu falschen Schlüssen kommen. Ein Beispiel für eine solche anfängliche Fehlinterpretation sind die Studien von Schnitzer und Krasinski (1994; 1996). Die von ihnen beschriebenen Kinder entwickelten sich sehr unterschiedlich. Bei der ersten Fallanalyse wurden die Beobachtungen vor allem mit der Zweisprachigkeit erklärt. Erst in der Gegenüberstellung der so unterschiedlichen Kinder wurde deutlich, dass viele Besonderheiten nicht auf die Zweisprachigkeit, sondern auf die individuellen Sprachverarbeitungsprozesse zurückzuführen waren (Schnitzer/Krasinski 1996).

Lassen sich also keine spezifisch für zweisprachige Kinder geltenden allgemeinen Entwicklungsverzögerungen beim Lauterwerb belegen, so gilt dies auch für die Erwerbsreihenfolge der Laute in den einzelnen Sprachen. Auch in diesem Bereich unterscheiden sich zweisprachige Kinder in bisherigen Untersuchungen nicht von einsprachigen. Laute, die einsprachige Kinder früh erwerben, tauchen auch bei zweisprachigen Kindern früh auf, und entsprechend verhält es sich bei spät erworbenen Lauten. Da aber Phoneme sprachspezifisch sind, erwerben Kinder mit unterschiedlichen Erstsprachen einzelne Phoneme oft nicht zur selben Zeit. So beherrschen Kinder, die Quiche, eine guatemaltekische Sprache, erwerben, /l/ und /tʃ/ als zwei der ersten und häufigsten Konsonanten. Beide werden in Englisch und in Deutsch spät erworben (Keshavarz/Ingram 2002). Welche Interaktionen sich daraus für zweisprachige Kinder ergeben, ob sie allenfalls /tʃ/ schon viel früher und systematisch, d.h. über eine individuelle Präferenz hinausgehend, auch in die Aussprache von englischen oder deutschen Wörtern integrieren würden, ist noch zu wenig untersucht. Es gibt aber Hinweise darauf, dass die so genannten phonologischen Prozesse, also die systematischen Vereinfachungen der Aussprache, welche man bei kleinen Kindern beobachtet, in sprachspezifischer Art und Weise überwunden werden. So scheinen zweisprachige Kinder diese Prozesse in jeder ihrer Sprachen anders anzugehen. In einer entsprechenden Studie (Englisch und Kantonesisch) zeigten die Kinder in den beiden Sprachen jedenfalls nicht dieselben Muster von phonologischen Auffälligkeiten. Häufig waren die beobachtbaren Prozesse sogar widersprüchlich (beispielsweise Vorverlagerung von /k/ zu [t] in Englisch und Rückverlagerung von /t/ zu [k] in Kantonesisch). Die Kinder schienen jedoch die spezifischen phonologischen Beschränkungen jeder Sprache zu beachten, denn sie produzierten nichts, was für eine der Sprachen völlig unmöglich gewesen wäre. In derselben Studie zeigte sich auch, dass Kinder mit einer Spracherwerbsstörung, die sich auf dieser Ebene manifestiert, in beiden Sprachen Schwierigkeiten hatten. Diese Probleme waren jedoch nicht deckungsgleich, sondern fügten sich in das jeweilige sprachspezifische phonologische System (Holm/Dodd 2001, 167-168). Da Phoneme in ihrem Bedeutungsgehalt sprachspezifisch sind, erfolgt auch die Überwindung der phonologischen Prozesse auf sprachspezifische Art und Weise. Es sind also nicht in allen Sprachen dieselben phonologischen Prozesse zu erwarten, weder bei sich normal entwickelnden Kindern noch bei Kindern mit einer phonologischen Störung.

Das bereits erwähnte Beispiel von B. (siehe Abbildung 5 und Beispiel 37) gibt diesbezüglich ebenfalls einen interessanten Hinweis. Laut Fox und Dodd (1999, 185-186) haben 75% der deutschsprachigen Kinder [g] und [k] als Phon im Alter von 1;6-1;11 Jahren erworben, bis 2;11 Jahre zu 90%, sie können also den

Laut aussprechen. Als Phonem hingegen können 75% der Kinder /g/ und /k/ erst mit 2;6-2;11 Jahren korrekt einsetzen. Die 90%-Grenze für /g/ wird sogar erst mit 3;0-3;5 Jahren erreicht. Für das Türkische wird der Erwerb von /k/ als Phonem bis zum Alter von 1;6 Jahren beschrieben, /g/ folgt mit 2;0-2;2 Jahren (Topbas 1997, 382). Den frühen Erwerb von /k/ als Phonem erklärt die Autorin damit, dass dieser Laut im Türkischen linguistisch sehr wichtig ist und in vielen Wörtern des Kinderalltages verwendet wird (Topbas 1997, 385). In der Aussprache von B. spiegeln sich diese Beobachtungen wider:

Beispiel 38
B. hat bereits mit 18 Monaten eine Vorliebe für die Laute [g] und [k] entwickelt. Im Deutschen werden sie oft nicht adäquat eingesetzt:

18 Monate:	Nuggi	wird zu	[gaggi]
24 Monate:	Elefant	wird zu	[bank]
	Eins	wird zu	[eink]
	Auto	wird zu	[augo]
	Geige	bleibt	[gige]
	schreiben	wird ebenfalls	[gige]
	singen	wird zu	[ginge]

[k] tritt analog zum Türkischen nur im Auslaut auf, [g] kann in allen Positionen eingesetzt werden. Im Türkischen tritt [k] korrekt auf, und zwar mit 18 Monaten in [dudak] für Flugzeug und mit 24 Monaten zusätzlich in [emdik] für Schnuller und [gegek] für Brot. [g] wird seltener als im Deutschen eingesetzt und meistens adäquat. Daraus lässt sich schliessen, dass die Bewältigung von /k/ als Phonem im Türkischen dem Kind nicht dazu verhilft, /k/ auch im Deutschen als solches zu bewältigen, obwohl es als Phon zur Verfügung steht. Möglicherweise wird die Vorliebe des Kindes für die Laute [g] und [k] durch deren Prominenz im Türkischen bestärkt, aber die phonetische Umsetzbarkeit der Laute führt nicht automatisch zu deren phonologischer Bewältigung.

5.2.3.4 Weitere Entwicklung

Zur phonetisch-phonologischen Entwicklung älterer zweisprachig aufwachsender Kinder gibt es leider nur wenige Studien. Watson (1991) untersuchte ein- und zweisprachige Kinder zwischen fünf und zehn Jahren sowie Erwachsene. Bei der Lautproduktion konnten anhand von genauen instrumentellen Messungen leichte Unterschiede festgestellt werden. Allerdings waren auch die Unterschiede innerhalb der Gruppe der Einsprachigen sehr gross, und ausserdem zeigten einsprachige Erwachsene einige Merkmale, die erwartungsgemäss nur zweisprachige Kinder hätten produzieren sollen. Das war wohl der Grund dafür, dass die Besonderheiten der zweisprachigen Kinder von blossem Ohr auch von trainierten Personen nicht wahrnehmbar waren. Dies macht deutlich, dass Zweisprachige zwar möglicherweise andere Produktionsroutinen für die Realisation der Phoneme ihrer beiden Sprachen verwenden. Diese bleiben aber so nahe an der Sprachnorm, dass sie von muttersprachlichen Sprechern dieser Sprachen nicht als abweichend wahrgenommen werden (Watson 1991, 40). Ähnliches zeigt eine Untersuchung von Whitworth (2000) bei älteren Kindern (9;11 und 12;5 Jahre) bezüglich der Vokaldauer in Englisch und Deutsch. Die Kinder produzierten einen Unterschied zwischen lang und kurz. Ihre Werte entsprachen aber nicht genau denjenigen der einsprachigen Kinder, sondern befanden sich ziemlich genau in der Mitte. Sie produzierten also einen Kompromisswert, der für beide Seiten akzeptabel war. Watson (1991, 45) interpretiert solches Verhalten als Versuch der zweisprachigen Menschen, ökonomische Lösungen für die Aussprache beider Sprachen zu finden.

Interessant ist auch die Studie von Khattab (2000), die ein- und zweisprachige Kinder in Englisch und Arabisch hinsichtlich der Bewältigung der sprachtypischen stimmlosen und stimmhaften Stopplaute untersuchte. Sie zeigt, wie sich das Merkmal mit dem Alter der Kinder verändert (fünf, sieben und zehn Jahre), kann also eine Entwicklungssequenz skizzieren. Die Kinder entwickeln eine sprachspezifische Ausformung des Merkmals für jede Sprache, die sich von der Produktionsweise einsprachiger Kinder leicht unterscheidet. Dies betrifft jedoch vor allem die Produktion des Arabischen. Dort, wo ein Merkmal nicht vollumfänglich erworben wurde (beim zweisprachigen ältesten Kind), kann die Autorin herausarbeiten, dass dies wahrscheinlich weniger auf eine Interferenz des Englischen zurückzuführen ist als vielmehr auf ein zu geringes Sprachangebot in einem Alter, in dem das untersuchte komplexe Merkmal noch hätte erworben werden können (Khattab 2000, 23).

5.2.4 Fazit zu den phonetisch-phonologischen Kompetenzen

Aus den beschriebenen und vielen weiteren Studien lassen sich interessante Hinweise entnehmen, mit Verallgemeinerungen muss man jedoch vorsichtig sein. Überall wird betont, wie gross die interindividuellen Unterschiede auch bei einsprachigen Kindern sind. Viele Studien wurden sehr sorgfältig, aber oft nur mit wenigen beobachteten Personen durchgeführt. Das bedeutet, dass der Einfluss von individuellen Präferenzen auf die Resultate schwer abschätzbar ist. Dennoch

Dennoch gibt es eine Vielzahl von Hinweisen darauf, dass sich ein- und zweisprachige Kinder bezüglich der wesentlichen Erwerbsschritte der phonetisch-phonologischen Kompetenzen wenig voneinander unterscheiden:

- Zweisprachige Kinder beginnen zur selben Zeit wie einsprachige mit dem Lallen und mit Einwortäusserungen, und sie wählen ihre ersten Äusserungen nach Komplexitätskriterien.

- Auch bei zweisprachigen Kindern bildet ihr jeweiliges Lexikon die Grundlage für die Entwicklung ihrer phonologischen Systeme.

- Berücksichtigt man dies, so sind auch bezüglich Erwerbsreihenfolgen der Laute und bezüglich der Geschwindigkeit, mit der die Kinder die phonetisch-phonologischen Kompetenzen erwerben, im Prinzip keine Besonderheiten belegt. Wichtig ist jedoch, dass man Aussprache nicht einfach als feste Einheit betrachten kann. Kinder bewältigen die verschiedenen Aspekte der Aussprache zu unterschiedlichen Zeitpunkten und zunehmend miteinander verknüpft. Gewisse Aspekte der Phonologie werden sehr früh sprachspezifisch produziert, andere erst später. Und einige Aspekte der einen beeinflussen jeweils die andere Sprache (Brulard/Carr 2003).

- Da die Bewältigung der Aussprache sehr komplex ist, können zweisprachige Kinder in einzelnen Aspekten und in ihren Sprachen unterschiedlich verzögert sein. Dafür kann unter Umständen das Sprachangebot in seiner Qualität oder Quantität verantwortlich gemacht werden:
  Es ist einerseits möglich, dass die Ausformung eines bestimmten Merkmals im Sprachangebot des Kindes bereits durch den Kontakt mit einer anderen Sprache verändert ist und in dieser Form erworben wird.
  Andererseits könnte das betreffende komplexe Merkmal in der an das Kind gerichteten Sprache zu wenig häufig und prägnant vorkommen, als dass das Kind es erwerben könnte (Khattab 2000, 23).

- Im Grossen und Ganzen scheinen jedoch die Unterschiede innerhalb der einzelnen Gruppen viel wesentlicher zu sein als Unterschiede zwischen ein- und zweisprachigen Kindern.

Besonders wichtig ist zudem die Erkenntnis, dass die Entwicklung der phonetisch-phonologischen Fähigkeiten eines zweisprachigen Kindes nur auf dem

Hintergrund seiner persönlichen Erfahrungen mit Sprachen verstanden werden kann. Ohne genaue Kenntnis der Lebensbedingungen eines Kindes in seinen ersten Lebensjahren ist ein Verständnis seines später allenfalls beobachteten Entwicklungsstandes und seiner Fähigkeiten in diesem Bereich also nicht denkbar.

5.3 Semantisch-lexikalische Kompetenzen

5.3.1 Die Erwerbsaufgabe

„In der Semantik geht es um die Bedingungen, die für den Gebrauch sprachlicher Ausdrücke gelten, damit sie Sachverhalte der uns umgebenden (oder einer fiktionalen) Welt richtig widerspiegeln" (Vater 1999, 183). Alltagssprachlich ausgedrückt geht es also um die Bedeutung einer sprachlichen Äusserung. Die aktuelle Bedeutung von Wörtern und Sätzen kann nur in Verbindung mit dem Kontext der Äusserung erschlossen werden.

Der lexikalische Aspekt dieser Kompetenzebene ist auf die Bedeutung und Form von Einzelwörtern bezogen, meint also die Wortsemantik (Grimm/Weinert 2002, 518). Die Einzelwörter werden im mentalen Lexikon verarbeitet und gespeichert. Unter dem mentalen Lexikon versteht man „ein aktives mentales Modul, in dem sprachliche Informationen nicht nur abgelegt, sondern verarbeitet und fortlaufend überarbeitet werden. Der Inhalt des Lexikons ist der Wortschatz. Zu jedem Wort werden eine Reihe von Informationen gespeichert, die in ihrer Gesamtheit als Lexikoneintrag bezeichnet werden. Zu den Informationen, die mit einem Wort gelernt und gespeichert werden müssen, gehören die phonetisch-phonologische Form, Informationen zur Wortstruktur und Flexionsklasse, zur Wortart und vor allem die Bedeutung" (Rothweiler 2002, 264).

Die Erwerbsaufgabe des Kindes besteht darin, sich einen Wortschatz anzueignen, dessen Wörter eine Bedeutung, eine festgelegte Form sowie verschiedene grammatikbezogene Eigenschaften haben. Ausserdem muss es erfassen, wie diese Wörter in einem bestimmten sprachlichen und situationalen Kontext zu verwenden sind und wie sie dabei ihre Bedeutung verändern können. Hier wird deutlich, dass es sich um einen Bereich handelt, in dem Semantik und Pragmatik ineinander übergehen.

Das mentale Lexikon von zweisprachigen Menschen, in dem all dieses Wissen auf mehr als eine Sprache bezogen gespeichert und verarbeitet wird, war und ist ein beliebter Forschungsgegenstand. Allerdings konzentriert sich die Forschung leider weniger auf Erwerbsfragen als auf den Umgang von erwachsenen Mehrsprachigen mit ihrem mehrsprachigen Wortschatz. So gibt es zur Frage, wie zweisprachige Kinder ihr Lexikon in beiden Sprachen aufbauen, eher wenige Untersuchungen. Ähnliches gilt für den Bereich des Sprachverständnisses, wenn man die semantischen Kompetenzen der Kinder über das Verständnis der Wortebene hinaus betrachten will. Dennoch sollen im Folgenden die beiden Aspekte bearbeitet werden. Das Sprachverständnis stützt sich zu Beginn, wenn es über ein Situationsverständnis hinausgeht, auf Schlüsselwörter. Darunter ist zu verstehen, dass man einzelne Wörter versteht und diese dazu nutzt, die Bedeutung der ganzen Äusserung auf dem Hintergrund des Kontextes und des bereits vorhandenen Weltwissens zu erschliessen. Da Sprachverständnis also auf Wörtern basiert, ist es sinnvoll, zunächst den Erwerb von Wörtern zu beschreiben. Danach wird einiges zum Verständnis grösserer sprachlicher Einheiten bei zweisprachigen Menschen ergänzt.

5.3.2 Wortschatzerwerb

5.3.2.1 Übersicht

Wenn das Kind mit etwa zwölf Monaten beginnt, erste Wörter zu äussern, dann sind diese meist phonologisch vereinfacht. Deren Bedeutung hat das Kind kontextgebunden in klar umschriebenen Situationen und referentiell für Objekte, Personen, Tiere, Handlungen usw. gebildet. Auch soziale Wörter wie ‚nein‘, ‚bitte‘ oder ‚ciao-ciao‘ sind häufig. In dieser ersten Phase wächst der Wortschatz nur langsam, weil er über assoziative Verknüpfungen innerhalb von Handlungen und Interaktionen mit den Bezugspersonen erfolgt. Erst allmählich löst sich das Wort von der Handlung und beginnt selbständig zu werden (Braun 2002, 204).

Um den 18. Monat erreicht das Kind die „magische 50-Wörter-Marke" (Grimm/Weinert 2002, 525). Es erkennt, dass Wörter Symbole sind und dass sie als Symbole für Kategorien oder für Klassen von Einheiten stehen. Es hat also eine Klassifikationsfähigkeit entwickelt. Damit kann der Wortschatzspurt einsetzen. Mit dem Wortschatzspurt werden täglich durchschnittlich acht bis zehn neue Wörter erworben (Rothweiler 2002, 265). Für dieses schnelle Wörterlernen setzt das Kind spezifische semantische Prinzipien oder Beschränkungen ein und stellt direkt eine repräsentative Beziehung zwischen Wort und Bedeutung her. Jetzt kann es schon nach ein- oder zweimaligem Hören eines Wortes einen referentiellen Bezug gewinnen, die Bedeutung identifizieren und die zugehörige

Wortform isolieren (Braun 2002, 204-205). Dieses so genannte ‚fast mapping‘ zusammen mit der Klassifizierungsfähigkeit und den semantischen Prinzipien ermöglicht den Wortschatzspurt. Die beim ‚fast mapping‘ aufgebaute vorläufige Bedeutung eines Wortes wird mit der Zeit ergänzt. Dafür muss das Kind das Wort in möglichst vielen verschiedenen Situationen – also semantischen Zusammenhängen – wie auch in syntaktischen Bezügen hören. Das Kind kann dabei nicht nur die sprachlichen Angebote nutzen, die direkt an es selbst gerichtet sind, es ist auch in der Lage, lediglich mitgehörte Gespräche für seinen Wortschatzerwerb zu nutzen.

In der Literatur ist man sich einig, dass die Bandbreite dessen, was man als normale sprachliche Entwicklung bezeichnen muss, sehr gross ist, da die Kinder in sehr unterschiedlichem Tempo voranschreiten. So kann der Wortschatz eines zweijährigen Kindes zwischen 40 und 650 Wörtern umfassen. Allerdings nimmt man an, dass ein Grenzwert von 50 Wörtern im Alter von zwei Jahren nicht unterschritten werden sollte, da dies nach heutiger Erkenntnis als Hinweis auf eine Spracherwerbsstörung betrachtet werden muss (Marschik u.a. 2005). Die individuellen Unterschiede bleiben im Laufe der weiteren Entwicklung sichtbar. Als Richtwert kann man jedoch davon ausgehen, dass ein dreijähriges Kind aktiv über mindestens 1.000 Wörter verfügt, ein fünf- bis sechsjähriges Kind aktiv über etwa 3.000 bis 5.000 Wörter und passiv über etwa 14.000 Wörter (Rothweiler 2002, 265).

Zu Beginn des Wortschatzspurtes überwiegen nach bisheriger Forschung im Deutschen die Nomina leicht. Für andere Sprachen ist das weniger klar. Sprachen unterscheiden sich darin, wie stark Nomen und Objekte gegenüber Verben und Handlungen gewichtet sind. Das hängt einerseits von den bevorzugten syntaktischen Strukturen ab und andererseits davon, welche Themen die Sprecher in ihren Interaktionen betonen (Pena u.a. 2003, 7). So erwerben beispielsweise Kinder in Englisch sprechendem Umfeld zu Beginn mehr Nomen, während Mandarin sprechende Kinder mehr Verben in ihrem frühen Wortschatz haben. In beiden Sprachen finden sich Gründe dafür in der an die Kinder gerichteten Sprache, die jeweils für die eine oder andere Kategorie eindeutigere Informationen liefert (Snedeker u.a. 2003). Hat der Wortschatz einen Umfang von 100 bis 400 Wörtern erreicht, dann erfolgt eine Ausdifferenzierung nach Wortarten. Nun nehmen anteilmässig im Deutschen Verben und Adverbien zu. Ab dem 3. Lebensjahr wird die Syntax zum Rahmen für die weitere Semantikentwicklung und für die Ausdifferenzierung des Wortschatzes (Braun 2002, 205), indem beispielsweise syntaktische Hinweise für den Aufbau der Verbbedeutungen genutzt werden. Zudem kann das Kind, ausgehend von Wörtern, die es bereits in seinem Wortschatz hat, die Bedeutung von unbekannten Wörtern erschliessen. Es ist also mit zunehmendem Alter weniger davon abhängig, zu jedem Wort konkrete Erfahrungen zu machen, weil es all sein erworbenes sprachliches und nicht sprachliches Wissen für den Erwerb von neuem Wissen einsetzen kann.

Eines der semantischen Prinzipien, auf die sich das Kind beim weiteren Worterwerb stützen soll, ist das ‚Prinzip des Kontrastes' (Clark 1993, 64). Es besagt, dass das Kind aus Unterschieden in der Form eines Wortes darauf schliesst, dass es sich auf unterschiedliche Bedeutungen bzw. Referenten bezieht. Ein neues Wort bezieht sich also jeweils auf ein neues Objekt und ist nicht ein weiterer Name für ein bereits bekanntes Objekt. Dieses Prinzip ist bei zweisprachigen Kindern besonders interessant. Würden sie es konsequent anwenden, dann würden sie für jeden Gegenstand und jede Handlung nur in einer Sprache ein Wort erwerben und keine Übersetzungsäquivalente in der anderen Sprache bilden. Übersetzungsäquivalente sind Wörter, die in der andern Sprache eine Entsprechung haben, die das Kind also direkt übersetzen kann. Manchmal werden sie auch Doubletten oder Synonyme genannt. Es stellt sich nun die Frage, ob zweisprachige Kinder das Prinzip des Kontrastes gar nicht nutzen, oder ob sie allenfalls fähig sind, es jeweils nur auf eine Sprache zu beziehen. In einer Untersuchung wurde festgestellt, dass sich ein- und zweisprachige Kinder erst ab etwa drei Jahren an dem Prinzip orientieren. Die zweisprachigen Kinder beginnen ab 3;6-4;0 Jahren zu unterscheiden, ob das Prinzip innerhalb einer Sprache angewendet werden soll oder zwischen den Sprachen. Innerhalb einer Sprache befolgen sie es, gehen also davon aus, dass neue Wörter nicht Synonyme sein sollen. Zwischen den Sprachen befolgen sie es nicht, sodass ein neues Wort durchaus einem Konzept zugeordnet werden kann, das in der anderen Sprache bereits ausgedrückt wird. So können sie weiterhin Übersetzungsäquivalente erwerben (Frank/Poulin-Dubois 2002, 142).

Zweisprachige Kinder durchlaufen die eben beschriebene Entwicklung gleich wie einsprachige Kinder. Allerdings sind bei ihnen aufgrund ihrer Wortproduktion in zwei Sprachen mehr Rückschlüsse darauf möglich, unter welchen Umständen sie ihre Wörter erworben haben. So wird bei ihnen stärker als bei einsprachigen Kindern hörbar, welche Bedeutung die Interaktion mit den Bezugspersonen und die im Beisein der Kinder benutzte Sprache hat. Deshalb sollen im Folgenden einige Aspekte vertieft werden, die für den Spracherwerb von zweisprachigen Kindern relevant sein können.

5.3.2.2 Umfang des Wortschatzes

Wie gross der Wortschatz eines Kindes ist, hängt von mehreren Faktoren ab. Wichtig ist vorerst die Fähigkeit des Kindes, physikalische Eigenschaften der gehörten Sprache für die Segmentation zu nutzen. Das Kind stützt sich auf Betonungsmuster, auf Prosodie und auf die Wiederholung von Wörtern in verschiedenen Wortkombinationen, um Wortformen aus dem Sprachfluss herauszulösen, also Wortgrenzen zu erkennen (Hoff/Naigles 2002, 420). Weiter scheint die Verarbeitungs- und Speicherkapazität, also das Arbeitsgedächtnis eine bedeutende Rolle zu spielen (Michael/Gollan 2005, 389). Und schliesslich ist es sehr wichtig, wie häufig und wie lange mit dem Kind gesprochen wird, wie komplex Wortschatz und Satzmuster sind, die das Kind hört, und wie häufig einzelne Wörter dabei immer wieder auftauchen (Hoff/Naigles 2002).

Für das zweisprachige Kind heisst dies, dass sein Gesamtwortschatz unter anderem davon abhängt, welche Bedeutung Sprache in seinem Umfeld hat, ob man mit dem Kind und in seiner Anwesenheit überhaupt sprachlich interagiert. Dazu hängt der Wortschatz jeder einzelnen Sprache davon ab, in welchem Ausmass diese Sprache im sprachlichen Umfeld vertreten ist.

Einzelfallberichte über zweisprachige Kinder erwähnen zwar den Wortschatz (z.B. Ronjat 1913; Saunders 1988 oder Leopold 1970a) und berichten über keinerlei Entwicklungsunterschiede beim produktiven Wortschatz, leider gibt es jedoch nur wenige grössere Untersuchungen zu diesem Thema. Dennoch wird des öfteren behauptet, dass zweisprachige Kinder in den Einzelsprachen über einen kleineren rezeptiven und produktiven Wortschatz verfügen als ihre einsprachigen Altersgenossen. Die meisten Forscher stimmen jedoch darin überein, dass bei zweisprachigen Erwachsenen kein kleinerer Wortschatz mehr nachgewiesen werden kann (Michael/Gollan 2005, 393). Ob die Behauptung des kleineren rezeptiven und produktiven Wortschatzes zutrifft, wurde bisher wenig systematisch überprüft.

Eine der wenigen Studien zu diesem Thema ist eine Langzeitstudie aus den 1990er Jahren. Sie wurde mit ein- und zweisprachigen Kindern zwischen acht und 30 Monaten in Miami durchgeführt. Dabei waren beim rezeptiven Wortschatz keine, beim produktiven Wortschatz nur geringfügige Unterschiede zwischen den ein- und zweisprachigen Kindern festzustellen. Tendenziell verfügten die zweisprachigen Kinder über einen etwas grösseren Gesamtwortschatz. Dabei wurden alle Konzepte bzw. Bedeutungen zusammengezählt, unabhängig davon, in welcher Sprache sie ausgedrückt wurden. Übersetzungsäquivalente wurden nur einmal gezählt. Auch wenn man die unterschiedlichen Wortformen beider Sprachen zusammenzählte, also die Übersetzungsäquivalente zweimal zählte, dafür gleich klingende Wörter nur einmal, dann existierte kein Unterschied zwischen ein- und zweisprachigen Kindern. Betrachtet man jede Sprache einzeln, dann war der jeweilige Wortschatz zweisprachiger Kinder etwas kleiner als derjenige von einsprachigen Altersgenossen (Pearson u.a. 1993, 117). Die Zuwachsraten entsprachen denen einsprachiger Kinder. Ein Wortschatzspurt fand bei ähnlich vielen bilingualen Kindern statt wie bei einsprachigen, manchmal nur in einer der Sprachen und nie in beiden Sprachen gleichzeitig (Pearson/ Fernandez 1994, 637). Die Resultate dieser Studie wurden von späteren Untersuchungen mit zweisprachigen Kindern bis zu drei Jahren bestätigt (Patterson 1998; Junker/Stockman 2002).

Trotz der überraschend geringen Unterschiede zwischen ein- und zweisprachigen Kindern scheint sich zumindest der Anteil einer Sprache am linguistischen Gesamtangebot auf den Wortschatz auszuwirken. So zeichneten sich bei Pearson und ihren Kolleginnen (1997, 47-54) sprachliche Veränderungen im Betreuungsumfeld jeweils im Wortschatz ab, allerdings mit einer gewissen Verzögerung. Der Wortschatz eines Monats bildete deshalb nicht die sprachliche Umgebung desselben Monats ab, sondern diejenige des vorhergehenden. Ausserdem erwarben die englisch-spanischsprachigen Kinder dieser Studie umso mehr Spanisch, je mehr sie davon hörten. Die Autorinnen bemerkten überrascht, dass die Kinder anscheinend mehr spanischen Input benötigten, um dieselbe Anzahl Wörter wie in Englisch zu erwerben, obwohl sie in einer Spanisch sprechenden Gemeinschaft in Miami lebten. Die Autorinnen schlossen daraus, dass es für Kinder anscheinend schwieriger ist, Spanisch zu erwerben als Englisch (Pearson u.a. 1997, 51).

Eine mögliche Erklärung dafür könnten Zusammenhänge mit anderen linguistischen Entwicklungsbereichen wie der Morphologie sein. Dies ist jedenfalls die Interpretation einer Forschungsgruppe, die einsprachige Kinder im Alter von acht bis 30 Monaten beim Erwerb von Amerikanisch und Kroatisch verglichen. Sie stellten fest, dass die Entwicklung sehr ähnlich verlief. Allerdings gab es Momente, in welchen die kroatischen Kinder weniger schnelle Fortschritte machten. Die Autorinnen führten dies darauf zurück, dass die Kinder während dieser Zeit damit beschäftigt waren, komplexe morphologische Strukturen der kroatischen Sprache zu erwerben, die sie benötigten, um ihren Wortschatz sinnvoll anwenden zu können. Sobald sie diese Strukturen, die wesentlich komplexer sind als vergleichbare Strukturen im Englischen, erworben hatten, holten die Kinder den Rückstand im Wortschatzerwerb wieder auf (Kovacevic u.a. 1998).

Für zweisprachige Kinder könnte dies bedeuten, dass der Wortschatzerwerb in einer ihrer Sprachen einige Zeit gebremst werden kann, weil sie sich um einen anderen sprachlichen Aspekt kümmern müssen, sei er morphologischer oder syntaktischer Natur. Das Vokabular verschiedener Sprachen muss und kann sich demnach auch aus strukturellen Gründen nicht immer parallel entwickeln.

Auch nach dem Wortschatzspurt bleibt die Quantität des Sprachangebotes in einer Sprache mit dem Wortschatzaufbau verknüpft. Das zeigt die Studie von Schaerlaekens, Zink und Verheyden (1995). Sie untersuchten ein- und zweisprachige Kinder (Niederländisch und Französisch) in belgischen Kindergärten, in denen Niederländisch gesprochen wurde, und zwar im Alter von drei, vier und fünf Jahren. Dabei interessierten sie sich vor allem für den Erwerb des Niederländischen im Hinblick auf die Einschulung. Interessantes Resultat ist die anscheinend ausgleichende Wirkung des Kindergartens auf den Spracherwerb. In der Querschnittuntersuchung mit drei Jahren konnte hinsichtlich des niederländischen Vokabularumfangs noch eine klare Rangreihe erstellt werden: Den ersten Platz belegten die einsprachigen niederländischen Kinder, die den Kindergarten in einer klar einsprachigen Region besuchten. Auf dem zweiten Platz folgten die einsprachigen niederländischen Kinder, deren Kindergarten sich in einem mehrsprachigen Umfeld befand und die viele zweisprachige Kolleginnen und Kollegen hatten. Auf dem dritten Platz kamen die zweisprachigen Kinder (Niederländisch und Französisch) im gleichen Umfeld, und auf dem letzten Platz die französischsprachigen Kinder, die den Niederländischerwerb erst in diesem mehrsprachigen Umfeld im niederländischen Kindergarten begannen. In der Längsschnittuntersuchung wurde der Unterschied zwischen den Gruppen immer kleiner. Die ein- und zweisprachigen Kinder, die den Kindergarten im gleichen Umfeld besuchten, unterschieden sich bereits zum zweiten Messzeitpunkt mit vier Jahren nicht mehr. Die Ausgeglichenheit bestätigte sich mit fünf Jahren nochmals (Schaerlaekens u.a. 1995, 478-488).

Leider gibt es für ältere Kinder keine Studien im Bereich des bilingualen Erst-spracherwerbs. Es wäre interessant, den Einfluss von Schulunterricht in nur einer der Sprachen zu untersuchen. Es ist jedoch anzunehmen, dass ein solch in-tensives sprachliches Angebot dazu führt, dass in der betreffenden Sprache der Wortschatz schneller wächst als in der nicht für die Schule verwendeten Spra-che. Die Studie von Schaerlaekens, Zink und Verheyden (1995) mit jüngeren Kindern deutet darauf hin. Auch Elternratgeber wie der von Burkhardt Monta-nari (2000) und die Zweitspracherwerbsforschung berichten von solchen nach Lebensbereichen unterschiedlich entwickelten Wortschätzen.

5.3.2.3 Struktur des Wortschatzes

Auf der semantisch-lexikalischen Ebene bestimmt das sprachliche Angebot, in welcher Sprache wie viele Wörter erworben werden und wie viele Wörter der Gesamtwortschatz umfasst. Das Kind kann nur Wörter erwerben, die es hört (oder später liest). Da der Wortschatzerwerb sehr stark mit Erlebnissen und Er-fahrungen des Kindes verknüpft ist, sind die Bezugspersonen und die durch sie vermittelten Erfahrungen und Sprachangebote mitentscheidend dafür, welche Art von Wortschatz das Kind aufbaut. So widerspiegeln sich Unterschiede in der kindlichen Umwelt in unterschiedlich strukturierten und differenzierten semanti-schen Feldern. Ein semantisches Feld beinhaltet Wörter unterschiedlicher Kate-gorien, die inhaltlich zu einem Thema gehören. Bei zweisprachigen Kindern werden also nicht nur die Differenziertheit des Wortschatzes und der Ausbau bestimmter semantischer Felder vom Input bestimmt, sondern auch, in welcher Sprache ein bestimmtes Feld aufgebaut wird. Findet die Auseinandersetzung mit bestimmten Lebensbereichen vor allem durch eine Sprache statt, so wird der Wortschatz dieser Sprache in den entsprechenden semantischen Feldern wesent-lich differenzierter sein.

Beispiel 39
Tracy (1996) illustriert dies mit einem schönen Beispiel: „Ein bilinguales Kind, das ausschliesslich mit dem englischsprachigen Elternteil mit der Eisenbahn spielt, dabei selbst Englisch spricht und in bezug auf Eisenbahnen über einen Wortschatz verfügt, der jedem Vergleich mit monolingualen englischsprachigen Kindern standhalten kann, mag beim Spielen mit denselben Gegenständen mit deutschsprachigen Gesprächspartnern völlig andere Verhaltensweisen an den Tag legen. Um nur eine Möglichkeit zu nennen: Das Kind verhält sich wort-karg; es bezeichnet ein Objekt, dessen Bezeichnung ihm auf Englisch bestens vertraut ist, auf Deutsch als ‚Ding'; oder es entlehnt das englische Wort unter mehr oder weniger grosser phonologischer Anpassung. Beim nächsten Spiel-

kontext mag es sich dann umgekehrt verhalten, sofern diesmal der deutsche Wortschatz umfangreicher ist" (Tracy 1996, 74).

Die Umgebung bestimmt also mit, für welche Themen ein Kind in welchen Sprachen einen differenzierten Wortschatz entwickelt. Es ist somit folgerichtig, dass auch die Anzahl der Übersetzungsäquivalente von den Umständen des Spracherwerbs abhängt. Kinder, die in sprachlich gemischten Familien aufwachsen und beide Sprachen in derselben Umgebung erwerben, sollen über viele Übersetzungsäquivalente verfügen. Bei Kindern, die ihre Sprachen von einsprachigen Personen in unterschiedlichen Umgebungen erwerben, finden sich hingegen viele unübersetzbare Wörter in ihrem Wortschatz (Pearson/Fernandez 1994, 645). So lassen sich auch die grossen Unterschiede in der Anzahl der beobachteten Übersetzungsäquivalente bei Frank und Poulin-Dubois erklären (2002, 139). Mit 27 Monaten schwankte diese zwischen 9% und 79%, mit 35 Monaten sogar zwischen 1% und 95%. Es scheint also Kinder zu geben, bei denen der Wortschatz beider Sprachen fast deckungsgleich ist, und andere, die nur über sehr wenige äquivalente Wörter in beiden Sprachen verfügen. Bei solchen Angaben ist jedoch Vorsicht geboten, hängt es doch sehr vom Beobachtungsinstrument und von den Kriterien für ein Äquivalent ab, ob man ein solches findet oder nicht. Abgesehen davon, dass man diskutieren kann, wie synonym Wörter im Allgemeinen und Wörter verschiedener Sprachen im Besonderen sein können, stellt man gerade bei sehr jungen Kindern fest, dass sie Synonyme mit unterschiedlichen Bedeutungen versehen, die ihnen Erwachsene so nicht zuschreiben.

Unterschiede im Wortschatz der beiden Sprachen können auch sprachspezifisch sein, also mit dem Typ der Sprache und mit den an die Sprache gebundenen kommunikativ-pragmatischen Regeln zusammenhängen. Auf diesen Punkt weisen Pena, Bedore und Rappazzo (2003, 7) hin. Sie beschreiben am Beispiel des Sprachenpaares Englisch und Spanisch sprachspezifische Unterschiede in der semantisch-lexikalischen Entwicklung. So erwerben Spanisch sprechende Kinder differenzierte räumliche Konzepte später, weil diese weniger eindeutig sprachlich markiert werden. Auch die Art und Weise, wie Objekte verglichen werden, das Verständnis von Beziehungen zwischen Teil und Ganzem, Analogiebildungen oder auch Wortdefinitionen unterscheiden sich in den beiden Sprachen. Das bedeutet, dass der Wortschatz bzw. das mentale Lexikon sprachspezifisch unterschiedliche Eigenschaften aufweist und die Entwicklung in den beiden Sprachen nicht parallel verlaufen kann. Einfache Übersetzungen von Tests im semantisch-lexikalischen Bereich werden solchen Unterschieden wohl selten gerecht, sodass die lexikalischen Fähigkeiten der Kinder möglicherweise öfter unterschätzt werden, und zwar nicht nur quantitativ, sondern auch qualitativ. Bezüglich der Organisation des mentalen Lexikons ist zu erwähnen, dass Wörter anscheinend immer besser und auf anderen Ebenen mit anderen Lexikoneinträgen verknüpft werden, je vertiefter sie gelernt werden. Diese Schlussfolgerung zieht auch Namei (2004) aus ihrer Untersuchung von zweisprachigen Personen zwischen sechs und 22 Jahren, die Schwedisch und Persisch sprechen, und den jeweiligen einsprachigen Kontrollgruppen. Neu gelernte Wörter, deren Bedeutung nicht bekannt ist, rufen häufig phonologisch ähnliche Assoziationen wach. Ist die Bedeutung eines Wortes bereits teilweise erworben, dann ruft es anscheinend vor allem Assoziationen auf, die syntaktisch bedingt sind. Gut bekannte Wörter schliesslich rufen semantisch begründete Assoziationen auf (Namei 2004, 382). Phonologisch ist eine Assoziation, wenn der Versuchsperson bei Nennung eines Wortes wie ‚Futter' ‚Mutter' einfällt. Inhaltlich haben beide wenig miteinander zu tun, phonologisch sind sie bis auf einen Laut gleich. Das Beispiel 8 vom ‚Wanderschuh' und der ‚Wand' deutet auf eine solche phonologische Assoziation hin. Unter syntaktisch bedingten Assoziationen versteht Namei (2004, 371) Wörter mit syntagmatischen Beziehungen, die unterschiedlichen grammatikalischen Kategorien angehören können, aber nicht müssen, und die miteinander in einer grammatikalisch wohlgeformten Äusserung vorkommen können. Beispiele für solche Beziehungen sind ‚fallen – herunter', ‚Ball – rund' oder ‚Hund – bellt'. Sind die Assoziationen nur noch semantisch bedingt, dann besteht die Bedingung nicht mehr, dass die beiden Wörter in einem einzigen Satz vorkommen können. Sie sind inhaltlich miteinander verknüpft.

Das mentale Lexikon scheint sich mit zunehmendem Alter immer stärker semantisch zu organisieren, ab zehn Jahren kamen in der Studie von Namei phonologische Assoziationen nur noch selten vor. Es gibt aber gemäss Autorin im mentalen Lexikon immer Wörter in jedem Erwerbsstadium, weil laufend neue Wörter gelernt werden. Allerdings sind es die hoch frequenten Wörter, die zur besten semantischen Vernetzung gelangen (Namei 2004, 382).

Damit die Wörter besser vernetzt werden können, ist das Kind auf vielfältige und umfassende Sprachangebote angewiesen. Dass die Häufigkeit, mit der ein Wort gebraucht wird, so wichtig für seine gute Vernetzung ist, erklärt möglicherweise auch die besondere Stellung eines bestimmten Worttyps im mentalen Lexikon von zweisprachigen Menschen. Gemeint sind Wörter, die sowohl in der Wortform wie auch in ihrer Bedeutung in beiden Sprachen ähnlich sind, z.B.

‚guitar – Gitarre – gitarra' oder ‚carrot – Karotte'. Sie werden häufig ‚Cognates' genannt oder auch ‚Übersetzungspaare' (Schelletter 2002, 94). Diese Wörter können, gleich wie die Eigennamen (Michael/Gollan 2005, 397), von Zweisprachigen schneller und sicherer abgerufen werden als andere Wörter, was sich beispielsweise bei Übersetzungsaufgaben mit Erwachsenen zeigt.

Die Ähnlichkeit der Form scheint bereits den Erwerb dieser Wörter zu erleichtern, zumindest beim frühen Wortschatzerwerb (Schelletter 2002, 99). Das Vorkommen und der Gebrauch des Wortes in jeder einzelnen Sprache trägt dazu bei, dass die Wortform besser gespeichert wird und sich die Bedeutung stärker vernetzt. Das führt schliesslich dazu, dass das Wort leichter wieder abgerufen werden kann, womit seine Verwendung wiederum wahrscheinlicher wird. Ein ähnlicher Effekt, wenn auch nicht ganz so ausgeprägt, ist bei den Übersetzungsäquivalenten erkennbar. Die Wörter, für die eine zweisprachige Person eine Übersetzung kennt, kann sie schneller und sicherer abrufen. Sie scheinen also stärker im mentalen Lexikon vernetzt zu sein als Wörter, die nur in einer Sprache vorhanden sind (Michael/Gollan 2005, 397). Bei Übersetzungsäquivalenten erfolgt die Vernetzung allerdings nicht über die Form, sondern über die Bedeutung, also semantisch. Häufigkeitseffekte zeigen sich also bei zweisprachigen Kindern und ihrem Lexikon in mehrerer Hinsicht.

5.3.3   Zum Sprachverständnis

„Das Sprachverständnis baut auf den Erfahrungen des Kindes mit der Personen- und Gegenstandswelt auf, integriert diese und bildet so die Brücke zwischen der vorsprachlichen und sprachlichen Kommunikation" (Zollinger 1995, 57). Obwohl es sich um einen besonders wesentlichen Entwicklungsbereich handelt, stellen sich für die Untersuchung des Sprachverständnisses eine ganze Reihe von Problemen. Eine grosse Schwierigkeit besteht darin, dass sich Sprachverständnis und damit auch dessen Störungen nie direkt beobachten lassen. „Was beobachtbar ist, sind ausbleibende Handlungen (er hat nicht zugehört) oder Handlungen, welche aufgrund der geäusserten Wörter nicht erwartet werden (er hat mich falsch verstanden)" (Zollinger 1991, 118). Es ist jedoch sehr schwierig, aus solchen Beobachtungen zu eruieren, weshalb ein Kind nicht adäquat reagiert hat, da eine Vielzahl von Faktoren sein Verhalten beeinflusst haben können. Dieselbe Einschränkung gilt natürlich auch für das Sprachverständnis zweisprachiger Kinder. Nur selten hat man so deutliche Anhaltspunkte wie im folgenden Beispiel, wie ein Sprachverständnisproblem zustande gekommen sein könnte:

Beispiel 40

A. (4;0) hat Geburtstag, und die Familie hatte sich eben darüber unterhalten, dass er jetzt vier Jahre alt ist. Etwas später beim Ankleiden deutet der Vater einzeln auf A. und seinen Bruder und bezeichnet die Kinder liebevoll als seine Goldstücke (solche poetischen Kosewörter sind im Türkischen viel üblicher als im Deutschen):

Vater: „Benim altınlarım nerede?" *(Wo sind meine Goldstücke?* Er zeigt auf A., dann auf A.s Bruder und zählt dazu: „Bir ... iki" *(Eins ... zwei)*

A. ruft: „Hayır ... dört!" *(Nein ... vier!)* ... und zeigt vier Finger.

(Normaldruck Türkisch, Kursivdruck deutsche Übersetzung)

Anscheinend hat A. das türkische Wort „altın" mit dem deutschen Adjektiv „alt" in Verbindung gebracht, das für ihn im Moment aufgrund seines Geburtstages sehr zentral und bedeutungsvoll ist. Deshalb bezieht er das Zählen nicht auf die Kinder, auf die sich „Goldstücke" bezogen hatte, sondern auf die Anzahl Jahre, die er schon alt ist. Es könnte sich also um eine Interferenz des Deutschen auf das Türkische im Sprachverständnisbereich handeln, und zwar ausgelöst durch die phonologische Ähnlichkeit der beiden Wörter.

Die zweite grosse Herausforderung besteht darin, dass Sprachverständnis eine äusserst komplexe Leistung ist, die mit allen anderen Sprachebenen sowie der kognitiven Entwicklung sehr dicht verwoben ist. Wortbedeutungen und Satzbedeutungen zu verstehen, die bereits mehr als die Summe ihrer Wort- und Morphembedeutungen sind, genügt noch nicht. Zu einem voll entwickelten Sprachverständnis gehört das Verstehen von Geschichten, Texten aller Art, Witzen mit ihren Zweideutigkeiten und vieles mehr. Damit wird deutlich, wie wichtig in diesem Zusammenhang auch pragmatische Kompetenzen sind, da gleiche Äusserungen in unterschiedlichem Kontext völlig verschiedene Bedeutungen haben können (vgl. Vater 1999, 144-149). Macht man sich diese Komplexität klar, so kann es eigentlich nicht mehr erstaunen, dass die Erforschung des Sprachverständnisses lange Zeit für die Spracherwerbsforschung kaum ein Thema war. Diese Tendenz setzte sich auch in der Zweisprachigkeitsforschung fort, sodass in der Literatur wenig Aussagen zum Sprachverständnis bilingualer Kinder zu finden sind. Es bleibt bei allgemeinen Angaben wie derjenigen, dass viel mehr Wörter in beiden Sprachen verstanden als produziert werden (Saunders 1988, 51), und dass die Kinder im Wortschatz mit einsprachigen Altersgenossen vergleichbar sind (Pearson u.a. 1997).

Bei Erwachsenen hingegen wurden im Zusammenhang mit Code-Switching einige Fragestellungen untersucht. Aus diesen Untersuchungen hat sich ergeben, dass Bilinguale einen Text, der Code-Switches beinhaltet, genauso gut verstehen wie einen rein einsprachigen Text (Guillelmon 1994, 49). Der Sprachwechsel wird jedoch mit einer geringfügigen Verzögerung wahrgenommen, weil der Hörer zu Beginn des Code-Switches noch auf die Basissprache eingestellt ist und deshalb etwas Zeit benötigt, um umzustellen. Deshalb ist es besonders günstig, wenn Bilinguale bei der Produktion eines Code-Switches sehr schnell und präzise sind und damit dem Hörer ganz eindeutige Merkmale für die Identifikation des Sprachwechsels liefern (Grosjean/Miller 1994, 201-204).

Aufgrund der bisher sehr eingeschränkten Forschungslage kann vorläufig angenommen werden, dass sich die Entwicklung des Sprachverständnisses bei bilingualen Kindern nicht wesentlich von demjenigen einsprachiger Kinder unterscheidet. Gäbe es grössere Abweichungen, dann hätte dies im Verlaufe der Untersuchungen mit zweisprachigen Kindern auffallen müssen, sodass zumindest ein Verdacht geäussert worden wäre. Dies umso mehr, als lange Zeit ausdrücklich nach Unterschieden in der Entwicklung von ein- und zweisprachigen Kindern gesucht worden war.

5.3.4 Fazit zu den semantisch-lexikalischen Kompetenzen

Grundsätzlich unterscheidet sich die Entwicklung zweisprachiger Kinder auf der semantisch-lexikalischen Ebene nicht von derjenigen einsprachiger Kinder. Auch in diesem Bereich wird immer wieder betont, dass die individuellen Unterschiede wesentlicher sind als die Unterschiede zwischen ein- und zweisprachigen Kindern. Dennoch ist es für eine angemessene Beurteilung des Wortschatzes wichtig, Art und Ausmass des sprachlichen Angebotes zu berücksichtigen:
- Je reicher das sprachliche Umfeld eines Kindes ist, desto grösser und reicher wird sein Wortschatz sein, unter der Bedingung, dass es die persönlichen Voraussetzungen zur Verarbeitung von sprachlichen Äusserungen mitbringt. Dazu gehören die Segmentierungsfähigkeit und ein gutes Arbeitsgedächtnis. Der zweisprachige Wortschatz des Kindes wird deshalb auch widerspiegeln, in welchem Ausmass welche Sprache im Umfeld vorhanden ist. In der häufiger angebotenen Sprache wird ein grösserer Wortschatz aufgebaut.

- Die Zusammensetzung des Wortschatzes lässt die Bedingungen des Spracherwerbs erkennen: Übersetzungsäquivalente erwirbt das Kind von Anfang an,
  falls es dieselben Bedeutungen sprachlich ausdrücken will und die entsprechenden Wörter hört. Je grösser der Wortschatz des Kindes, desto mehr
  Übersetzungsäquivalente findet man darin. In welchen semantischen Feldern
  (z.B. Schule, Eisenbahn, Essen, Bauernhof) der Wortschatz besonders differenziert ist, hängt davon ab, welche Themen für das jeweilige sprachliche
  Umfeld wichtig sind. Nur zu den Themen, die häufig vorkommen, kann das
  Kind einen breiten und tiefen Wortschatz aufbauen.

- Die Art des Wortschatzes hängt aber nicht nur von den Erfahrungen des Kindes ab, er kann auch sprachspezifisch, und zwar sprachstrukturell bedingt
  sein. So hängt es von der Struktur der einzelnen Sprache ab, ob zu Beginn
  eher Nomen oder Verben überwiegen. Ab einem Wortschatz von 100 bis 400
  Wörtern beginnen sich die Wortarten auf jeden Fall auszudifferenzieren.

- Auch das Tempo des Wortschatzerwerbes kann sprachspezifisch variieren.
  Zwar beginnen zweisprachige Kinder gleichzeitig wie einsprachige mit der
  Wortproduktion, und sie bauen ihren Gesamtwortschatz in vergleichbarem
  Tempo auf. Die beiden Sprachen entwickeln sich aber nicht immer parallel.
  Das kann sprachstrukturelle Gründe haben, wenn das Kind beispielsweise in
  einer seiner Sprachen erst ein morphologisches oder syntaktisches Problem
  lösen muss, bevor es seinen Wortschatz weiter aufbauen kann. Es wäre also
  nicht angemessen, wenn man jederzeit in der Entwicklung denselben Wortschatz und dieselben Zuwachsraten in beiden Sprachen erwarten würde.

Zusammenfassend kann man sagen, dass sich der Wortschatz der dominanten
Sprache eines zweisprachigen Kindes mit demjenigen von einsprachigen Kindern vergleichen lässt. Bei ausgeglichener Zweisprachigkeit befinden sich die
Einzelwortschätze ebenfalls im unteren bis mittleren Normbereich der einsprachigen Entwicklung. Allerdings können hier die semantischen Felder unterschiedlich differenziert entwickelt sein. Lediglich in einer schwachen Sprache
kann der Wortschatz gegenüber demjenigen eines einsprachigen Kindes wesentlich geringer sein. Wie stark dies der Fall ist, hängt vom Ausmass des Sprachangebotes in dieser Sprache ab.

Will man bei der Beurteilung des Wortschatzes dem zweisprachigen Kind gerecht werden, dann sind auf jeden Fall beide Sprachen einzubeziehen. Ein mög-

licher Vergleichswert ist die Gesamtzahl der unterschiedlichen Wortformen in beiden Sprachen, ein anderer die Gesamtzahl der Bedeutungen, die ein Kind in beiden Sprachen ausdrückt. Dieser Wert ist besonders wichtig, weil er Hinweise auf die kognitive Entwicklung des Kindes und damit auch auf die schulischen Entwicklungsmöglichkeiten geben kann.

Bezüglich des Sprachverständnisses gibt es leider sehr wenig Forschung im Bereich zweisprachiger Kinder. Konkret untersucht wurde lediglich das Wortverstehen, also der passive Wortschatz. Hier liess sich kein Unterschied zu einsprachigen Kindern beobachten. Bei Erwachsenen wurde festgestellt, dass Code-Switching ihr Sprachverständnis nicht beeinträchtigt. Sie verstehen gleich gut, unabhängig davon, ob nur eine oder beide ihrer Sprachen verwendet werden.

Ansonsten scheint die Entwicklung des Sprachverständnisses keine Besonderheiten aufzuweisen, da es in der langen Forschungstradition zur Zweisprachigkeit kaum eines Kommentares für würdig befunden wurde. Bis auf weiteres kann man also davon ausgehen, dass zweisprachige Kinder dieselben Entwicklungsschritte machen wie einsprachige.

5.4 Morphologisch-syntaktische Kompetenzen

5.4.1 Die Erwerbsaufgabe

Sowohl bei der Morphologie wie auch bei der Syntax geht es um regelhafte Markierungen, durch die Zusammenhänge hergestellt und damit Bedeutungen geschaffen werden. Deshalb werden diese Bereiche oft gemeinsam betrachtet. Bei der Morphologie handelt es sich um die Regeln der Wortbildung und der Flexion. Wörter werden aus Morphemen gebildet. Ein Morphem ist „ein einfaches sprachliches Zeichen, das nicht mehr in kleinere Einheiten mit bestimmter Lautung und Bedeutung zerlegt werden kann" (Meibauer 2002, 29). Bedeutung wird hier in dem Sinne verwendet, dass Morpheme im Unterschied zu den Silben, die keine Bedeutung tragen, eine bestimmte Lautung und mindestens eine ausserphonologische, z.B. semantische oder syntaktische Eigenschaft aufweisen. Einfache Wörter wie ‚Haus', ‚rot' oder ‚auf' sind Morpheme, welche die unverzichtbaren Kerne von Wörtern darstellen. Deshalb nennt man sie auch Wurzeln. In der Regel können Wurzeln alleine stehen und werden deshalb freie Morpheme genannt, im Gegensatz zu Morphemen, die nicht alleine stehen können und gebundene Morpheme oder Affixe genannt werden. Affixe können vor der Wurzel stehen, dann heissen sie Präfixe, oder sie können als Suffixe nach der Wurzel stehen (Meibauer 2002 29).

Nach bestimmten sprachspezifischen Regeln können aus Morphemen Wörter gebildet werden, die sich in der Bedeutung oder in ihren syntaktischen Eigenschaften verändern. Ausserdem kommen Wörter meistens in Sätzen vor oder zumindest in Äusserungen, die in einen Kontext eingebettet sind. Hier nehmen sie eine bestimmte Wortform an. Wortformen unterscheiden sich in ihren Flexionsmerkmalen oder grammatischen Merkmalen. Je nachdem, welche syntaktische Funktion ein Wort einnimmt, verändert sich seine Wortform, jedoch nicht seine Lexikoneinheit. So tritt im Satzbeispiel „Ich sehe die Schuhe" die Lexikoneinheit „Schuh" in der Wortform „Schuhe" auf. Das Element „-e" ist hierbei ein Flexionselement, ein so genanntes Flexiv. Ein Flexiv ist also ein Morphem, welches man dazu benutzt, eine spezifische Wortform zu bilden. Als Flexionsmerkmale kommen folgende Klassen in Frage: Numerus, Genus, Person, Kasus, Tempus, Modus, Genus verbi (aktiv, passiv) und Komparation. Nicht alle Wortarten sind von der Flexion betroffen (Meibauer 2002, 21-22). Welche Wortarten in welcher Form betroffen sind, hängt von der jeweiligen Sprache ab. So müssen beispielsweise im Deutschen die Merkmale Anzahl, Geschlecht, Fall und Bestimmtheit am Artikel gekennzeichnet werden (z.B. für den Singular: ein Hund – der Hund – des Hundes – dem Hund – den Hund), während im Englischen nur das Merkmal Bestimmtheit (z.B. für den Singular: a dog – the dog) markiert werden muss (Grimm/Weinert 2002, 518).

Anhand der Wortstruktur, also anhand der Frage, wie Wörter gebildet und flektiert werden, können Sprachen in die Kategorien isolierend, flektierend, agglutinierend und polysynthetisch eingeteilt werden. Isolierende Sprachen wie das Chinesische kennen keine eigentlichen Flexionsmorpheme. Um Homonyme, das heisst gleichlautende Wörter mit unterschiedlicher Bedeutung, zu unterscheiden, können jedoch weitere Wörter hinzugesetzt werden. Deutsch ist als indogermanische Sprache eine flektierende Sprache, in der es nicht-flektierende (Konjunktionen, Präpositionen, Interjektionen) und flektierende Wörter gibt. Typisch für die Flexive ist, dass sie oft mehrere Bedeutungseinheiten enthalten. Dies gilt sowohl für die Deklination der Nomen als auch für die Konjugation der Verben. So gibt „-en" in „Tagen" gleichzeitig Plural und Dativ, „-st" in „fischst" die 2. Person und den Singular an. Die agglutinierenden Sprachen wie Ungarisch, Finnisch oder Türkisch weisen diese Mehrdeutigkeit nicht auf. Hier sind die Flexive stets nur mit einer Funktion versehen. So ergeben sich zwar längere Sequenzen als in flektierenden Sprachen, weil für jede Funktion ein separates Flexiv angefügt werden muss, dafür ist der Bau transparenter. Die komplexesten Wörter findet man jedoch in den polysynthetischen Sprachen (z.B. Inuktitut). Ein einziges Wort kann so komplex sein, dass es im Deutschen nur durch ganze Sätze wiedergegeben werden kann (Vater 1999, 72-74). Gerade die Eindeutigkeit oder Mehrdeutigkeit von Flexiven, also die Transparenz eines morphologischen Systems, scheint sich auf dessen Erwerb auszuwirken. Das wird später noch zu sehen sein.

Syntax beschreibt auf einer hierarchisch höheren Organisationsebene diejenigen Kategorien und Regeln, welche die Kombination von Wörtern zu Sätzen erlauben. Jede Sprache hat ihre eigenen Prinzipien, nach denen sie Sätze generiert. Aber auch hier gibt es Sprachtypen, die nach ähnlichen Prinzipien funktionieren. Die drei häufigsten Grundordnungen sind nach Dannenbauer (2000, 139):

Subjekt – Verb – Objekt (SVO)   z.b. Englisch und Französisch

Subjekt – Objekt – Verb (SOV)   z.b. Türkisch und Japanisch

Verb – Subjekt – Objekt (VSO)   z.b. Irisch und Althebräisch

Mit der Grundstellung sind ausgeprägte Trends für bevorzugte Stellungen weiterer Satzkomponenten verbunden. Steht das Verb beispielsweise vor dem Objekt, dann gehen meist auch die Hilfsverben dem Vollverb voraus (hat ... geholt), folgen die Adverbien dem Verb (schreibt demnächst), und Präpositionen werden vor das Nomen gestellt (im Haus). Englisch hat alle diese Tendenzen, Deutsch meistens auch. Bei Objekt-Verb-Sprachen sind die Trends genau umgekehrt (Dannenbauer 2000, 139).

Deutsch hat insofern eine Sonderstellung, als es nicht so eindeutig einem Typ zuzuordnen ist. Betrachtet man den Hauptsatz, so gehört Deutsch dem SVO-Typ an. Die Verbzweitstellung gibt es jedoch nur im Hauptsatz. Im Nebensatz, der mit Konjunktionen wie ‚dass', ‚weil' oder ‚nachdem' eingeleitet wird, gilt die Verbendstellung, also die Grundordnung SOV.

Hauptsatz: Der Bauer melkt die Kuh.

Nebensatz: ..., weil der Bauer die Kuh melkt.

Nach Dannenbauer (2000, 140) nehmen deshalb manche Linguisten an, dass die SOV-Stellung des Nebensatzes die grundlegende Ordnung des Deutschen sei, von der die SVO-Stellung des Hauptsatzes abgeleitet werde. Je nachdem, zu welchem Sprachtyp man Deutsch zählt, hat dies Auswirkungen darauf, welche Schritte für den frühen Grammatikerwerb als normal und wichtig angesehen werden.

Die Erwerbsaufgabe des mehrsprachigen Kindes besteht also darin, die komplexen Wortbildungs- und Wortstellungsregeln seiner Umgebungssprachen zu entdecken, für sich produktiv werden zu lassen und die unterschiedlichen Verfahrensweisen auf beide Sprachen korrekt anzuwenden, also nicht die Regeln der einen Sprache auf die andere anzuwenden.

5.4.2 Theoretische Sicht auf mehrsprachige Grammatikentwicklung

In den vergangenen Jahrzehnten hat sich das Verständnis der Grammatikentwicklung zweisprachiger Kinder sehr verändert. Lange Zeit wurde angenommen, dass die Kinder zu Beginn ein einziges Sprachsystem entwickeln, welches sie erst mit der Zeit in zwei unterschiedliche Systeme ausdifferenzieren. Diese Vorstellung wurde von Volterra und Taeschner 1978 in einem dreistufigen Modell des zweisprachigen Spracherwerbs beschrieben. Auf der ersten Stufe benutzt das Kind willkürlich Wörter aus beiden Sprachen und kombiniert sie auch in seinen Zwei- und Mehrwortäußerungen frei. Auf der zweiten Stufe verfügt das Kind über zwei separate Lexika, es wendet aber dieselben syntaktischen Regeln auf beide Sprachen an. Erst auf der dritten Stufe, die gegen Ende des dritten Lebensjahres erreicht ist, trennt das Kind Lexika und Syntax beider Sprachen (Volterra/Taeschner 1978, 312-326).

Das Modell wurde von vielen Autoren übernommen, aber auch immer wieder kritisch diskutiert. Hauptargumente für ein zu Beginn, d.h. bis etwa zum 2. Geburtstag fusioniertes System waren Äußerungen der Kinder, die aus Elementen beider Sprachen bestanden, sowie ein angebliches Vermeiden von Übersetzungsäquivalenten. Auch nach der Trennung der beiden Systeme sollte noch eine Beeinflussung stattfinden, und zwar vor allem von der dominanten Sprache auf die schwächere (Kielhöfer/Jonekeit 1984, 60).

Nach Jahren der kritischen Auseinandersetzung mit dem Drei-Stufen-Modell wurde die völlig entgegengesetzte Position eingenommen. Nun wurde behauptet, dass die Kinder beide Systeme von Anfang an klar getrennt behandeln würden, und dass es keine gegenseitige Beeinflussung der Sprachen gebe (de Houwer 1995, 239). Zu dieser neuen Einschätzung trugen vor allem zwei Entwicklungen in der Mehrsprachigkeitsforschung und der Grammatikforschung bei, die auch heute für Wissenschaftler (und Praktiker) von grosser Bedeutung sind: Erstens führte die vertiefte Auseinandersetzung mit dem Code-Switching und mit anderen pragmatischen Aspekten der zweisprachigen Kommunikation sowie die Beschreibung der Sprachmodi zu neuen Möglichkeiten, Sprachmischungen zu interpretieren, und zwar auch bei Kindern. Solche ‚Mischformen‘ konnten nun als Ausdruck des bilingualen Sprachmodus und als angemessene Sprachverwendung in einer zweisprachigen Situation angesehen werden und mussten nicht mehr unbedingt als Ausdruck eines fusionierten Systems verstanden werden. Zweitens wurden zweisprachige Kinderdaten nicht mehr mit der Sprache von einsprachigen Erwachsenen verglichen, sondern mit den Daten von einsprachigen Kindern im Spracherwerb. Abweichungen von der Erwachsenensprache konnten nun damit in Zusammenhang gebracht werden, dass es sich um ein Kind im Spracherwerb handelte. Sie mussten nicht mehr zwangsläufig auf die Zweisprachigkeit zurückgeführt werden.

So kam man zum Schluss, dass die zweisprachige Entwicklung den Meilensteinen der einsprachigen Entwicklung folgt. Die zweisprachigen Kinder machen dieselben Fehler wie die einsprachigen und sie verwenden auf vergleichbaren Entwicklungsstufen ähnliche Strukturen. Deshalb gibt es keinen substantiellen Unterschied zwischen ein- und zweisprachiger Entwicklung, weder zeitlich noch strukturell (de Houwer 1995, 241-244). Auch Weissenborn (2000, 143-144) betont, dass die wichtigsten Regeln von Morphologie und Syntax bis zum Alter von 2;6 bis 3;0 Jahren erworben werden. Dies geschehe unabhängig davon, wie komplex einem Erwachsenen die Struktur einer Sprache erscheinen möge und ob das Kind eine oder mehrere Sprachen gleichzeitig erwerbe.

Die Absolutheit der Behauptung, dass sich die beiden Systeme unabhängig voneinander und völlig ohne gegenseitige Beeinflussung entwickeln, bezeichnen Hulk und van der Linden (1998, 177) jedoch als Überreaktion auf die vorangegangene Fusionsbehauptung. Zwar konnte vielfach nachgewiesen werden, dass zweisprachige Kinder die Grammatik ihrer Sprachen nach dem Muster der einsprachigen Entwicklung erwarben, und dies auch im üblichen Zeitrahmen (z.B. Paradis/Genesee 1996, 19). Dennoch wiesen Studien zur Grammatikentwicklung ab und zu auf kleine Besonderheiten der zweisprachigen Entwicklung hin, die jedoch z.B. als ‚Performanzirrtümer‘ (Paradis/Genesee 1996, 15) abgehakt und nicht zur Kenntnis genommen wurden (Hulk/van der Linden 1998, 177).

Heute ist man sich weitgehend einig, dass zweisprachige Kinder von Anfang an zwei separate grammatikalische Systeme aufbauen. Es gibt aber wiederum eine ganze Reihe von Autoren, die davon ausgehen, dass sich die Systeme gegenseitig beeinflussen. Wie der Einfluss zustande kommt und in welchen Bereichen er möglich ist, darüber herrscht jedoch Uneinigkeit, weil die Meinungen sehr vom jeweils vertretenen Modell des Grammatikerwerbs abhängen.

Die heute mehrheitlich vertretene Sichtweise der Grammatikentwicklung ist eine erweiterte Fassung der Universalgrammatik. Meinte man früher, grammatisches Lernen bestehe aus dem Erwerb vieler Einzelregeln, so betrachten modernere, auf generativer Linguistik aufbauende Theorien, dies anders. Aus der Sicht der generativen Linguistik ist Sprach- oder Grammatikfähigkeit das Ergebnis einer autonomen formalen Kompetenz. „Diese Kompetenz ist von Beginn der Sprachentwicklung verfügbar und wird als ein deterministischer Input/Output-Mechanismus aufgefasst, der als Input einzelsprachliche Daten erhält und als Output ein kognitives Teilsystem, d.h. eine einsprachliche Grammatik produziert" (Clahsen 1991, 44).

Diese Sichtweise wurde in den letzten Jahren durch zwei Elemente ergänzt. Einerseits werden viele Phänomene, die früher mittels syntaktischer Regeln abgeleitet wurden, heute als zumindest lexikalisch gesteuert angesehen. Andererseits wurde der Begriff des universalgrammatischen Parameters eingeführt. Die generative Grammatik kümmerte sich davor nur um invariante, möglichst universelle Prinzipien. Damit konnten Unterschiede zwischen Sprachen nicht erklärt werden. Mit der Entwicklung der Parametertheorie entstand die Idee, dass auch diese Unterschiede bereits in der Universalgrammatik festgelegt sein könnten. Die Universalgrammatik-Prinzipien wurden damit parametrisiert, was bedeutet, dass sie eine Reihe von Wahlmöglichkeiten oder Optionen zulassen. „Das System aus Prinzipien und Parametern kann man sich wie ein komplexes Netzwerk vorstellen, das mit verschiedenen Schaltern verbunden ist, die jeweils eine begrenzte Zahl möglicher Schalterstellungen zulassen. Das Netzwerk selbst ist invariant, aber jeder Schalter erlaubt mindestens zwei Stellungen, in manchen Fällen auch komplexere Optionen. Wenn ein Schalter auf eine der möglichen Positionen fixiert wird, beginnt das Netzwerk zu funktionieren, indem es gleichzeitig die gesamten Analysemöglichkeiten des betreffenden Teilsystems bereitstellt. Auf diese Weise können selbst geringfügige Veränderungen der Schalterpositionen beträchtliche Konsequenzen im Output des Systems zur Folge haben" (Clahsen 1991, 49). Das entspricht den bereits erwähnten Grundstellungen (Dannenbauer 2000, 139), die bestimmte Strukturen nach sich ziehen. Regeln spielen in dieser Konzeption des Grammatikerwerbs keine Rolle mehr. Kinder müssen nicht Satzbildungsregeln explizit lernen, sondern offene Parameter müssen auf die erforderlichen Werte fixiert werden. Welche Prozesse dabei genau ablaufen, ist zum heutigen Zeitpunkt jedoch noch ungeklärt.

Diese Sichtweise des Grammatikerwerbs bedeutet für zweisprachige Kinder, dass sie die Parametersetzung in beiden Sprachen vornehmen müssen. Stehen dem Kind in seinem Sprachangebot genügend Informationen zur Verfügung, um die Parameter für jede Sprache zu setzen, dann kann es die Grammatik beider Sprachen altersgemäss entwickeln. Hat es in einer Sprache ein eingeschränktes Angebot, sei es quantitativ oder auch bezüglich der Komplexität, oder kann es aus irgendeinem Grund die Informationen zu wenig gut verarbeiten, dann führt dies zu einer verzögerten Entwicklung der grammatischen Fähigkeiten. Ausserdem ist es auch nicht auszuschliessen, dass das Kind die Informationen nicht zielgerecht verarbeiten kann, wenn die beiden Sprachen bezüglich eines grammatischen Phänomens widersprüchliche Informationen liefern.

Aktuelle Veröffentlichungen zur morphosyntaktischen Entwicklung zweisprachiger Kinder gehen von diesen Annahmen aus. Neuere Studien, welche die morphosyntaktische Entwicklung zweisprachiger Kinder sorgfältig beobachten und interpretieren, kommen übereinstimmend zum Ergebnis, dass die Kinder beide morphosyntaktischen Systeme weitgehend unabhängig voneinander erwerben, wobei eine gewisse Beeinflussung erkennbar ist.

5.4.3 Erwerbsprozess

Wie bei der lexikalischen Entwicklung spielt auch bei der Entwicklung von Morphologie und Syntax die auditive Wahrnehmung und Verarbeitung eine grosse Rolle. Das Kind muss relevante lautliche Einheiten wie potentielle Morpheme und Wörter im Sprachfluss identifizieren. Dann kann es beginnen, diese mit semantisch-konzeptuellen Repräsentationen zu verbinden. Es baut also lexikalische Bedeutungen auf. Mit dem Aufbau seines Wortschatzes erlangt es schrittweise die Voraussetzungen, um seine Wörter auch grammatisch klassifizieren zu können. „Zum Beispiel muss es zunächst über die lautliche Einheit /ball/ verfügen, bevor es sie mit dem Begriff BALL verbinden kann. Und um die Einheit /ball/ syntaktisch kategorisieren zu können, muss es unter anderem auch schon Einheiten wie /der/ identifiziert haben, um etwa aufgrund des gemeinsamen Vorkommens von /der/ und /ball/ die Einheit /ball/ als Substantiv zu klassifizieren" (Weissenborn 2000, 145, Hervorh. im Orig.).

Das Kind benötigt aber nicht nur die Fähigkeit, Wortgrenzen zu erkennen, sondern es muss auch Phrasengrenzen oder syntaktische Einheiten herauslösen können. Wie bereits beschrieben, können deutschsprachige Kinder mit zehn Monaten trochäische und iambische Wörter aus dem Sprachfluss herauslösen (Höhle u.a. 2001 zitiert nach Höhle 2005, 19). Ebenfalls etwa mit neun Monaten, kann das Kind anhand von prosodischen Eigenschaften wie Pausen und Silbenlänge syntaktische Phrasengrenzen identifizieren. „Dies zeigt sich unter anderem daran, dass Kinder dieses Alters einen Satz wie *The man *carries the big bag* mit einer Pause (*) nach dem Subjekt dem gleichen Satz vorziehen, der eine Pause nach dem Verb aufweist (*The man carries * the big bag),* durch die die prosodisch-syntaktische Einheit der aus dem Verb und dem Objekt bestehenden Verbalphrase zerstört wird" (Weissenborn 2000, 147, Hervorh. im Orig.).

Nun kann das Kind also anhand von prosodischen Mustern Wörter und Phrasengrenzen erkennen. Um Flexionsendungen zu erfassen, muss es die rhythmische Segmentierungsstrategie durch eine nicht-prosodische Strategie ergänzen, die segmentale Eigenschaften lexikalischer Einheiten berücksichtigt. So hat sich gezeigt, dass acht bis neuen Monate alte Kinder häufig vorkommende lautliche Muster erkennen und zur Strukturierung des Sprachflusses ausnutzen können. Das bedeutet, dass das Kind auch die für die grammatische Struktur der Zielsprache so wichtigen unbetonten funktionalen Einheiten im Sprachfluss identifizieren kann. Gerade Funktionswörter zeigen charakteristische, sehr eingeschränkte Kombinationsmöglichkeiten mit anderen Wörtern und nehmen oft eine feste Stellung im Satz ein. Diese Verteilungsmuster kann das Kind nutzen, um grammatische Regelmässigkeiten der Zielsprache zu entdecken. Das Kind hat also gegen Ende des ersten Lebensjahres bereits die Fähigkeit entwickelt, bei der Analyse des Sprachflusses sprachliche Einheiten und Regelmässigkeiten zu entdecken, die der grammatischen Struktur der Sprache entsprechen. Dabei scheint die Bedeutung zunächst noch keine erkennbare Rolle zu spielen (Weissenborn 2000, 147-149).

Die Erwerbsschritte auf rezeptiver Ebene erlauben es dem Kind, Zweiwortäusserungen nicht zufällig oder lediglich semantisch gesteuert zu bilden. Bereits Zweiwortäusserungen scheinen syntaktische Bedingungen der zu erwerbenden Sprache abzubilden. Sie entsprechen von der Anordnung her der Zielsprache, wenn auch noch sehr viele Elemente ausgelassen sind. Bei zweisprachigen Kindern lässt sich dies sogar noch besser beobachten. Bei ihnen zeigt es sich nämlich, dass ihre Zweiwortäusserungen bereits sprachspezifisch gebildet sind. Die

Zweiwortäusserungen in jeder Sprache unterscheiden sich nicht nur strukturell, sie entsprechen den wesentlichen Satzstellungsmustern der jeweiligen Sprache. Dies konnte beispielsweise für Deutsch und Englisch nachgewiesen werden (Powers/Hamann 2000, 4-5).

Was für die Zweiwortäusserungen gezeigt werden konnte, gilt umso mehr für Mehrwortäusserungen und komplexe Syntax. Auch hier halten sich die Kinder in allen bisherigen Studien mehrheitlich an die sprachtypischen Satzstellungsmuster. Bei Studien, in denen Deutsch mit anderen Sprachen wie Französisch, Italienisch, Portugiesisch oder Englisch verglichen wurde, fand man einheitlich, dass die Kinder in deutschen Hauptsätzen das finite Verb in die zweite Position und in den anderen Sprachen, wie es dort korrekt ist, in die dritte Position setzten (Meisel 2004, 99; Tracy 1996, 85). Weitere Konstruktionen, bei denen dies untersucht und belegt werden konnte, sind Infinitivstrukturen (Hulk/Müller 2000, 240), Konstruktionen mit Negationen sowie Subjektauslassungen in Sprachpaaren, wo dies nur in einer der Sprachen zulässig ist (z.B. Deutsch und Italienisch). In all diesen Fällen verhielten sich zweisprachige Kinder wie ihre einsprachigen Altersgenossen (Meisel 2004, 99-100).

Für die Morphologie zeigt sich ein ähnliches Bild. Sobald gebundene Morpheme in der Sprachproduktion der Kinder auftauchen, werden sie sprachspezifisch verwendet (de Houwer 1995, 238). Dies wurde für die Kombination Niederländisch und Englisch beispielsweise bei Pluralmorphemen, Geschlechtsmarkierungen und Verkleinerungsformen beobachtet (de Houwer 1990, 145-151). Morphologische Markierungen wurden recht vielfältig untersucht, und so konnte deren sprachspezifischer Erwerb und Gebrauch für Kasus, Genus, Numerus, Tempus und Kongruenzmarkierungen belegt werden. Der Erwerb wurde dabei jeweils als mit demjenigen einsprachiger Kinder vergleichbar eingeschätzt (Tracy/Gawlitzek-Maiwald 2000, 519). Laut Meisel (2004, 99) besteht darüber heutzutage ein allgemeiner Konsens. Zweisprachige Kinder verbinden also die grammatikalischen Morpheme einer Sprache mit den lexikalischen Morphemen derselben Sprache, sobald sie fähig sind, grammatikalische Morpheme produktiv zu nutzen.

Dass sich die Kinder, wie erwähnt, wahrscheinlich an phonologischen Kriterien orientieren, wenn sie die gebundenen Morpheme den lexikalischen zuordnen, konnten beispielsweise Klausen, Subritzky und Hayashi (1993) nachweisen. Sie nahmen an, dass Sprachen derselben Sprachfamilie mit ähnlichen Phonemen,

Phonemkombinationen und Pausen sowie ähnlicher Intonation und Betonung anfälliger sind für falsche Zuordnungen als Sprachen unterschiedlicher Sprachfamilien. Diese Annahme bestätigte sich bei ihrem Vergleich von Kindern, die Dänisch und Englisch oder Dänisch und Japanisch erwarben. Die Kombination Dänisch und Englisch führte eindeutig zu mehr Mischungen als die Kombination mit Dänisch und Japanisch (Klausen u.a. 1993, 89-91).

Will man die Entwicklung zweisprachiger Kinder in beiden Sprachen vergleichen, dann sind solche Sprachmerkmale zu berücksichtigen. Jede Sprache hat ihre eigene Entwicklungsdynamik mit spezifischen Schwierigkeiten, die das Kind bewältigen muss. Wenn sich jede Sprache entlang des normalen monolingualen Erwerbsprozesses entwickelt, wie dies mit breiter Übereinstimmung angenommen wird (Tracy/Gawlitzek-Maiwald 2000, 520), dann ist häufig keine parallele Entwicklung in allen Bereichen zu erwarten. Tracy (1996, 87) nennt solche unterschiedlichen Entwicklungstempi Asynchronien, und sie bringt sie mit ihrem Konzept des „Bootstrapping" in Verbindung, welches besagt, dass das Kind vom Wissen der fortgeschritteneren Sprache profitieren kann, um die Entwicklung der langsameren Sprache voranzutreiben. Ob dies tatsächlich möglich ist, ist eine umstrittene Frage, heben sich doch Komplexitätsunterschiede und Ambiguitäten nicht einfach dadurch auf, dass eine Struktur in einer Sprache bereits bewältigt wurde. Asynchronien selbst werden jedoch nicht bestritten und werden mit Unterschieden in der Transparenz der morphologischen Systeme begründet.

Wie schnell und sicher die zweisprachigen Kinder die morphologischen und syntaktischen Strukturen ihrer beiden Sprachen erwerben, scheint nach neueren Studien vor allem mit dem jeweiligen Wortschatz der Sprachen verknüpft zu sein. So hängt die grammatische Komplexität, die in einer Sprache erkennbar ist, vor allem vom Wortschatz dieser Sprache ab und nicht etwa vom Stand des Grammatikerwerbs in der anderen Sprache oder vom Gesamtwortschatz. Die Mechanismen, die lexikalische und grammatische Entwicklung verknüpfen, arbeiten also auch bei zweisprachigen Kindern in sprachspezifischer Weise. Dies zeigten beispielsweise Marchman, Martínez-Sussmann und Dale (2004, 219) in ihrer Studie mit Spanisch und Englisch sprechenden Kindern zwischen 23 und 32 Monaten. Dabei konnte man keine Kausalität in dem Sinne nachweisen, dass die Grammatik wegen des grösseren Vokabulars weiter entwickelt gewesen wäre. Dass die beiden Bereiche in jeder Sprache klar zusammenhingen, und zwar wesentlich mehr, als mit Wortschatz oder Grammatik der anderen Sprache oder auch mit dem Input, war eindeutig. Es ist jedoch durchaus plausibel anzunehmen, dass ein Kind mit einem grösseren Wortschatz daraus auch mehr Hinweise für die Morphologie und die Syntax entnehmen kann als ein Kind, das diese Informationen aus einem kleineren Wortschatz ableiten muss.

Auf einen engen Zusammenhang von Lexikon und Grammatik weisen auch Devescovi u.a. (2005) hin. Sie führen ausserdem aus, dass anscheinend in reich flektierten Sprachen wie dem Italienischen die grammatische Entwicklung früher einsetzt und linear zum Wortschatz verläuft. Italienisch mit seinem reicheren, regelmässigeren und transparenter markierten grammatischen System enthält in seinem Wortschatz viele Informationen, die das Kind für Generalisierungen brauchen kann. Das englischsprachige Kind benötigt dafür einen grösseren Wortschatz, da die Hinweise für die morphologischen Markierungen viel seltener und weniger eindeutig sind (Edwards 2000, 247; Devescovi u.a. 2005, 783). Entsprechend findet man bei italienischen Kindern, die bezüglich des Wortschatzes mit englischsprachigen Kindern vergleichbar sind, eine viel grössere grammatikalische Komplexität (Devescovi u.a. 2005, 763).

Dasselbe ist bei Türkisch erwerbenden Kindern zu erwarten. Sie haben bis zum Alter von zwei Jahren bereits ein grosses Morphemrepertoire aufgebaut. Namentlich die Kasus- und Possessivendungen sind bereits erworben, wobei entwicklungsspezifische Fehler sehr selten sind. Im Verbalbereich sollen Person- und Numerusmarkierungen bis zum Ende des zweiten Lebensjahres, sämtliche Tempusmarkierungen bis 2;6 Jahre erworben sein. Danach wird es anscheinend schwieriger, denn Erwerb und korrekter Einsatz der kombinierten Tempusendungen ziehen sich bis zum 6. Lebensjahr hin, und auch die komplexe Syntax macht noch länger Schwierigkeiten (Rothweiler u.a. 2004, 26).

Interessanterweise ist eine reiche Verbmorphologie auch für Kinder mit einer Spezifischen Spracherwerbsstörung leichter zu erwerben als eine ärmere. So scheinen Kinder mit einer solchen Störung, die Spanisch, Italienisch oder Hebräisch erwerben, bezüglich Markierungen am Verb (z.B. Person, Zeit, Geschlecht) weniger beeinträchtigt zu sein als ihre in ähnlicher Weise beeinträchtigten Gleichaltrigen, die Englisch erwerben (Leonard 2000, 121-123).

Dass die Kinder mit dem Morphologieerwerb so früh beginnen, bedeutet jedoch nicht, dass die morphologischen Markierungen in jeder dieser flexionsreichen Sprachen jeweils sofort korrekt erworben werden. Ebenso wie die einsprachigen

Kinder benötigen die zweisprachigen dazu oft mehrere Schritte. Beispielsweise kommt häufig während einiger Zeit eine Übergeneralisierung der regelmässigen Partizipbildung auf unregelmässige Verben vor. Ausserdem können alte und neue Formen einige Zeit nebeneinander bestehen, sodass das Kind verschiedene Kombinationen ausprobieren kann, sogar solche mit der entsprechenden Struktur in der anderen Sprache. Ein Beispiel dafür findet sich bei Giulia (2;7).

Beispiel 41
Giulia (2;7) will beim Domino beginnen, weil sie das vorangegangene Spiel gewonnen hatte.

Giulia:	**Io ho vintato!** *(Ich habe gewinnt!)* – Niemand antwortet –
	Io ho ge**vinto, ah!** *(Ich habe gewonnen!)*
Mutter:	Giulia, sag mal: **Io ho** ge**vinto.**
Giulia*:*	Ich hab gewonnen!

(Taeschner 1983, 167. Fettdruck Italienisch, Kursivdruck deutsche Übersetzung CFS)

Giulia verwendet für ihren ersten Ausruf das italienische Partizip mit der regelmässigen Endung (vintato), statt die korrekte unregelmässige Form (vinto). Das ist eine durchaus altersgemässe Form, die auch bei einsprachigen Kindern vorkommt. Als niemand auf ihren Protest reagiert, verändert sie die Form, indem sie sowohl das italienische Partizip in der unregelmässigen Form benutzt, als auch die deutsche Vorsilbe für solche Partizipien hinzufügt (gevinto). Als die Mutter die gesamte Äusserung missbilligend wiederholt und das Kind damit zurechtweist, übersetzt Giulia die gesamte Äusserung korrekt ins Deutsche.

Zusammenfassend kann man sagen, dass die Kinder anscheinend von Beginn ihrer Sprachproduktion an fähig sind, syntaktische Prinzipien der jeweiligen Sprache anzuwenden. Sie bilden Zweiwortsätze nach sprachtypischen Gesetzmässigkeiten, und auch bei der Entwicklung der Syntax gehen sie gleich wie einsprachige Kinder vor. Dies gilt sowohl für den zeitlichen Ablauf wie für die Abfolge der Strukturen.

Das gleiche gilt für die Morphologie. Auch Flexionssysteme werden in der Art und Weise und in dem zeitlichen Rahmen erworben, der für einsprachige Kinder angenommen wird. Wie schnell diese Strukturen entwickelt werden können, scheint vor allem vom Umfang des Wortschatzes abzuhängen. Allerdings ist auch die Beziehung zwischen dem benötigten Wortschatz und der erreichten grammatischen Komplexität sprachspezifisch. Eine einfache Gleichsetzung der

Erwartungen an die beiden Sprachen wird also der Erwerbsaufgabe der jeweiligen Sprachen nicht gerecht.

Zu ergänzen bleibt, dass die Ähnlichkeit der Entwicklung auch für Kinder mit einer Spezifischen Spracherwerbsstörung gilt. In bisherigen Studien, die ein- und zweisprachige Kinder mit morphologisch-syntaktischen Schwierigkeiten verglichen, unterschieden sich die beiden Gruppen kaum. Die Erwerbsschwierigkeiten waren für beide Gruppen vergleichbar und wurden durch die Zweisprachigkeit weder verstärkt noch abgeschwächt (Hakansson u.a. 2003; Paradis u.a. 2003a; Paradis u.a. 2003b; Salameh u.a. 2004).

Was bisher noch nicht besprochen wurde, ist die Frage, inwiefern die beiden Sprachen einander auf der morphologisch-syntaktischen Ebene allenfalls beeinflussen können. Das ist Thema des folgenden Kapitels.

5.4.4 Von der Natur der gegenseitigen Beeinflussung der Sprachen

Auch auf der morphologisch-syntaktischen Ebene entwickeln sich manche Kinder schneller als andere und wenden morphologische und syntaktische Strukturen früher, häufiger, korrekter und in komplexerer Weise an. Ausserdem gibt es unter den zweisprachigen Kindern solche, bei denen Einflüsse der Sprachen aufeinander zu finden sind, und andere, bei denen dies nicht der Fall ist (Hulk/Müller 2000, 229). Und schliesslich gibt es unter den zweisprachigen Kindern solche, die deutlich erkennbar grammatische Strukturen mischen und andere, die dies nicht tun (Tracy/Gawlitzek-Maiwald 2000, 512). Trotz dieser enormen Variation gelingt es in Untersuchungen doch immer wieder, auf kleinere Abweichungen und Besonderheiten gegenüber der einsprachigen Entwicklung hinzuweisen. Solche Besonderheiten werden vor allem im Hinblick auf die enorme Variation unterschiedlich ernst genommen und sehr unterschiedlich interpretiert. Bei den folgenden Ausführungen zu diesem Thema ist jedoch immer zu bedenken, dass es sich um Teilbereiche der grammatischen Entwicklung handelt, die besprochen werden. Was die wichtigen Schritte der Entwicklung angeht, die so genannten Meilensteine der Sprachentwicklung, herrscht Übereinstimmung, dass zweisprachige Kinder sich gleich verhalten wie einsprachige.

Autoren, die davon ausgehen, dass die morphologisch-syntaktische Entwicklung der beiden Sprachen durch das Vorhandensein einer zweiten Sprache verändert wird, haben verschiedene Erklärungsvorschläge für diese Annahme. Ein Erklärungsansatz bezieht sich auf die Ähnlichkeit der beiden Sprachen in einem Teilbereich (Döpke 1998). Wenn Strukturen zweier Sprachen sehr ähnlich sind, wird die Ähnlichkeit überbetont, und die Unterschiede können nicht mehr entdeckt werden. Deshalb gehen Tracy und Gawlitzek-Maiwald (2000, 512) davon aus, dass es vom Sprachpaar abhängt, ob und in welchem Strukturbereich das Kind gemeinsame Strukturen für beide Sprachen entwickelt und damit Unterschiede nicht mehr entdecken kann. Je mehr sich die Sprachen unterscheiden, desto leichter sei es für das Kind, auf allen Strukturebenen die Unterschiede zu entdecken. Je mehr Übereinstimmungen es gebe – seien es phonologische, syntaktische oder morphologische – desto schwieriger werde es für das Kind, die beiden Sprachen auf allen Strukturebenen unterschiedlich zu behandeln (Tracy/Gawlitzek-Maiwald 2000, 512). Sind hingegen die grammatischen Systeme des Kindes unterschiedlich weit entwickelt, kann das Kind den Vorsprung der einen Sprache nutzen, um die langsamere in der Entwicklung durch Bootstrapping voranzutreiben. Nach Tracy und Gawlitzek-Maiwald (2000) zeigen Sprachmischungen deshalb an, an welchem Punkt der Grammatikentwicklung das Kind in jeder Sprache steht, da es fehlende Elemente der einen Sprache aus der anderen Sprache ausleiht.

Beispiel 42
Hannah macht im Alter von 2;4 Jahren folgende Äusserungen:
a) ich hab gemacht dich viel besser
b) ich habe gemade you much better
c) ich hab gemacht dich much better
d) I made you much better
(Tracy/Gawlitzek-Maiwald 2000, 523)

Die Autorinnen schlagen vor, dass man zum Verständnis solcher mehr oder weniger gemischten Äusserungen den Spracherwerbsstand jeder einzelnen Sprache ermitteln sollte. Bei Hannah ist dieser für Englisch und Deutsch unterschiedlich. Im Deutschen produziert sie im Alter von 2;4-2;8 Jahren bereits vollständige Hauptsätze mit finiten Hilfs-, Modal- und Hauptverben. Englisch beschränkt sich zu dieser Zeit auf wesentlich einfachere Strukturen. Die Autorinnen nehmen an, dass das Kind die Errungenschaften beider Systeme vereint, wenn es Mischstrukturen wie das obige Beispiel 42b) produziert. In diesem Beispielsatz wird die englische Verbalphrase mit den nur in Deutsch vorhandenen Auxiliarverben verknüpft (Tracy/Gawlitzek-Maiwald 2000, 523-524). Die Autorinnen gehen also davon aus, dass sich die beiden Sprachen in ihrem eigenen Tempo entwickeln, und dass das fortgeschrittenere System die Entwicklung des anderen fördern kann.

Andere Autoren finden keinerlei Beschleunigungseffekte, beispielsweise Paradis und Genesee (1996). Sie beobachteten englisch-französischsprachige Kinder und stellten fest, dass sie beim Erwerb von finiten Verbformen, von Negationen und pronominalen Subjekten den gleichen Mustern folgten wie einsprachige Kinder. Dabei sind die finiten Verbformen von besonderem Interesse. Obwohl sie im Französischen sehr viel früher auftreten als im Englischen, findet bei den beobachteten Kindern kein Transfer statt. Der Erwerb der englischen Syntax wurde durch den französischen Satzbau also nicht beschleunigt (Paradis/Genesee 1996, 20). Andere Autoren (beispielsweise Grosjean) würden Mischungen, wie sie Tracy und Gawlitzek-Maiwald (2000) beschreiben, als durch den zweisprachigen Kontext hervorgerufenes Code-Switching interpretieren und ihnen deshalb keinen Bootstrapping-Effekt zuschreiben.

Bei Tracy und Gawlitzek-Maiwald (2000) werden bestimmte Strukturen oder Regeln von einer Sprache auf die andere transferiert. Solche direkten Transfers werden von anderen Autoren bestritten, wobei auch sie eine gegenseitige Beeinflussung der grammatischen Systeme nicht abstreiten. So geht ein anderer Erklärungsansatz davon aus, dass nicht die Ähnlichkeit der Sprachen zur Beeinflussung führt. Vielmehr lassen die zweisprachigen Kinder nur in denjenigen Teil-bereichen der Grammatik Einflüsse erkennen, bei denen auch einsprachige Kinder Schwierigkeiten haben und verschiedene Möglichkeiten ausprobieren (Hulk/Müller 2000, 228). Solche Bereiche werden als ‚verletzlich' bezeichnet. Sie stellen besondere Entwicklungshürden im Erstspracherwerb dar, sind aber auch bei Vorliegen einer Spezifischen Sprachentwicklungsstörung oder einer Aphasie störanfällig. Für das Deutsche sind dies beispielsweise der bereits erwähnte Erwerb der Verbzweitstellung und der Nebensatzstruktur sowie damit assoziierte Phänomene wie Finitheit bzw. Subjekt-Verb-Kongruenz, Subjekt-Verb-Inversion, Verbklammer, Subjektauslassung und Negation (Rothweiler u.a. 2004, 28). Derartige Bereiche sind meist durch ihre Ambiguität charakterisiert, was bedeutet, dass die Konstruktionen mehr als eine grammatische Interpretation zulassen, wenn das Kind sie mit seinen Mitteln einer sich entwickelnden Grammatik analysiert. Überschneiden sich die zwei Sprachen in einem Grammatikbereich, wobei die eine Sprache beispielsweise für eine bestimmte Wortstellung verschiedene Möglichkeiten, die andere hingegen nur eine einzige erlaubt, dann neigen Zweisprachige dazu, die Eindeutigkeit der einen Sprache auf die mehrdeutige Sprache zu übertragen. Der Einfluss kann in beiden Richtungen wirken, jeweils von der eindeutigen Struktur auf die mehrdeutige, weil er von den Eigenschaften der Sprachen ausgeht (Hulk/Müller 2000, 240) und nicht von der Dominanz einer Sprache, wie früher auch behauptet wurde (Kielhöfer/Jonekeit 1984, 79).

Diese Art der Einflussnahme besteht also nicht in der direkten Übertragung von Elementen. Beeinflusst wird die Parametersetzung für einen Teilbereich einer Sprache und zwar dadurch, dass auch Hinweise aus dem anderssprachigen Angebot dafür genutzt werden, Uneindeutigkeit aufzulösen (Hulk/van der Linden 1998, 179). Sehr oft führt dieser Prozess dazu, dass die Kinder nicht irgendwelche abwegigen Fehler produzieren, sondern dass sie Formen, die auch einsprachige Kinder manchmal ausprobieren, in veränderter Häufigkeit verwenden (Meisel 1989, 25-26; Hulk/Müller 2000, 230-232).

Was diese Diskussion, die nicht den Anspruch auf Vollständigkeit erhebt, vor allem zeigt, ist die Vielfalt an theoretischen Richtungen im Bereich der Grammatikerwerbsforschung, die auch für die Zweisprachigkeitsforschung prägend ist. Ausserdem zeigt sie sehr deutlich, dass eine Reihe von Fragen noch völlig offen ist. Kaum mehr bestritten wird, dass eine gewisse Beeinflussung in bestimmten morpho-syntaktischen Teilbereichen durch andere Sprachen stattfindet. Wie sie von den Auswirkungen eines bilingualen Sprachmodus im Moment der Datenerhebung abgegrenzt werden könnte, ist allerdings eine nicht einfach zu beantwortende Frage (Grosjean 1998, 176). Wie sie allenfalls in einen theoretischen Rahmen gefügt und erklärt werden könnte, ist noch völlig ungeklärt. Angesichts der zu kontrollierenden Variablen wie Spracherwerbsstand, Anteile am Sprachangebot, Sprachmodus, Merkmale des Sprachenpaares usw. wird dies wohl auch noch einige Zeit eine interessante Forschungsfrage bleiben.

5.4.5   Fazit zu den morphologisch-syntaktischen Kompetenzen

Der Erwerb der morpho-syntaktischen Fähigkeiten wurde in den letzten Jahren intensiv diskutiert. Eine grosse Rolle spielen die Wahrnehmung und Verarbeitung von prosodischen Merkmalen und segmentalen Eigenschaften der Sprachen. Aber auch der Wortschatz ist sehr eng mit der Entwicklung auf morphosyntaktischer Ebene verknüpft. All dies trifft auf ein- und zweisprachige Kinder gleichermassen zu.

Nach heutigem Forschungsstand gelingt es zweisprachigen Kindern, die Struktureigenschaften ihrer Sprachen in ähnlichem Masse abzubilden wie einsprachige Kinder. Sie folgen in jeder Sprache deren eigener Entwicklungsdynamik und scheinen durch die zweite Sprache wenig beeinflusst zu sein. Deshalb kann man davon ausgehen, dass zweisprachige Kinder die Meilensteine der Entwicklung auf dieser Ebene im gleichen zeitlichen Rahmen erreichen wie einsprachige Kinder.

Will man nur den Erwerbsstand einer der beiden Sprache beurteilen, dann muss man die Leistungen auf der morpho-syntaktischen Ebene mit derjenigen von einsprachigen Kindern mit gleich grossem Wortschatz (und zwar nur bezogen auf die zu beurteilende Sprache) vergleichen. Ein direkter Vergleich der beiden Sprachen ist hingegen wenig aussagekräftig, weil auf den ersten Blick vergleichbare grammatische Phänomene in ihren jeweiligen Sprachen einen anderen Komplexitätsgrad einnehmen und unterschiedlich mit anderen Strukturebenen (z.B. Wortschatz, Phonologie) verknüpft sein können. Asynchronien, bei denen ähnliche Strukturen in den beiden Sprachen zu unterschiedlichen Zeitpunkten auftauchen, sind deshalb nicht ungewöhnlich.

Die Bedeutung von gemischten Strukturen, bei welchen das Kind anscheinend Merkmale beider Sprachen in derselben Äusserung abbildet, ist sehr umstritten. Kommt die fragliche sprachliche Struktur in dieser Form bei einsprachigen Kindern in der Entwicklung nicht vor, dann ist zunächst der Sprachmodus zu bedenken, in dem sich das Kind während der Sprachproduktion befindet. Ist es in einem bilingualen Sprachmodus, dann kann es sich bei der gemischten Äusserung um ein Code-Switching handeln, also um ein nur in dieser spezifischen Situation in dieser besonderen Form auftretendes Phänomen. Befindet sich das Kind in einem eher monolingualen Sprachmodus, dann ist eine Beeinflussung, die über ein kurzfristiges Phänomen hinausgeht, wahrscheinlicher. Solche Beobachtungen könnten denn auch entwicklungsrelevant sein.

Ihr Zustandekommen wird je nach theoretischer Ausrichtung unterschiedlich erklärt. Einig ist man sich auf jeden Fall, dass es sich um Teilbereiche der Grammatik handelt. Ältere Veröffentlichungen nehmen die Dominanz einer Sprache als Grund dafür an, dass sie die andere beeinflussen kann. Da Einflüsse aber in beiden Richtungen erkennbar sind, gehen andere Autoren davon aus, dass die Ähnlichkeit der Strukturen in beiden Sprachen entscheidend ist. Eine weitere Position hingegen hält die Mehrdeutigkeit einer grammatischen Struktur für ausschlaggebend. Es handelt sich dabei um Strukturen, bei denen auch einsprachige Kinder oft Schwierigkeiten haben. Das zweisprachige Kind scheint zur Überwindung dieser Schwierigkeiten auf die andere Sprache zurückzugreifen. Es überwindet schliesslich solche Phasen und erwirbt die korrekte Struktur, wenn auch etwas später und auf etwas anderen Wegen als das einsprachige Kind.

Die Frage, wie Einflüsse der Sprachen aufeinander zustande kommen, ist also nicht entschieden, und gerade offensichtlich erscheinende Begründungen werden bei näherem Hinsehen der Situation oft zu wenig gerecht.

5.5 Kommunikativ-pragmatische Kompetenzen

5.5.1 Die Erwerbsaufgabe

Mit kommunikativ-pragmatischen Kompetenzen ist die Fähigkeit gemeint, sprachliche und nicht sprachliche Kommunikationsmittel so einzusetzen, dass die Person damit möglichst erfolgreich ist, sowie den Einsatz dieser Mittel bei anderen Personen so zu interpretieren, dass auch deren Absichten möglichst gut erkannt werden. Damit dies gelingen kann, müssen das Szenario (wann und wo findet das Gespräch statt), die Beteiligten, das Topik (also inhaltliche Aspekte und die Strukturierung des Inhalts) sowie die Intention des Gesprächs berücksichtigt werden (Heringer 2004, 23-25). Erst auf diesem Hintergrund können die sprachlichen und nicht sprachlichen Mittel angemessen ausgewählt und ihr Einsatz Erfolg versprechend strukturiert, aber auch interpretiert werden. Es geht darum, mit den vorhandenen kommunikativen Möglichkeiten und Mitteln Ziele zu erreichen, also um den Erwerb von sprachlicher beziehungsweise kommunikativer Handlungsfähigkeit, dem für die Kooperative Pädagogik zentralen Aspekt. Deshalb sind die damit verbundenen Aufgaben und Kompetenzen bereits ausführlich in Kapitel 4 beschrieben.

Jedes Kind wird von Anfang an mit den Kommunikationsregeln seiner Umgebung vertraut gemacht. Wie diese konkret ausgestaltet sind und in welchem Alter welche Erwartungen an Kinder gestellt werden, hängt sehr von der jeweiligen Umgebung ab. Können die Regeln der Kommunikation schon innerhalb derselben Sprachgemeinschaft erheblich variieren, so ist umso mehr zu erwarten, dass Sprecher und Sprecherinnen unterschiedlicher Sprachen sich auch auf unterschiedliche Regeln beziehen. Wie in Kapitel 4 dargestellt, führt dies zu einer kulturspezifischen kommunikativen Kompetenz.

Auch zweisprachige Kinder müssen diese Regeln erwerben. Sie werden ihnen im Kontakt mit der jeweiligen Sprachgemeinschaft, beziehungsweise von einem oder einer Angehörigen dieser Sprachgemeinschaft vermittelt. Insofern stellt sich zweisprachigen Kindern dieselbe Entwicklungsaufgabe wie allen Kindern, wobei zu bedenken ist, dass zweisprachig aufwachsende Kinder nur diejenigen kommunikativ-pragmatischen Fähigkeiten erwerben können, für die in ihrer Umwelt entsprechende Erfahrungsmöglichkeiten vorhanden sind. Das kann zu einem Problem werden, wenn eine Sprache nur durch eine Person repräsentiert ist. Dadurch reduziert sich die Vielfalt der sozialen Situationen, in welchen die Sprache benutzt und erlebt wird, enorm. Und damit fehlen oft die Voraussetzungen für den Erwerb wichtiger Verwendungsregeln, beispielsweise von Höflichkeitsformen. Begibt sich das Kind nun in neue, vielfältigere Kommunikationssituationen, z.B. durch eine Reise ins Sprachgebiet, dann wird es aufgrund seiner guten linguistischen Fähigkeiten der betreffenden Sprachgemeinschaft zugerechnet, es wird also auch eine entsprechende Erwartungshaltung bezüglich angemessenem Verhalten aufgebaut. Dieser Erwartungshaltung kann das Kind unter Umständen nicht gerecht werden. Im besten Fall eignet es sich die fehlenden Kenntnisse rasch an. Saunders (1988, 192) beschreibt dies für die Höflichkeitsformen des Deutschen, welche seine Kinder erst bei einem längeren Aufenthalt in Deutschland erwarben. Im schlimmsten Fall wird das Kind von der Sprachgemeinschaft auf Dauer nicht akzeptiert.

Eine Aufgabe stellt sich zweisprachigen Kindern (wie auch den Erwachsenen) in spezifischer Form, nämlich die Aufgabe, aus der jeweiligen Kommunikationssituation zu erschliessen, welche Sprache zu wählen ist, wie weit Sprachwechsel der Situation angemessen sind und wie die jeweilige Sprachwahl einzuhalten ist. Diese beiden Aspekte sollen im Folgenden genauer besprochen werden. Zuerst geht es um die Frage, wie das Kind die Fähigkeit erwirbt, die angemessene Sprache zu wählen. Anschliessend wird dargestellt, wie es dazu kommt, Sprachwechsel gezielt vorzunehmen, also auch Code-Switching in angemessener Weise einzusetzen.

5.5.2   Erwerb der Fähigkeit zu Sprachwahl und Sprachwechsel

5.5.2.1   Sprachwahl ‚ein für alle Mal'

Nicht jedes Kind, das in einer zweisprachigen Umgebung aufwächst, beginnt selbst, beide Sprachen zu produzieren und entwickelt somit die Sprachwahlfähigkeit in der zu besprechenden Form. Vor allem informell wird immer wieder von Kindern berichtet, deren Eltern zwar in zwei Sprachen mit ihnen sprechen und die auch beide Sprachen zu verstehen scheinen, die jedoch selbst nur eine der Sprachen produzieren. Anscheinend wählen diese Kinder ihre Sprache ein für alle Mal, und sie wählen die Sprache, mit der sie von der relevanten Umgebung verstanden werden. Möglicherweise erfassen diese Kinder bereits bevor sie mit der Sprachproduktion beginnen, dass es keine kommunikative Notwendigkeit für eine der Sprachen gibt. Ausschlaggebend dafür könnte zum Beispiel sein, dass sie in der gewählten Sprache keine wesentlichen Erfahrungen des ‚Nicht-Verstanden-Werdens' machen und deshalb ihren Sprachgebrauch nicht anpassen müssen. Leider ist dieser frühe und für die zweisprachige Entwicklung so entscheidende Moment wenig untersucht, da sich ja die Forschung zur Zweisprachigkeit mit denjenigen Kindern befasst, die zweisprachig kommunizieren. Romaine (1989, 169) beschreibt jedoch, dass ältere zweisprachig aufwachsende Kinder häufig nur noch die Umgebungssprache sprechen. Möglicherweise spielt auch bei ihnen die fehlende kommunikative Notwendigkeit eine entscheidende Rolle. Im Folgenden soll es jedoch um Kinder gehen, die zwei Sprachen produzieren und von Fall zu Fall entscheiden müssen, welche ihrer Sprachen sie benutzen wollen bzw. sollen.

5.5.2.2 Erstes gezieltes Einsetzen der Sprachen

Die Fähigkeit, Sprachen gezielt einzusetzen, scheint nicht von Anfang an vorhanden zu sein. In der Literatur ist man sich einig, dass das zweisprachig aufwachsende Kind zu Beginn der Entwicklung Elemente beider Sprachen verwendet (siehe dazu Lanvers 2001, 442). Die meisten Studien beschreiben einen Zeitpunkt während des 2. Lebensjahres, zu dem das Kind beginnt, bei der Wahl seiner Sprache pragmatische Kriterien einzubeziehen. Das bedeutet, dass es nun beispielsweise mit jedem Elternteil mehrheitlich dessen Sprache spricht, und zwar auch dann, wenn beide Eltern anwesend sind und damit die Wahrscheinlichkeit für gemischte Äusserungen aufgrund der bilingualen Situation sowie des bilingualen Sprachmodus grösser ist. Wann genau diese Fähigkeit zum Tragen kommt und wie konsequent sie umgesetzt wird, ist von Kind zu Kind recht unterschiedlich. Zudem ist noch unklar, welche Voraussetzungen erfüllt sein müssen, damit das Kind seine Sprachen gezielt einsetzt. Verschiedene Bereiche wurden bereits auf ihre Bedeutung hin untersucht, die sie für den gezielten Einsatz der Sprachen und damit für die Reduktion von gemischten Äusserungen haben könnten. In Betracht gezogen werden der Stand der syntaktischen Entwicklung oder der Wortschatzentwicklung, aber auch ein kognitiver Schritt könnte als Auslöser in Frage kommen.

Die syntaktische Entwicklung steht als wesentlicher Auslöser deshalb zur Diskussion, weil man sich in der Literatur einig ist, dass mehrsprachige Kinder auf der Mehrwortsatzstufe ihre Sprachen trennen (Genesee u.a. 1995, 612). Es könnte also sein, dass das Kind beim Zusammenfügen von Wörtern zu Mehrwortsätzen entdeckt, dass einige davon beispielsweise phonologisch nicht zusammenpassen. Diese Entdeckung könnte das Bewusstsein dafür fördern, dass manche Leute nur einige dieser Wörter verstehen. Es ist nicht auszuschliessen, dass solche Erfahrungen und Überlegungen dem Kind für den gezielten Einsatz der Sprachen helfen. Ausschlaggebend für den Beginn der Sprachwahlfähigkeit können sie jedoch nicht sein. Kinder in bisherigen Studien zeigten diese Fähigkeit nämlich teilweise bereits im Einwort- oder im Zweiwortstadium (Döpke 1992a; Genesee u.a. 1995; Nicoladis/Genesee 1996a). Die syntaktische Entwicklung kann also nicht direkt ausschlaggebend für die Sprachwahl sein.

Eine grössere Rolle scheint hingegen die Wortschatzentwicklung und mit ihr verknüpft die phonetisch-phonologische Entwicklung zu spielen. Insbesondere gibt es Hinweise für die Relevanz der Phase der ersten 50 Wörter, die, wie bereits beschrieben, in ganzheitlicher Art und Weise gespeichert werden. Überschreitet der produktive Wortschatz den Schwellenwert von 50 Wörtern, dann organisieren die Kinder ihr mentales Lexikon um. Laut Nicoladis (1998, 105-106) haben Studien gezeigt, dass zweisprachige Kinder in der Phase der ersten 50 Wörter die Sprache noch nicht gezielt dem Kontext anpassen. Für das Kind scheinen in dieser Phase phonetisch-phonologische Kriterien noch sehr wichtig zu sein, wenn es seine Äusserungen plant. Es sagt, was es sagen kann. Möglicherweise ist es deshalb entscheidend, dass das Kind seine phonetisch-phonologischen Fähigkeiten und Fertigkeiten vorerst so weit entwickelt und automatisiert, dass es anschliessend weitere Kriterien überhaupt erst berücksichtigen kann. Dafür spricht, dass die Kinder in ihrer Sprachwahl rasch recht sicher sind, sobald sie einmal damit begonnen haben, ihre Sprachen gezielt einzusetzen. So beschreibt Döpke (1992a, 471), wie sich das von ihr beobachtete Kind ab 2;2 Jahren aktiv darum bemüht, nur Englisch oder nur Deutsch zu sprechen. Mit 2;3 Jahren gelingt ihm dies bereits weitgehend, sogar in seiner schwächeren Sprache Deutsch. Für die Autorin handelt es sich bei der Sprachwahlfähigkeit denn auch um eine kognitive Fähigkeit, die das Kind wohl schon früher entwickelt, deren Umsetzung jedoch erst mit entsprechenden linguistischen Kompetenzen gelingen kann (Döpke 1992a, 473).

Für diese Sichtweise spricht auch die Beobachtung, dass die Sprachwahl schon sehr früh praktisch fehlerfrei gelingen kann, wenn sie vom Kind selbst ausgeht. Beschrieben wird dies bereits für Kinder ab 1;4 Jahren (Köppe/Meisel 1995, 285-286) beziehungsweise ab 1;7 Jahren (Deuchar/Quay 1999, 474). In solchen Situationen können die Kinder selbst bestimmen, worüber sie sprechen wollen, sodass sie gezielt auf ihren eigenen Wortschatz zurückgreifen können. Aber auch wenn dies nicht der Fall ist und sie sich fremden Personen sprachlich anpassen sollen, so gelingt ihnen dies in der dominanten und in der schwächeren Sprache bereits ab zwei Jahren (Genesee u.a. 1996, 439).

Nun scheinen zwar manche Kinder innert kurzer Zeit die Entdeckung umsetzen zu können, dass Sprachwahl nötig ist. Andere Kinder hingegen gehen auf ihrem Weg zur sicheren Sprachwahl durch eine Übergangsphase, während der sie öfter ihre Äusserungen in der zweiten Sprache nochmals wiederholen. Es scheint, als ob diese Kinder sich bewusst werden, dass sie es mit zwei Sprachen zu tun haben und dass man sich in einer bestimmten Sprache an die Leute wenden muss. Da sie aber noch nicht wissen, an wen sie sich mit welcher Sprache wenden sollen, benutzen sie zur Sicherheit beide. Diese doppelten Bezeichnungen als Zeichen von Unsicherheit nehmen mit der Zeit ab (Saunders 1988, 53).

Eine andere Interpretation dieses Verhaltens erläutert Lanvers (2001). Sie beobachtet, dass solche Wiederholungen sehr häufig in einem monolingualen Kontext vorkommen, und zwar bei Gesprächen in der nicht dominanten Sprache des Kindes. Das Kind sagt etwas in seiner schwachen Sprache und wiederholt die Aussage in der zwar nicht angemessenen, aber dominanten Sprache.

Beispiel 43
Ls (2;1) lebt in England und wächst mit Deutsch und Englisch auf. Zum Zeitpunkt des Beispiels ist laut Autorin Englisch dominant:
Ls   „Mami, ich will dahin! *Go in there!"*
(Lanvers 2001, 456)

Die Autorin kommentiert, dass das Kind möglicherweise der kommunikativen Wirkung seiner nicht dominanten Sprache misstraut. Um sicher zu gehen, wiederholt es seine Mitteilung in der dominanten Sprache (Lanvers 2001, 456).

Doppelbezeichnungen und Wiederholungen dienen jedoch nicht nur in der Kommunikation mit anderen dazu, unklare Situationen aufzulösen. Vielmehr scheint das Kind damit auch für sich selber Bedeutungspaare zu klären und sich ihrer zu versichern. Dies könnte der Grund für das Verhalten der italienisch-deutschsprachigen Giulia (1;9) sein, die mit einem Auto und Figuren spielt. Sie zeigt auf eine Figur im Auto:

Beispiel 44

Giulia:	Das hier *guida*.
Mutter:	Ja, der fährt.
Giulia:	Macht *guida*, fährt.

(Taeschner 1983, 42. Normaldruck Deutsch, Kursivdruck Italienisch)

Giulia übernimmt die deutsche Übersetzung ihrer Mutter, jedoch erst, nachdem sie den italienischen Ausdruck, den sie beherrscht, nochmals wiederholt hat.

Nicht immer sind Doppelbenennungen auf Unsicherheiten irgendwelcher Art zurückzuführen. Schon im frühen Spracherwerb können sie gezielt und funktional sein. Zentral ist die Erkenntnis des Kindes, dass es in seiner Umwelt zwei Sprachen gibt, die nicht von allen Menschen gleichermassen verstanden werden. Sobald es dies versteht, wird das Kind sensibel für die Notwendigkeit, manche Personen darüber zu informieren, was gesagt wurde, also zu übersetzen.

Beispiel 45

Dies tut beispielsweise B. mit 2;1 Jahren. B. hat seinen Teller leer gegessen. Er nimmt mit der deutschsprachigen Mutter Blickkontakt auf, zeigt auf seinen Teller und sagt stolz:

„fegig ... lä!"   (*fertig .. leer*)

Danach wendet er sich seinem türkischsprachigen Vater zu, hält ihm den leeren Teller entgegen und sagt:

„bitti!"   (Perfektform des türkischen Verbs ‚bitmek', das ‚beenden' bedeutet)

B. steht mit der syntaktischen Entwicklung am Beginn der Zweiwortphase, er äussert aber noch sehr viele Einwortsätze. Sein aktiver Wortschatz liegt bei etwa 100 Wörtern, die von starken phonologischen Prozessen geprägt sind, sodass er von Aussenstehenden nur schlecht verstanden wird. In seiner Sprachwahl jedoch wird er zunehmend gezielter, je mehr Wörter ihm in beiden Sprachen zur Verfügung stehen. Am Familientisch hat er eine Strategie entwickelt, eigene Äusserungen jeweils für beide Elternteile zu wiederholen, also jeweils den einen Elternteil darüber zu informieren, was er dem anderen mitgeteilt hat. Bemerkenswert ist, dass er dies mit so eingeschränkten sprachlichen Mitteln schon recht konsequent versucht.

Vieles deutet darauf in, dass das Verhalten „korrekte Sprachwahl" von vielen Entwicklungsbereichen abhängt:

- Das Kind muss die Erfahrung machen, dass Sprachwahl nötig ist, weil Wörter der einen oder der anderen Sprache nicht verstanden oder nicht akzeptiert werden, es aber den Wunsch hat, verstanden zu werden.
- Es muss einen so umfangreichen Wortschatz in beiden Sprachen aufbauen, dass es die Wahl hat
- Es muss die nötigen phonetisch-phonologischen Fähigkeiten erworben haben, um die gewählten Wörter auszusprechen

Dies scheinen die Mindestbedingungen zu sein, damit das Kind gegen Ende des 2. Lebensjahres beginnt, Wörter seiner Sprachen gezielt einzusetzen. Mit fortschreitendem Grammatikerwerb, wenn es also Zwei- oder Mehrwortsätze bildet, kommt der Erwerb der entsprechenden morphosyntaktischen Kompetenzen hinzu. Die drei erwähnten Punkte bleiben aber relevant.

5.5.2.3 Erweiterung der Sprachwahlkompetenz

5.5.2.3.1 Phonologische Hinweise als Orientierungshilfe

Ein wichtiges Kriterium, an welchem sich die Kinder für ihre Sprachwahl orientieren, ist die Sprache, die an sie gerichtet wird. Dies wird bei Deuchar und Quai (1999, 474) oder auch bei Taeschner (1983) ersichtlich. Letztere berichtet von der englisch-italienisch sprechenden Giulia Milli, dass sie mit 1;8 Jahren phonologische Hinweise nutzte, um die Sprache zu wählen. Sprach der Erwachsene beim Betrachten eines Bilderbuches Englisch, so äusserte auch Giulia englische Wörter. Wurde ihr dasselbe Buch auf Italienisch erzählt, so sprach auch sie Italienisch. Interessant ist, dass Giulia italienische Wörter, die mit englischem Akzent gesprochen wurden, zwar imitierte, für eigene Äusserungen jedoch Englisch wählte (Taeschner 1983, 231). Gerade diese Beobachtung weist darauf hin, dass sich das Kind an der phonologischen Struktur der Sprachen orientiert, um seine eigene Sprachwahl zu planen.

Es ist zu bemerken, dass es sich bei der Orientierung an der Phonologie nicht um eine Strategie handelt, die auf eine Entwicklungsphase beschränkt ist. Vielmehr ist es eine Vorgehensweise, welche auch Jugendliche und Erwachsene in Situationen verwenden, bei denen die Sprachwahl nicht von Anfang an feststeht.

Beispiel 46
So ist beispielsweise in der zweisprachigen Stadt Freiburg/Fribourg bei Kontakten in der Öffentlichkeit jeweils zu klären, welche Sprache genutzt werden soll.

Eine häufig zu beobachtende Strategie von Personen der deutschsprachigen Minderheit besteht darin, das Gespräch auf Französisch zu beginnen und bei der Antwort des Gesprächspartners nach Hinweisen zu suchen, ob die andere Person ebenfalls Deutsch als Erstsprache spricht. Auch bei guter Französischkompetenz gibt es häufig gerade auf der phonetisch-phonologischen Ebene solche Hinweise, sodass ein Sprachwechsel erfolgen kann.

Die Vorgehensweise, sich an der Phonologie zur orientieren, kann im Zusammenhang mit Sprachverarbeitungsprozessen im Gehirn beziehungsweise im mentalen Lexikon verstanden werden. In der Forschung mit mehrsprachigen Menschen konnten nämlich immer wieder so genannte Priming-Effekte nachgewiesen werden. Mehrsprachige Personen konnten dabei Äusserungen in einer anderen als der aktivierten Sprache jeweils schneller abrufen, wenn ein Stimulus in dieser Sprache vorausging, wenn sie also zumindest ein Wort in dieser Sprache hören (oder allenfalls auch lesen) konnten. Das Hören eines Wortes in einer bestimmten Sprache erleichtert also Sprachwahl und Sprachwechsel, sodass beides schneller und zielgerechter erfolgen kann. Erklärt wird dies damit, dass bereits das Hören einer Äusserung in einer bestimmten Sprache das Aktivierungsniveau von Wörtern dieser Sprache so verändert, dass weitere Wörter dieser Sprache schneller ausgelöst werden können als ohne den Stimulus (Paradis 1993, 140). Auch die Kommunikationsmodi nach Grosjean (siehe Kapitel 4.2) basieren auf einem solchen Verständnis der Sprachverarbeitungsprozesse.

5.5.2.3.2 Selbstkorrektur und Problemlösung im Gespräch

Natürlich kann es vorkommen, dass Kinder eine Person in der falschen Sprache ansprechen. Manchmal bemerken sie dies von selbst, ohne dass ihr Gesprächspartner sie darauf hinweist. Belegt sind spontane Selbstkorrekturen bereits für das Alter von 2;0 bis 2;6 Jahren (Köppe/Meisel 1995, 278).

Beispiel 47
Jens (2;2) hat mit seiner Mutter, mit der er Französisch spricht, ein Bild mit einem Boot betrachtet. Am Abend betrachtet er das gleiche Bild mit dem deutschsprachigen Vater: „Bat ... Boot." Jens schaltet noch rechtzeitig um, indem er anstatt bateau Boot sagt (Kielhöfer/Jonekeit 1984, 39).

Kinder kontrollieren und korrigieren aber nicht nur ihre eigenen Äusserungen im Sinne einer spontanen Selbstkorrektur, sondern sie reagieren auch früh sensibel auf Nichtverstehensäusserungen anderer. Von einsprachigen Kindern weiss man, dass sie mit zwei Jahren herausfinden können, wo der Problembereich in einer Konversation liegt, und dass sie pragmatisch angemessene Antworten auf Klärungsfragen geben können (Lanza 1997, 22). Auch zweisprachige Kinder entwickeln diese Fähigkeiten, als möglicher Grund für Missverständnisse kommt bei ihnen jedoch noch die falsche Sprachwahl hinzu. Entsprechend beschreibt Saunders (1988, 54), dass seine englisch-deutschsprachigen Kinder bei Verständigungsproblemen davon ausgingen, dass die gewählte Sprache die Ursache dafür war. Deshalb wiederholten sie ein Wort, das nicht verstanden wurde, jeweils in der anderen Sprache. Dieses Verhalten kann man als Code-Switching bezeichnen, weil es eine pragmatische Funktion erfüllt und beabsichtigt ist. Ob Kinder dies systematisch tun, ob sie also bei jedem Missverständnis davon ausgehen, dass die gewählte Sprache der Grund ist, hängt oft von Kontextfaktoren ab. Das lässt sich am Klärungsverhalten der bereits vorgestellten Siri (Lanza 1992; 1997) gut zeigen. Siri verhält sich in der Konversation mit Mutter und Vater sehr unterschiedlich.

Siris Mutter versucht, von ihrer Tochter Englisch zu fordern. Wenn die Mutter nachfragt, geht Siri deshalb davon aus, dass sie die falsche Sprache gewählt hat:

Beispiel 48
Siri (2;2) hat gerade in die Hände geklatscht und kommentiert diese Tätigkeit ihrer Mutter gegenüber:
Siri: **klappe** hand *(klatschen Hand)*
Mutter: Hm?
Siri: clap hand *(klatschen Hand)*
(Lanza 1997, 201. Normaldruck Englisch, Fettdruck Norwegisch, Kursivdruck deutsche Übersetzung CFS)

In ihrer ersten Äusserung verbindet Siri ein norwegisches mit einem englischen Wort. Auf die Nachfrage ihrer Mutter hin korrigiert sie ihre Äusserung, indem sie beide Wörter auf Englisch wiederholt.

Taucht hingegen ein Verständigungsproblem im Gespräch mit dem Vater auf, dann sucht Siri nach anderen Ursachen. Der Vater akzeptiert nämlich ihre norwegischen wie auch ihre englischen Äusserungen. So kann Siri annehmen, dass er beide Sprachen versteht, und dass sie bei Nichtverstehen zusätzliche Informationen geben muss. Dies zeigt das folgende Beispiel:

Beispiel 49

Vater und Tochter (2;7) sprechen über einen Besuch bei der kranken norwegischen Grossmutter (Bestemor), der sie ein Medikament bringen wollen.

Siri:	give **Bestemor** *(geben Grossmutter)*
Vater:	**Hva sier du?** *(Was sagst du?)*
Siri:	give **Bestemor det** *(geben Grossmutter das)*
Vater:	**Skal vi gi det til Bestemor?** *(Sollen wir das Grossmutter geben?)*
Siri:	**Ja.**

(Lanza 1997, 653. Normaldruck Englisch, Fettdruck Norwegisch, Kursivdruck deutsche Übersetzung durch CFS)

Die Nachfrage des Vaters versteht Siri nicht in dem Sinne, dass er die zweisprachige Äusserung nicht verstanden oder akzeptiert hat. Sie nimmt inhaltliche Probleme an und ergänzt ihre Aussage mit dem auf den gemeinten Gegenstand hinweisenden Wort. Den Rest ihrer zweisprachigen Äusserung wiederholt sie ohne Veränderung. Darauf reagiert der Vater entsprechend, indem er sich bestätigen lässt, ob er Siri richtig verstanden hat.

Zweisprachige Kinder passen sich also in ihrem Kommunikationsverhalten den Gesprächspartnern an und kontrollieren ihre Sprachproduktion laufend in Bezug auf die Angemessenheit der Sprache. Es zeigt sich aber auch, dass sie nicht automatisch die gewählte Sprache als Quelle von Missverständnissen wahrnehmen. In welchem Ausmass sie dies tun, hängt unter anderem vom Kommunikationsverhalten und den sprachlichen Kompetenzen der Bezugspersonen ab.

5.5.2.3.3 Mehrere Gesprächspartner mit mehreren Sprachen

Sprachwahl ist eine relativ einfach zu lösende Aufgabe, solange sich nur Personen einer Sprache im Gespräch mit dem mehrsprachigen Kind befinden. Mischen sich Vertreter mehrerer Sprachen ein, dann wird es komplexer, alle zufrieden zu stellen. Kinder entwickeln deshalb entsprechende Strategien, um die Situation zu bewältigen.

Eine Strategie besteht darin, dass sie gezielt eine Sprache wählen, um nur eine ausgewählte Person anzusprechen (Lanza 1997, 212), und dass sie dies auch explizit machen. Das folgende Beispiel soll dies verdeutlichen:

Beispiel 50

Die kleine Lisa (3;7) wählt Italienisch, um ihrem Vater zu antworten. Der Vater findet nämlich die Türe zum wiederholten Male offen und sagt:

Vater:	**Mi sembrava! La porta aperta!** *(Dachte ich's doch! Die Türe offen!)*
Lisa schliesst die Tür:	**Ho chiuso!** *(Ich habe zugemacht!)*
Mutter:	Was hast du gemacht?
Lisa:	Für Papi gesagt.
Mutter:	Willst du nicht auch für Mami sagen?
Lisa:	Ich hab die Tür zugemacht.

(Taeschner 1983, 1. Normaldruck Deutsch, Fettdruck Italienisch, kursiv deutsche Übersetzung CFS)

Lisa erklärt ihrer Mutter, warum sie für ihre Äusserung Italienisch wählt. Auf den Wunsch der Mutter, dasselbe für sie auch auf Deutsch zu sagen, geht sie jedoch ein.

Eine zweite Strategie kann darin bestehen, dass die Kinder ihre Aussagen in beiden Sprachen äussern, um beide Elternteile zu erreichen. Von solchem Verhalten wird bereits ab dem Alter von 1;11 bis 2;0 Jahren berichtet (Lanvers 2001, 450; Köppe/Meisel 1995, 279). Das oben erläuterte Beispiel 45 von B. (2;1) entspricht dieser Strategie, wobei B. lediglich beide Eltern über seinen erfolgreich geleerten Teller informieren will. Anders ist es im folgenden Beispiel, wo das sprachlich bereits weiter entwickelte Kind unbedingt sein Ziel erreichen will, nämlich einen Keks zu essen:

Beispiel 51
In der Familie werden Weihnachtskekse gegessen. Das Kind (3;4) sagt:
„**Bana bir tane ver!** Ich will au eins! **Baba, bana da ver!**" (*Gib mir ein Stück! ... Papa, gib mir auch!)*
(Normaldruck Schweizerdeutsch, Fettdruck Türkisch, Kursivdruck Deutsche Übersetzung)

Das Kind wendet sich zuerst an den Türkisch sprechenden Vater, wiederholt dann seinen Wunsch für die Mutter im mit ihr etablierten Schweizer Dialekt. So hat das Kind die Gewissheit, dass sein Anliegen auf jeden Fall verstanden wird. Wer darauf reagiert, ist für das Kind in dieser Situation nicht entscheidend.

Als eine weitere Strategie können zweisprachige Kinder eine Sprache wählen und darauf zählen, dass alle es verstehen oder dass später eine Übersetzung erfolgt. Um ihre Sprachwahl zu rechtfertigen, nehmen die Kinder mit dem gemeinten Elternteil Blickkontakt auf, halten diesen und erzählen in dessen

Sprache. Treten sie in Blickkontakt mit dem anderen Elternteil, so führt dies meist auch zum Sprachwechsel (Saunders 1988, 58-60).

Sobald also das Kind erkannt hat, dass Sprachwahl nötig ist, entwickelt es eine Anzahl von Strategien, um angemessen mit dem Problem umzugehen. Dazu gehört es, Anliegen in beiden Sprachen zu äussern, Blickkontakt aufzunehmen oder auch explizit zu sagen, für wen eine Mitteilung bestimmt ist.

5.5.2.3.4 Wenn Sprachwahl nicht gelingt

Es wurde ausführlich dargestellt, dass die Kinder schon vor dem 2. Geburtstag fähig sind, ihre Sprachen gezielt einzusetzen und Missgriffe zu korrigieren. Trotzdem ist anzunehmen, dass es Situationen gibt, in denen die Kinder die Sprache nicht angemessen wählen können, weil ihnen die entsprechenden Wörter oder Wendungen nicht zur Verfügung stehen. Was tun Kinder, wenn sie Wörter nicht kennen, oder wenn sie diese gerade nicht abrufen können? Beschrieben werden einige Strategien im Umgang mit diesem Problem. Manche davon wurden bereits erwähnt, werden jedoch der Übersicht halber in der folgenden Zusammenstellung nochmals aufgeführt.

Befindet sich das zweisprachige Kind in einem bilingualen Kontext, dann kann es bei Wortschatzproblemen die Sprache wechseln und davon ausgehen, dass der Gesprächspartner es versteht. Auf solche Formen des Code-Switching wird im folgenden Kapitel ausführlicher eingegangen.

Im monolingualen Kontext steht ihm diese Möglichkeit nicht zur Verfügung. Trotzdem kann es vorkommen, dass das Kind die Sprache wechselt, allerdings mit dem Bewusstsein, dass der Wechsel nicht angemessen ist. Dies markiert das Kind beispielsweise durch eine Pause vor dem Wort (siehe Beispiel 18). Diese Strategie dient einerseits dazu, im Gespräch zu bleiben, und ermöglicht es andererseits, das korrekte Wort zu hören und zu erwerben.

Eine andere Strategie besteht darin, die entsprechende Struktur zu vermeiden, indem das Kind schweigt oder das Thema wechselt. Dies war beispielsweise bei B. (1;8) der Fall, der auf Türkisch noch nicht ja oder nein sagen konnte und entsprechende Fragen deshalb auf Türkisch systematisch unbeantwortet liess. In Deutsch stellte sich dieses Problem nicht (vergleiche Abbildung 5).

Eine weitere Möglichkeit sind unverständliche Lautketten. Das Kind kann die Anforderung der Situation, auf Fragen zu antworten, immerhin so weit erfüllen, dass es im richtigen Moment und im richtigen Tonfall etwas sagt. Dass dies allerdings unverständlich ist, deutet darauf hin, dass ihm die nötigen linguistischen Mittel nicht zur Verfügung stehen.

Beispiel 52
Lh (1;7) ist im Gespräch mit ihrem Vater, mit dem sie Englisch, ihre nicht dominante Sprache spricht:
Vater: *„is this your rabbit?"*
Lh: „nein"
Vater: *„who's rabbit is it then?"*
Lh: xxx (unverständlich)
Vater: *„is it Ls'?"* (Ls ist der ältere Bruder des Mädchens. Anmerkung CFS)
Lh: *„no"*
(Lanvers 2001, 458)

Das Kind beantwortet die erste Frage in der nicht angemessenen Sprache Deutsch. Der Vater führt das Gespräch weiter, ohne auf den Verstoss gegen die Sprachregelung einzugehen, bleibt aber bei seiner Sprachwahl. Dies entspricht nach Lanza (1992, 649) der ‚move on strategy' oder Verstehensstrategie. Das Kind beantwortet die folgende Frage mit einer unverständlichen und erst die dritte Frage mit einer englischen Äusserung.

Das Beispiel zeigt, dass der Sprachwechsel nicht immer sofort erfolgt, sondern einige Gesprächsschritte in Anspruch nehmen kann. Es zeigt aber auch, dass die unverständliche Äusserung dazu beiträgt, dass das Gespräch der beiden weitergeht. Damit eröffnet diese Strategie dem Gesprächspartner die Möglichkeit, dem Kind zu zeigen, wie es antworten könnte, sodass man sie als Spracherwerbsstrategie interpretieren könnte. Übrigens ist solches Verhalten, unsichere Wörter schnell und unverständlich zu sagen und eine korrigierende Rückmeldung abzuwarten, auch aus dem Zweitspracherwerb bekannt.

Eine weitere Strategie, den Anforderungen an die Sprachwahl zu genügen, besteht darin, auf Äusserungen auszuweichen, die zu beiden Sprachen zählen können, die also sprachlich neutral sind. Dazu gehören Lautmalereien, Namen oder Ausdrücke wie das „yeap" im folgenden Beispiel:

Beispiel 53
Lh (1;11) im Gespräch mit ihrem Vater:
Vater: *„what's that?"*
Vater: *„a dog?"*

Lh: „yeap"

Lh: „wuff"

Vater: „*yes a dog*"

Lh: „*dog*"

(Lanvers 2001, 460)

Das Kind kennt das Wort ‚Hund' nicht auf Englisch, greift deshalb zunächst auf eine neutrale Äusserung und dann auf die Lautmalerei zurück. Das Angebot des Vaters übernimmt das Kind jedoch und wiederholt das englische Wort ‚dog'.

Die Liste der Problemlösungsstrategien ist sicher nicht vollständig. Sie zeigt jedoch, dass die Kinder nicht einfach unbewusst mit der Sprachwahlsituation umgehen, sondern dass sie einiges ausprobieren, um den Anforderungen einer Kommunikationssituation zu genügen. Die hier aufgeführten Strategien sind deshalb nicht zufällig vor allem in Situationen zu beobachten, in welchen das Kind seine nicht dominante Sprache benutzen sollte. Da es in dieser definitionsgemäss über geringere linguistische Mittel und einen geringeren Automatisierungsgrad verfügt, muss es zwangsläufig häufiger in Schwierigkeiten geraten. Allerdings kann sich die Dominanz gerade in jungen Jahren abhängig vom Input schnell ändern, sodass diese Phänomene entsprechend in beiden Sprachen beobachtet werden können.

Es wurde gezeigt, dass eine Strategie, sich aus schwierigen Situationen zu befreien, der Sprachwechsel sein kann. Sprachwechsel hat jedoch noch andere Funktionen, deren Voraussetzungen das Kind erst erwerben muss. Dieser Erwerb soll im Folgenden dargestellt werden.

5.5.2.4 Code-Switching als elaborierteste Form des Sprachwechsels

Code-Switching in seiner voll entwickelten Form ist ein hoch komplexes Sprachverhalten, das eine Vielzahl von Kompetenzen voraussetzt (siehe Kapitel 4.2.1). Das zentrale Kriterium für Code-Switching ist irgendeine Form von Absicht. Wer den Sprachwechsel produziert, muss in diesem Moment davon ausgehen, dass – aus welchem Grund auch immer – eine Äusserung auch in der Sprache angemessen ist, mit der nicht begonnen wurde. Interpretiert man also Sprachwechsel, die in irgendeiner Weise eine beabsichtigte Funktion zu erfüllen scheinen, als Code-Switching, dann findet man bereits bei sehr kleinen Kindern Hinweise auf entsprechende Fähigkeiten.

Die Entwicklung beginnt mit Sprachwechseln, die entlang der Satz- oder Äusserungsgrenzen verlaufen. Wie bereits gezeigt, können Kinder schon Ende des 2. Lebensjahres und noch auf Einwortsatz-Stufe im Verlaufe eines Gesprächs gezielt die Sprache wechseln, wenn sie verschiedene Personen ansprechen wollen (Siehe die Beispiele in den vorangehenden Kapiteln).

Sprachwechsel innerhalb von Äusserungen sind natürlich erst möglich, wenn das Kind längere Äusserungen produziert. Erfolgen diese Sprachwechsel beabsichtigt, also während das Kind im bilingualen Kommunikationsmodus ist, und wechselt es die Sprache auch innerhalb eines Satzes vollständig und ohne zu zögern, und nicht nur entlang der Satzgrenzen, dann spricht man von einem erwachsenenähnlichen Code-Switching. Solche Code-Switches sind erst möglich, wenn das Kind über entwickelte morphologisch-syntaktische Kompetenzen in beiden Sprachen verfügt, weil solche Wechsel die diesbezüglichen Strukturen der beteiligten Sprachen berücksichtigen. Dieses morphologisch-syntaktische Wissen wird mit etwa drei Jahren erworben. Deshalb ist erwachsenenähnliches Code-Switching überhaupt erst ab diesem Alter möglich (Köppe/Meisel 1995, 280). Allerdings müssen die grammatikbezogenen Regeln des Code-Switching nicht speziell erworben werden. Es handelt sich dabei um implizites Wissen, das die Kinder nutzen können, sobald sie die entsprechenden grammatikalischen Strukturen erworben haben (Meisel 2004, 97). Insofern findet Sprachwechsel in jedem Alter auf dem Hintergrund des aktuellen grammatikalischen Wissens statt.

Bezüglich der Funktionen des Code-Switching scheint eine Entwicklung hin zum Komplexen stattzufinden. Bis zum Alter von zwei Jahren scheinen die Sprachwechsel oft linguistisch bedingt zu sein. Das Kind wechselt jeweils in die Sprache, in welcher ihm der grössere Wortschatz und die komplexeren morphosyntaktischen Strukturen zur Verfügung stehen (Lanvers 2001, 449). Dieses Verhalten wurde bisher vor allem von Kindern beschrieben, bei denen der Wechsel den sprachlichen Kompetenzen der Gesprächspartner angemessen war, weil auch diese zweisprachig waren. Ab zwei Jahren sind jedoch auch Sprachwechsel zu beobachten, bei denen nicht die eigenen linguistischen Beschränkungen den Ausschlag geben, sondern die Eigenschaften des Gesprächspartners. So orientieren sich die Kinder an deren Sprachwahl, an deren Sprachpräferenzen oder an deren Kompetenzen in beiden Sprachen. Dies ist die früheste Funktion von Code-Switching (Lanvers 2001, 440) und die Folge der sich entwickelnden Sprachwahlfähigkeiten.

Die Kinder benutzen aber auch früh rhetorische Wiederholungen, um ihren Äusserungen mehr Gewicht zu verleihen und um jemanden in der Originalsprache zu zitieren. Sobald die Kinder mit Rollenspielen beginnen, setzen sie auch dort Sprachwechsel ein. Die Sprachwechsel verdeutlichen Merkmale des Spiels, und es lässt sich an ihnen beobachten, welche Hypothesen ein Kind bezüglich der Verwendung seiner Sprachen hat. So wählen die Kinder oft für jede Person die Sprache, die diese auch in Wirklichkeit sprechen würde. Zur besonderen Hervorhebung einer Rolle kann aber auch eine andere Sprachwahl erfolgen, allerdings erst mit etwa vier Jahren (Köppe/Meisel 1995, 279). In den Rollenspielen zeigt sich aber nicht nur, welcher Person welche Sprache zugeschrieben wird, sondern auch, ob für bestimmte Situationen bestimmte Sprachen reserviert sind. So ist oft die Aussenwelt fest mit der Umgebungssprache verbunden, was das Kind auch im Rollenspiel umsetzt.

Beispiel 54
Für den deutsch-französisch aufwachsenden Ivar (2;8) ist der Alltag mit Deutsch verbunden, was das folgende Beispiel zeigt. Ivar spielt mit dem französischsprachigen Interviewer „Essen".
Interviewer: **„oui, on veut manger"**
Ivar verlässt den Raum und tut so, als kaufe er ein:
Ivar: „so ham wir / hier sieben mark, so" ...
Zum Interviewer: **„on va- on va manger"**
(Köppe/Meisel 1995, 288. Fettdruck Französisch)

Ivar verlässt im Rollenspiel den Raum, um etwas zu essen zu kaufen. Das Einkaufen geschieht wie im Alltag auf Deutsch. Dann kommt er zurück und nimmt das Spiel auf Französisch wieder auf.

Als stilistisches Mittel können Kinder markierte Sprachwechsel ab ungefähr 4;0 Jahren benutzen. Damit können sie Gesprächspartner unterhalten, necken oder Dritte ausschliessen (Köppe/Meisel 1995, 280).

Gelegentlich kann ein gezielter Sprachwechsel von Kindern auch als Strategie bei lexikalischen Lücken in der Konversationssprache eingesetzt werden. Dieser Vorgang wird mit Entlehnung (Borrowing) bezeichnet. Das Kind markiert dann seinen Sprachwechsel oft mit einer kleinen Pause und deutet damit an, dass ihm bewusst ist, dass der Wechsel eigentlich nicht angemessen ist. Entsprechend reagieren Gesprächspartner auf solche Pausen, indem sie das fehlende Wort zur Verfügung stellen. Ein Beispiel dafür wurde bereits angeführt. Solche Entleh-

190

nungen zum Überbrücken von lexikalischen Lücken kommen zwar vor, sie fallen aber gegenüber den anderen Funktionen des Code-Switching wie z.b. Markierung von Zitaten, Klarstellung und Emphase, Herstellung von Distanz und Nähe, Markierung von Einstellungen, Konstruktion sozialer und ethnischer Identität und Erhaltung sozialer Netzwerke weniger ins Gewicht (Tracy/ Gawlitzek-Maiwald 2000, 501). Jedenfalls gilt dies für ältere Kinder, die ihren Spracherwerb schon weitgehend abgeschlossen haben und über gut entwickelte sprachliche Kompetenzen in beiden Sprachen verfügen.

5.5.3 Fazit zu den kommunikativ-pragmatischen Kompetenzen

Zusammenfassend kann man also Folgendes sagen: Auch kleine Kinder versuchen, kommunikative Situationen zum Gelingen zu bringen. Entsprechend sind sie darum bemüht, mit ihren Gesprächspartnern gemeinsame sprachliche Mittel zu finden und diese anzuwenden. Dies gelingt ihnen im Rahmen ihrer sprachlichen Möglichkeiten meistens schon ab etwa der Mitte des zweiten Lebensjahres recht gut. Wichtig ist dabei ein entsprechender Wortschatz. Auch die phonetisch-phonologischen Fähigkeiten müssen so weit entwickelt sein, dass auch schwierigere Wörter ausgesprochen werden können.

Abgesehen davon, dass die Kinder in der Sprache antworten, in welcher sie angesprochen wurden, können sie sich in zunehmendem Masse an sozialen Merkmalen ihrer Gesprächsteilnehmer, am Gesprächsthema, am Gesprächsort und an der Diskursart orientieren. Zentral ist dabei immer auch die kommunikative Notwendigkeit. Indem die Kinder für Reaktionen ihrer Gesprächspartner sensibel sind, können sie Probleme, die zu Missverstehen führen, klären. Dazu können auch Fehlgriffe in der Sprachwahl gehören.

Wichtig ist also zu bedenken, dass die Sprachwahl der Kinder nicht zufällig geschieht, sondern Regeln folgt, welche die Kinder zunehmend ausdifferenzieren. Diese Regeln haben Erwachsene zu berücksichtigen, wenn sie von den Kindern die Verwendung einer bestimmten Sprache verlangen, oder wenn sie das sprachliche Verhalten von Kindern analysieren. In zweisprachig geprägten Kontexten, die einen bilingualen Sprachmodus hervorrufen, kann eine solche Analyse anspruchsvoll sein. Sie muss eine Vielzahl von Aspekten der Situation berücksichtigen.

Der Erwerb des Code-Switching zeigt deutlich, wie verschiedene Kompetenzen miteinander verflochten sind. Zuerst muss das Kind Sprachwahl zu einem wichtigen Kriterium seiner Sprachproduktion machen. Voraussetzung dafür ist einerseits die Entdeckung, dass nicht alle Menschen seiner Umgebung alle seine Äusserungen verstehen, dass es also entsprechend auswählen muss. Andererseits muss das Kind über den Wortschatz in beiden Sprachen verfügen, der es ihm erlaubt, sein Anliegen in der angemessenen Sprache auszudrücken. Zudem muss es seine Produktionsfähigkeit beziehungsweise seine Aussprachefähigkeit so weit entwickelt haben, dass es fähig ist, von zwei Übersetzungsäquivalenten auch das schwierigere Wort auszusprechen. Weiter benötigt es für komplexere Formen des Code-Switching, bei denen es innerhalb eines Satzes und nicht erst am Satzende wechselt, umfassende morphologisch-syntaktische Kompetenzen. Dies deshalb, weil solche Wechsel nicht völlig ungeregelt erfolgen, sondern die jeweiligen Sprachstrukturen der beteiligten Sprachen berücksichtigen. Auch wenn Code-Switches für aussenstehende einsprachige Menschen chaotisch wirken, sind sich Zweisprachige weitgehend darüber einig, an welchen Stellen Wechsel möglich sind und an welchen nicht. Und dies, obwohl es bisher nicht gelungen ist, diesbezügliche Regeln umfassend zu beschreiben.

Wenn Kinder also mit ungefähr drei Jahren beginnen, in zweisprachigen Situationen auch innerhalb von Sätzen zu wechseln, dann zeigt dies an, dass sie die entsprechenden morphologisch-syntaktischen Strukturen zumindest in Grundzügen erworben haben. Code-Switching kann somit ein Zeichen für eine altersgemässe Sprachentwicklung sein. Welche Funktionen das Code-Switching für das Kind erfüllen kann, hängt von seiner kommunikativ-pragmatischen Entwicklung ab. Code-Switching entwickelt sich nur dort, wo es erwünscht ist, was auch den Rahmen für mögliche Funktionen absteckt. Zentral ist dabei die wachsende Fähigkeit des Kindes, immer mehr Aspekte der Kommunikation und der Sprachkompetenz gleichzeitig zu berücksichtigen und flexibel und gezielt damit umzugehen.

5.6   Metasprachliche Kompetenzen

5.6.1   Die Erwerbsaufgabe

Unter metasprachlichen Kompetenzen werden so unterschiedliche Leistungen eingeordnet wie Grammatikalitäts- und Akzeptabilitätsurteile, Segmentierung von Sprache, sprachliche Transformationen und Manipulationen, Produktion und Verstehen von Ambiguität und Konzeptualisierung von Sprache, d.h. Dissoziation von Wort und Referent. Laut Bussmann (1990, 697-698) ist es umstritten, ob den verschiedenen metasprachlichen Ausdrucksformen eine einzige metasprachliche Fähigkeit zugrunde liegt. Ebenfalls ist ungeklärt, wie bewusst diese Tätigkeiten erfolgen müssen, um als metasprachlich zu gelten (Lanza 1997, 64). Metasprachliche Kompetenzen beinhalten auf jeden Fall die Fähigkeit, sich vom Inhalt der Sprache so weit zu distanzieren, dass die Sprache selbst zum Gegenstand des Nachdenkens oder der Manipulation wird. So definiert auch Wehr (2001, 15) den Begriff ‚Meta-Sprache' als Reflexion und Sprechen über Sprache, sowie als Handlungen an Sprache, beispielsweise in Form spielerischer Manipulationen. „Sprache behält hierbei eine ihrer ursprünglichen Funktionen, ihre Funktion als *Mittel* des Denkens (Repräsentationsmittel) bei. Gleichzeitig ist Sprache bei metasprachlichen Handlungen *Objekt* des Denkens" (Wehr 2001, 41, Hervorh. im Orig.).

Auch metasprachliche Kompetenzen müssen erworben werden. Wehr (2001, 169) teilt die verschiedenen Faktoren, welche die metasprachliche Entwicklung beeinflussen, in die drei Bereiche ‚Kognitive Entwicklung', ‚sprachliche Entwicklung' und ‚Umweltfaktoren' ein. Unter die kognitive Entwicklung werden Faktoren subsumiert wie die Zentrierung bzw. Reversibilität des Denkens, die Ausbildung von Problemlösefähigkeit, Kontrollfähigkeiten, Abstraktionsfähigkeit, Analysefähigkeit oder formales Denken. Bei der sprachlichen Entwicklung scheint analysiertes primärsprachliches Wissen relevant zu sein, das auch explizierbar sein soll. Und bei den Umweltfaktoren spielt so Unterschiedliches wie der Schriftspracherwerb, der Deutschunterricht, die Bezugspersonen oder auch kulturelle Faktoren eine Rolle. Mehrsprachigkeit ist nur ein Faktor unter vielen in der Umwelt eines Kindes, die für die metasprachliche Entwicklung bedeutsam sind.

Da sehr unterschiedliche Leistungen und Aufgaben unter dem Dach der Metasprache zusammengefasst werden, erstaunt es nicht, dass es anscheinend bisher nicht gelungen ist, einheitliche Entwicklungsschritte für metasprachliche Leistungen festzulegen. Dies gelingt immer nur für bestimmte, eng umschriebene Teilbereiche der Metasprache wie beispielsweise die phonologische Bewusstheit. Hier nimmt einerseits der Bewusstheitsgrad zu, d.h. die Tätigkeiten können immer bewusster durchgeführt und besser begründet werden. Andererseits wird die Segmentierungseinheit, mit der sich ein Kind befassen kann, immer kleiner oder abstrakter. So beginnt die Entwicklung mit einem diffusen Wortbewusstsein und verläuft über die Silbenbewusstheit und die Ansatz-/Reimbewusstheit zur Phonembewusstheit (Hartmann 2002, 70). Man könnte die einzelnen Schritte noch weiter differenzieren, aber die Tendenz von der grösseren zur kleineren und abstrakteren Einheit wird bereits in dieser Aufzählung deutlich. Diese Abfolge muss aber nicht für jeden Teilbereich in der gleichen Form zutreffen.

Die gesamte metasprachliche Entwicklung verläuft über mehrere Jahre. Sie findet deutliche Ausdrucksformen in der spielerischen Auseinandersetzung von Vorschulkindern mit Sprache. Mit dem Schriftspracherwerb – wie überhaupt mit dem Sprachunterricht – bekommt sie nochmals einen starken Impuls, ist aber nie ganz abgeschlossen. Auch Erwachsene können dazu angeregt werden, über Sprache nachzudenken und zu neuen Erkenntnissen zu kommen.

Zweisprachig aufwachsende Kinder haben schon früh Anlass und Gelegenheit, Sprachen und Sprachgebrauch zu vergleichen und über Systeme nachzudenken. Dies führte zur Annahme, dass zweisprachige Kinder in der metasprachlichen Entwicklung den einsprachigen Kindern voraus sein müssen. Konkret wurde dabei vor allem das Argument angeführt, die tägliche Erfahrung, dass es für den gleichen Gegenstand oder Sachverhalt verschiedene Bezeichnungen in den beiden Sprachen gebe, müsse Auswirkungen auf die sprachliche Entwicklung der Kinder haben. Diese Erfahrung führe nämlich dazu, dass die phonetische Form eines Wortes sich von dessen Bedeutung löse (Leopold 1961, 358). Damit werde die Erkenntnis gefördert, dass das sprachliche Zeichen und das Bezeichnete in einem willkürlichen Zusammenhang stehen, was man Arbitrarität der sprachlichen Zeichen nennt.

Ein weiteres Argument für die angebliche Überlegenheit zweisprachiger Kinder im metasprachlichen Bereich bezieht sich auf deren Erfahrung mit der Kontrolle ihrer Sprachproduktion. Sie müssen mehr als einsprachige Personen darauf achten, ob ihre Sprachproduktion den Erfordernissen der Situation angemessen ist, was gemäss dem Modell von Levelt, Roelofs und Meyer (1999) eine bewusstere Selbstkontrolle verlangt. Deshalb ist anzunehmen und unterdessen auch belegt, dass zweisprachige Kinder in all denjenigen metasprachlichen Aufgaben besser abschneiden, die erhöhte Prozesskontrolle verlangen (Bialystok 1991, 132; 2001).

5.6.2 Besonderheiten bei zweisprachigen Kindern

Im Folgenden sollen einige Entwicklungsschritte von zweisprachigen Kindern darauf hin untersucht werden, welche Hinweise auf metasprachliche Leistungen sie enthalten. Lanza (1997, 66) interpretiert die korrekte Sprachwahl bei zweisprachigen Kindern als eines der frühesten Zeichen für die Fähigkeit, über Sprache zu reflektieren. Wie bereits besprochen, setzt korrekte Sprachwahl die Erkenntnis des Kindes voraus, dass die Personen in seiner Umgebung verschieden sprechen und dass man ihnen die Sprachen zuordnen kann. Diese Erkenntnis führt beim Kind dazu, dass es nicht angemessenen Sprachgebrauch innert sehr kurzer Zeit stark reduziert. Auf welchen Anteil es die unangemessenen Äusserungen reduzieren kann, scheint vor allem von seinen linguistischen Möglichkeiten in der betreffenden Sprache abzuhängen (Döpke 1992a, 473).

Sehr oft beginnen Eltern oder Kinder zu der Zeit auch, den Sprachen einen Namen zu geben. Solche expliziten Hinweise auf die Sprachen können unterschiedlich erfolgen. Eine Möglichkeit ist die Beschreibung, wer etwas sagt: „Mummy says – Daddy says" (Döpke 1992a, 473). Nachdem diese Strategie einmal eingeführt ist, nimmt das Kind selbst Bezug darauf. Das kann zu Gesprächen über Sprache führen, wie das folgende Beispiel zeigt.

Beispiel 55
Die Familie sitzt am Frühstückstisch. B. (2;3) zeigt auf eine Schachtel mit Frühstücksflocken, auf der ein Tiger abgebildet ist. Er richtet sich an seinen türkischsprachigen Vater.

B.:	**„Baba ...** Tiger!"	
Vater:	**„Evet oglum ... kaplan"**	*(Ja, mein Sohn, das ist ein Tiger)*
B.:	**„Anne** Tiger?"	*(In fragenden Ton: Mami Tiger?)*
Vater:	**„Evet, anne** Tiger **diyor. Baba kaplan diyor."**	*(Ja, Mami sagt Tiger. Papi sagt kaplan.)*

B. wendet sich zur Mutter, zeigt auf die Schachtel und sagt: „Mami ... Tiger!"
Mutter: „Ah jo, do hets en Tiger." *(Ah ja, da hat es einen Tiger)*
(Fettdruck Türkisch, Kursivdruck deutsche Übersetzung)

Eine weitere Art, die Sprachen zu bezeichnen, ist ein Name, der auf dem Hauptvertreter basiert: „langue à maman – Papasprache" (Köppe/Meisel 1995, 279). Die abstrakteste Möglichkeit ist der Name der Sprache, also Französisch, Deutsch usw. Aufgrund der zunehmenden Abstraktheit ist es nicht erstaunlich, dass unter den Fallbeispielen der Literatur ältere Kinder auf diese Möglichkeit zurückgreifen, beispielsweise der 3;6 Jahre alte Elvoo, der seine Sprachen korrekt mit „English – Chinese-English" benennt (Kwan-Terry 1992, 245).

Abgesehen von der Fähigkeit, den eigenen Sprachen Namen zu geben ist auch die Erkenntnis, dass Menschen überhaupt eine Sprache sprechen, für Kinder nicht selbstverständlich, wie man in folgenden Beispielen sehen kann.

Beispiel 56
Emir (4 Jahre):   I can speak Hebrew and English.
Danielle (5 Jahre): What's English?
(de Villiers/de Villiers 1982, 151, Hervorh. i. Orig.)

Während der vierjährige Emir bereits seine beiden Sprachen mit der abstrakten Bezeichnung benennen kann, ist der fünfjährigen Danielle noch nicht bekannt, dass sie selbst Englisch spricht.

Beispiel 57
Ähnlich verhält es sich mit dem 4 Jahre alten Kind, das den dreisprachigen Mario Spanisch oder Italienisch sprechen hört:
Kind (4;0):   „Mommie, why does Mario speak that way?"
Mutter: „He's speaking another language."
Kind: „I want to speak a language (sic) too."
Mutter: „But you do speak a language. Everybody speaks a language!"
Kind: „No, I want to speak like Mario!"
(Fantini 1985, 40, Hervorh. im Orig.)

Dieses Kind lässt erkennen, dass es noch kein Bewusstsein darüber hat, was Sprache ist, und dass es unterschiedliche Sprachen gibt.

Die vorgestellten Beispiele sind anekdotische Berichte von einzelnen Kindern. Deshalb kann man nicht ausschliessen, dass einsprachige Kinder nicht auch zu dieser Erkenntnis kommen, wenn sie entsprechende Anregungen erhalten. Wie bei Wehr (2001, 169) nachzulesen ist, entstehen solche Anregungen nicht nur durch Mehrsprachigkeit.

Bei mehrsprachigen Kindern kann das Nachdenken darüber, wer welche Sprache spricht und warum, auch zu unerwarteten Hypothesen und damit zusammenhängend zu unerwartetem Sprachgebrauch führen. Beispielsweise sprach ein dreijähriger Junge wie sein Vater und seine sonstige Umgebung konsistent Deutsch, obwohl er das von der Mutter gesprochene Englisch problemlos verstand. Der Junge produzierte nur dann englische Äusserungen, wenn er in Rollenspielen den Part einer weiblichen Puppe übernahm. Er schien aufgrund seiner Betreuungssituation anzunehmen, dass nur Frauen Englisch sprechen. Die Autorin meint dazu, dass viele Fälle von passivem Bilingualismus, bei dem Kinder eine Sprache zwar verstehen, aber nicht selber sprechen, ihre Ursache in solchen Zuordnungen haben könnten (Tracy 1996, 79).

Die Kinder denken jedoch nicht nur über die Sprache anderer nach, sie kommentieren auch ihren eigenen Sprachgebrauch, und dies bereits ab 2;2 Jahren (Köppe/Meisel 1995, 279). Sie können in diesem Alter schon begründen, warum sie etwas in einer anderen als der von der Situation her verlangten Sprache sagen (Tracy 1996, 80), oder warum jemand anders eine bestimmte Sprache verwenden soll. Beispiel 34 zeigt dies deutlich. Hier nochmals zur Erinnerung:

Beispiel 34

A. (3;4): „Dr Papi seit ‚**köpek balıgı**' zum Haifisch." (*Papa sagt* **köpek balıgı** *zum Haifisch.*)

Mutter: „**Köpek balıgı**?"

A.: „Jo."

Mutter: „Also, denn nimm din **köpek balıgı** und pack en in Rucksack!" (*Also, dann nimm deinen* **köpek balıgı** *und pack ihn in den Rucksack.*)

A.: „Nei, du seisch nid **köpek balıgı**, will das isch Dütsch." (*Nein, du sagst nicht* **köpek balıgı**, *weil das ist Deutsch.*)

(Fettdruck Türkisch, Kursivdruck deutsche Übersetzung)

A. teilt seiner Mutter spontan mit, wie sein Vater den Haifisch nennt, was einer Übersetzungsleistung entspricht. Zudem korrigiert er die Sprachverwendung seiner Mutter, als sie das türkische Wort spasseshalber aufnimmt, mit dem Argument, das sei nicht die richtige, zu ihr passende Sprache. Das Beispiel zeigt also gleich zwei Sprachhandlungen des Kinder, die auf metasprachlichen Leistungen basieren.

Ein wichtiger, nur für zweisprachige Kinder reservierter Bereich sind Übersetzungen. Unter Übersetzen werden hier mit Malakoff und Hakuta (1991, 142) alle Formen von Neuformulierung einer Mitteilung aus einer Quellsprache in eine andere Zielsprache verstanden. Oft wird Übersetzen als eine Fähigkeit betrachtet, die nur von gut ausgebildeten und linguistisch hochentwickelten Personen bewältigt werden kann. Es gibt jedoch eine natürliche Art des Übersetzens, die von Kindern und Erwachsenen ausgeführt wird, welche keinerlei spezielle Kenntnisse oder Ausbildung dafür haben. Sobald Menschen Kenntnisse in mehr als einer Sprache haben, läuft dieser Prozess, falls nötig, beinahe automatisch ab (Malakoff/Hakuta 1991, 144). Je nach Kommunikationssituation verlangen sie auch Übersetzungen. Das kann eine Spracherwerbsstrategie sein, wie folgendes Beispiel von A. (2;9) zeigt:

Beispiel 58
Sein Vater sagt etwas auf Türkisch zu ihm. A. versteht ihn nicht und fragt:
A.: „Mami, was het dr Papi gseit mit däm?" (Mami, was hat Papa damit gesagt?)
Die Mutter sagt ihm auf Deutsch, was der Vater gesagt hat. A. berichtet dem Vater auf Türkisch, was die Mutter ihm eben mitgeteilt hat, und versichert sich so, dass die Übersetzung korrekt war. Nachdem der Vater dies bestätigt hat, ist A. zufrieden.

Übersetzungsfähigkeiten kann man sich als ein Produkt des Zusammenspiels von metasprachlicher Reife und zweisprachiger Tüchtigkeit vorstellen. Der dritte Faktor sind Übersetzungsstrategien, welche die Übersetzungsleistung zwar verbessern können, jedoch nicht über eine optimale Grenze hinaus. Erwachsene Zweisprachige haben mehr Strategien zur Verfügung, weil ihre linguistischen Fähigkeiten und ihr metasprachliches Bewusstsein weiter entwickelt sind. Solche Strategien können zum Beispiel im Gebrauch eines Wörterbuches bestehen, in Umschreibungen, der Anwendung morphologischer Regeln oder dem Gebrauch von Wörtern gleicher Herkunft. Beim Übersetzen durch Kinder ist linguistische Genauigkeit und explizite Kenntnis der linguistischen Unterschiede nicht die Norm. Kinder sind sich der spezifischen Unterschiede zwischen ihren Sprachen noch wenig bewusst. Hingegen verstehen sie die kommunikative Bedeutsamkeit von Übersetzungen. Wenn sie Fehler machen, dann normalerweise nicht in der Bedeutung, sondern bei der Struktur ihrer Übersetzungen (Malakoff/Hakuta 1991, 161).

Es ist anzunehmen, dass die Praxis des Übersetzens an sich die metasprachliche Entwicklung des Kindes fördert. Die Anforderung, einen Inhalt in der anderen Sprache wiederzugeben, regt zum Nachdenken an, wie dies zu bewerkstelligen sei. Die dabei vorgenommene Gegenüberstellung von sprachlichen Systemen, wie sie auch beim Schriftspracherwerb mit den beiden Systemen Schrift und Lautsprache geschieht, ist ein Motor für metasprachliche Entwicklung.

All dies erklärt vielleicht, warum zweisprachige Kinder bereits so früh formale Betrachtungen über Sprache anstellen, und zwar zu allen sprachlichen Ebenen.

Betrachtungen auf **phonetisch-phonologischer Ebene** stellt A. an, der zuhause Türkisch und Deutsch spricht. Französisch hört und verwendet er in der deutsch-französischen Krippe.

Beispiel 59
A. (3;9) weist darauf hin, dass der Wal auf Französisch gleich klinge wie auf Türkisch, nämlich „Baline". Seine Mutter präzisiert die Aussprache des Französischen Wortes. Dort heisse der Wal „baleine". Daraufhin A.: „Baline – baline, das isch glych. ... aber baline – *baleine*, das isch nit glych."

Beispiel für einen **semantisch-lexikalischen Vergleich** sind Giulias Äusserungen:

Beispiel 60
Giulia (1;9) liegt im Bett und betrachtet ihre Füsse, die unter der Decke hervorschauen. Sie sagt zu sich selbst:
„Ah! **C'è piedini**. Füsse **chiama piedini**, **chiama** Füsse. Füsse **anche piedini**."
(Taeschner 1983, 42. Fettdruck Italienisch, Normaldruck Deutsch)

Giulia setzt das italienische Wort für Füsse mit dem deutschen Wort gleich und vergewissert sich, dass die Füsse in beiden Sprachen einen Namen haben.

Sogar auf **grammatikalischer Ebene** finden erstaunlich früh Vergleiche statt:

Beispiel 61
Der Deutsch und Schwedisch sprechende Sven (4;3) fragt danach, warum es ‚mir' und ‚mich' heisse auf Deutsch und nur ‚mig' auf Schwedisch (Oksaar 1981, 276, Hervorh. im Orig.).

Sven ist mit seinen 4 Jahren bereits fähig, über so abstrakte Wörter wie Personalpronomen nachzudenken und ihre Verwendung in beiden Sprachen und in den verschiedenen Fällen zu vergleichen. Dies ist gewiss für ein Kind in seinem Alter eine erstaunliche Leistung.

Viele Autoren sind sich einig, dass zweisprachige Kinder schon früh ausgeprägte metasprachliche Kompetenzen erwerben. Es könnte allerdings sein, dass eine metasprachliche Überlegenheit nur zeitweilig oder nur auf ganz bestimmte Leistungen bezogen vorhanden ist. Untersuchungen dazu kommen zu widersprüchlichen Ergebnissen. Während z.B. eine Studie zum lexikalischen Bewusstsein von einsprachigen, zweisprachigen und zweitspracherwerbenden Vorschulkindern (Nicoladis/Genesee 1996b, 88) keinen Unterschied feststellen konnte, belegte eine Untersuchung der phonologischen Bewusstheit von 4;6-jährigen Kindern einen leichten Vorsprung der zweisprachigen Kinder (Campbell/Sais 1995). Auch Bialystok (2001, 178) stellt fest, dass die Resultate bisheriger metasprachlicher Studien widersprüchlich sind. Sie führt dies darauf zurück, dass diese Studien zwar alle dasselbe Thema beträfen, nämlich Metasprache, dass sie jedoch höchst unterschiedliche Aufgaben mit jeweils spezifischen Anforderungen stellen würden. Betrachte man die Anforderungen differenzierter hinsichtlich der Aspekte der Analyse sprachlichen Wissens oder der Prozesskontrolle bzw. der Kontrolle der Aufmerksamkeit bei der Sprachverarbeitung, so präsentiere sich ein einheitlicheres Bild. Dann seien nämlich zweisprachige Kinder ihren einsprachigen Altersgenossen immer dann überlegen, wenn der Aspekt der Aufmerksamkeitskontrolle überwiege. Gehe es hingegen vor allem um Analyse, dann könne kein Unterschied zwischen den Gruppen festgestellt werden. Zweisprachige Kinder schneiden also immer dann besser ab, wenn es Informationen gibt, die ablenken und in die Irre führen können und entsprechend die Fähigkeit entscheidend ist, die Aufmerksamkeit zu kontrollieren.

Bei Kindern im Schulalter wird es noch schwieriger, Unterschiede bei metasprachlichen Leistungen auf die Zweisprachigkeit zurückzuführen. Grund dafür ist wie erwähnt, dass mit dem Schriftspracherwerb und dem Sprachunterricht alle Kinder grosse Entwicklungsfortschritte in diesem Bereich machen. Die mit zweisprachigem Sprachgebrauch verbundenen Erfahrungen und Erkenntnisse stehen nun allen Kindern offen, so dass sich ein allenfalls vorhandener Vorsprung reduzieren muss.

5.6.3 Fazit zu den metasprachlichen Kompetenzen

Unter metasprachlichen Fähigkeiten werden sehr verschiedenartige Leistungen zusammengefasst. Will man die Entwicklung der metasprachlichen Fähigkeiten mehrsprachiger Kinder beobachten, dann muss man zuerst klären, welche Aspekte man betrachten will. Die jeweilige Definition von Metasprache bestimmt mit, ob man spezifische Leistungen mehrsprachiger Kinder bereits als metasprachlich begründet betrachtet oder nicht.

Geht man davon aus, dass das Nachdenken und Sprechen über Sprache metasprachlich ist, dann zeigen mehrsprachige Kinder ab dem Alter von ungefähr zwei Jahren verschiedene metasprachliche Leistungen, die sich auf zunehmend kleinere und abstraktere sprachliche Einheiten beziehen können.

- Sie benennen ihre Sprachen zuerst funktional („maman dit – Papa sagt" oder „langue à maman – Papasprache"), dann mit der abstrakten Bezeichnung der Sprache („Französisch – Deutsch").
- Sie erkennen, dass Menschen überhaupt Sprache verwenden.
- Sie kommentieren und begründen ihren Sprachgebrauch und den anderer Personen.
- Sie stellen Vergleiche an, wobei sie vom Konkreten zum Abstrakten gehen (z.B. über Bedeutungen, Phonologie oder Grammatik).
- Sie übersetzen oder fragen nach Übersetzungen.

Viele dieser Leistungen zeigen auch einsprachige Kinder im Vorschulalter. Auch sie machen Sprachspielereien, geben Kommentare zu Sprache ab oder stellen Fragen zu Sprache (Wehr 2001, 46). Dies verdeutlichen die Beispiele, die Wehr (2001, 96-105) von spontanen metasprachlichen Äußerungen zusammengestellt hat. Allerdings fällt bei genauerer Betrachtung auch hier auf, dass viele der zitierten Kinder anscheinend in einem Umfeld mit mehreren Sprachen oder zumindest verschiedenen Dialekten aufwachsen. Vielleicht entspricht es ja der heutigen Realität in vielen Regionen, dass es ‚echte' einsprachige Kinder mancherorts kaum gibt.

Je älter die Kinder werden, desto unmöglicher wird es, metasprachliche Leistungen eindeutig der Zweisprachigkeit zuzuschreiben, denn mit dem Schriftspracherwerb und dem Sprachunterricht in der Schule bekommen alle Kinder die Möglichkeit, Sprachvergleiche anzustellen. Somit machen alle Kinder beim Schuleintritt grosse Fortschritte in der metasprachlichen Entwicklung. Es gibt jedoch Hinweise darauf, dass metasprachliche Aufgaben, die mit der Selbstkontrolle bei der Sprachproduktion zusammenhängen, von mehrsprachigen Kindern und Erwachsenen besser bewältigt werden können. Dies könnte darauf zurückzuführen sein, dass zweisprachige Kinder und Erwachsene ihre eigene Sprachproduktion stärker kontrollieren und diese Prozesse deshalb mehr trainieren. Wie weit dies jedoch Auswirkungen auf weitere metasprachliche Fähigkeiten hat, ist offen.

6 Zusammenfassung und Schlussfolgerungen

Die Darstellung des Forschungsstandes zum mehrsprachigen sprachlichen Handeln und zum Erwerb zweier Erstsprachen zeigt, wie vielfältig das Thema ist und wie viele wissenschaftliche Disziplinen zum aktuellen Wissensstand beitragen. Die Frage ist, ob die Kooperative Pädagogik einen geeigneten Rahmen dazu bietet, diese Vielfalt einzuordnen und für das sprachheilpädagogisch-logopädische Handeln nutzbar zu machen. Um diese Frage zu beantworten, werden die zentralen Begriffe der Kooperativen Pädagogik bzw. des auf ihrer Basis erarbeiteten sprachhandlungstheoretischen Ansatzes aufgegriffen und auf ihre Bedeutung für das Verständnis von mehrsprachigem Handeln und dem Erwerb zweier Erstsprachen hin diskutiert.

6.1 Sprachstörung und Sprachbehinderung

Für das Vorliegen einer **Sprachstörung** nennen Vertreter der Kooperativen Pädagogik zwei mögliche Kriterien. Das erste Merkmal ist subjektbezogen. Das Kind selbst fühlt sich gestört, weil es mit seinen sprachlichen Mitteln auf Missachtung stösst oder seine Ziele nicht erreichen kann. Das zweite Kriterium geht von der Sicht der Umwelt aus. Die Umwelt beurteilt die Sprachform und die Sprachverwendung nicht als erwartungsgemäss, wodurch Reaktionen erfolgen, die zur genannten Missachtung oder zur Erfolglosigkeit des Kindes führen.

Damit man von **Sprachbehinderung** sprechen kann, müssen solche Störungen länger andauern und die weitere Entwicklung des Kindes beeinträchtigen. Man muss also die konkreten Lebens- und Lernbedingungen des Kindes mit in die Betrachtung einbeziehen, die dazu geführt haben und führen, dass sich eine gestörte Entwicklung vollzogen hat und vorübergehend oder lang andauernd aufrechterhalten wird. Sprachbehinderung wird demnach als eine Beeinträchtigung des sprachlichen Handelns verstanden, die sozial miterzeugt und veränderbar ist (vergl. Kapitel 3.5.2.2). Ob sich ein Kind (sprachlich) optimal entwickeln kann oder ob ein Veränderungsbedarf für seine Entwicklungsbedingungen vorliegt, kann also nur nach Betrachtung seiner gesamten Lebenssituation entschieden werden.

Für mehrsprachige Kinder bedeutet dies entsprechend, dass man nicht nur das Kind mit seiner Sprache untersuchen und an irgendwelchen Normen messen darf. Vielmehr muss es in seiner Lebenswelt betrachtet werden. Welche Anforderungen werden an seine Kommunikationsfähigkeit konkret gestellt und in welchen Sprachen? Wie wurden ihm die entsprechenden Fähigkeiten ursprünglich vermittelt? Welche Erfahrungen hat es auf seinem Lernweg gemacht?

Annette Kracht hat vorgeschlagen, diese Betrachtung auf drei Ebenen zu strukturieren (vergl. Kapitel 3.6): die biographische Analyse, die Sprachhandlungsanalyse und die Mikroanalyse der Sprachen. Zu diesen Bereichen sollen auch für zweisprachig aufwachsende Kinder Fragen gestellt werden, um deren Sprachentwicklung zu verstehen und einordnen zu können. Der auf dem Hintergrund der Kooperativen Pädagogik entwickelte Begriff des sprachlichen Handelns kann dazu einen guten Rahmen bieten.

6.2 Sprachliches Handeln

Sprachliches Handeln ist gemäss der Kooperativen Pädagogik zielgerichtet, plangeleitet und wertorientiert. Sprachlich ist Handeln dann, wenn das eingesetzte Mittel für die Zielerreichung die Sprache ist. Sprache muss dabei eine bestimmte Form haben und sowohl der Kommunikations- wie auch der Repräsentationsfunktion genügen (vergl. Kapitel 3.4). Die drei Dimensionen Ziel, Plan und Wert erlauben es, die verschiedenen Aspekte von mehrsprachigem Spracherwerb und Sprachgebrauch zu erfassen.

6.2.1 Zielgerichtetheit

Für die Kooperative Pädagogik ist Zielgerichtetheit ein wesentliches Merkmal von Handeln und damit auch von sprachlichem Handeln. Also hat auch mehrsprachiges sprachliches Handeln immer mindestens ein Ziel. Ziele sind normalerweise mehrschichtig, eine einzige sprachliche Handlung kann also gleichzeitig viele Ziele verfolgen. Diese können bewusst oder unbewusst, sprachlich oder aussersprachlich sein (vergl. Kapitel 3.3.1.1). Genauere Analysehilfsmittel liefert die Kooperative Pädagogik selbst nicht. Sie lässt aber den Raum offen, auf andere Modelle zurückzugreifen, um genauere Zielbestimmungen zu ermöglichen, beispielsweise auf die Sprechakttheorie oder auf das Modell der Funktionen von Sprache von Jakobson (vergl. Kapitel 3.3.1.3.2). Will man in konkreten Situationen beobachten und über Zielerreichung oder Misserfolg nachdenken, dann ist eine solche Erweiterung nötig. Ausserdem ist die Klärung der Interpunktion notwendig (vergl. Kapitel 3.3.1.2). Soll beurteilt werden, ob eine bestimmte sprachliche Handlung erfolgreich und das Kind demzufolge in dieser Situation sprachlich handlungsfähig ist, dann muss offengelegt werden, in welchen Einheiten die sprachliche Handlung betrachtet wird. Was gilt als Ausgangspunkt, was als Endpunkt? Sind einzelne Äusserungen bereits für das Kind wesentliche sprachliche Handlungen? Oder ist es erst das gesamte Gespräch? Je nach Situation kann sich dies unterschiedlich gestalten. Je nachdem, ob Missverständnisse und Klärungsanstrengungen nur wenige Redebeiträge betreffen oder ob die übergeordneten sprachlichen Handlungsziele nicht erreicht werden können, erhalten sie für das Kind ein anderes Gewicht und nehmen auch emotional einen anderen Stellenwert ein. Die diesbezügliche Analyse unterscheidet sich nicht für ein- und zweisprachige Kinder. Der einzige Unterschied liegt darin, dass beim zweisprachigen Kind für beide Sprachen gefragt werden muss, ob und wie es seine Ziele erreichen kann.

6.2.2 Plangeleitetheit

Bei der Beurteilung der drei Dimensionen ist die Plangeleitetheit am konkretesten zu beobachten. Das Kind kann nur sprachliche Äusserungen produzieren, für die es Handlungspläne erworben hat. Damit sind alle Handlungsmuster gemeint, auf denen Sprachrezeption und Sprachproduktion aufbauen (vergl. Kapitel 3.3.2), beispielsweise Bewegungsmuster, mit der Denkentwicklung verknüpfte Handlungspläne, die aus der Auseinandersetzung mit der Umwelt entwickelt wurden, oder alle mit der phonetisch-phonologischen, lexikalisch-semantischen, morphologisch-syntaktischen und kommunikativ-pragmatischen Entwicklung beschriebenen Fähigkeiten. Beim mehrsprachigen Kind geht es also darum, genau zu beschreiben, welche Strukturen ihm zur Verfügung stehen. Dies kann anhand der linguistischen Ebenen geschehen. Die beschriebenen Strukturen können dann mit dem Forschungsstand zum unauffälligen Erwerb von Sprache und sprachlichem Handeln von mehrsprachigen Kindern verglichen werden.

Auf der **phonetisch-phonologischen Ebene** (vergl. Kapitel 5.2.4) unterscheiden sich zweisprachige Kinder hinsichtlich des zeitlichen Ablaufs der Entwicklung nicht von einsprachigen Kindern. Lallen und Einwortsätze erfolgen im gleichen Zeitrahmen. Die Systematisierung der Aussprache, die mit dem Wortschatzspurt beginnt, geschieht auf der Basis der bisherigen Spracherfahrungen und des eigenen produktiven Lexikons. Insofern können einzelne phonologische Merkmale einer Sprache zeitweilig auf Pläne beider Sprachen angewendet werden. Dennoch erfolgt der Aufbau der phonologischen Systeme innerhalb des üblichen Zeitraums.

Kinder unterscheiden sich beträchtlich bezüglich Vorgehen und Geschwindigkeit des Phonologieerwerbs ihrer Sprache(n). Die individuellen Unterschiede innerhalb der Gruppen der einsprachigen und der zweisprachigen Kinder sind jedoch viel grösser als die Unterschiede zwischen ein- und zweisprachigen Kindern. Deshalb ist genaues Beobachten ohne vorschnelle Interpretation auf jeden Fall nötig.

Ähnliches gilt für die **lexikalisch-semantische Ebene** (vergl. Kapitel 5.3.4). Um einen angemessenen Wortschatz aufbauen zu können, benötigt das Kind ein gutes Arbeitsgedächtnis sowie Segmentierungsfähigkeiten, d.h. es muss die einzelnen Wörter aus dem Sprachfluss isolieren können. Stehen ihm diese Werkzeuge zur Verfügung, dann kann es die als Wörter erkannten Lautfolgen mit Bedeutungen verknüpfen. Diese Bedeutungen widerspiegeln die gesamten Erfahrungen sprachlicher und nichtsprachlicher Art, die das Kind zu einem bestimmten Gegenstand gemacht hat.

Für das zweisprachige Kind bedeutet dies, dass es nur die Wörter einer Sprache erwerben kann, die es gehört, als Wörter erkannt und abgespeichert hat, und mit denen es irgendeine Erfahrung verbinden kann. Ob es überhaupt Wörter erwirbt und verwenden kann, steht im Zusammenhang mit seinen persönlichen Voraussetzungen und mit der Art und Weise, in der sein Umfeld Sprache als Kommunikationsmittel verwendet. Welche Wörter es in welcher Sprache erwirbt und benutzt, hängt vor allem von seinen bisherigen Spracherfahrungen ab, also davon, wer in welchen Situationen in welcher Form sprachlich mit ihm kommuniziert. Da sich Sprachen strukturell unterscheiden und auch die Kommunikationsstile der jeweiligen Sprachgemeinschaften unterschiedlich sein können (vergl. Kapitel 4.1), ist ein deckungsgleicher Wortschatz sowohl von den Wortarten wie auch vom Umfang her nicht zu erwarten.

Auch für den Erwerb der **morphologisch-syntaktischen Fähigkeiten** (vergl. Kapitel 5.4.5) muss das Kind auf Wahrnehmung und Verarbeitung von prosodischen Merkmalen und segmentalen Eigenschaften der Sprachen zurückgreifen. Ausserdem ist der Wortschatz ein wesentliches Fundament dieser Entwicklung. Dies gilt auch für zweisprachige Kinder. Sie erreichen auch die Meilensteine der morphosyntaktischen Entwicklung im gleichen zeitlichen Rahmen wie einsprachige Kinder und gehen dabei weitgehend sprachspezifisch vor. Das bedeutet, dass jede Sprache in ihrer eigenen Dynamik und Komplexität betrachtet werden muss. Paralleler Erwerbsverlauf im Sinne von „Verneinung des Verbs tritt zur selben Zeit auf" kann nicht erwartet werden, da dieselbe Erkenntnis (z.B. Verben können verneint werden) in den verschiedenen Sprachen grammatikalisch unterschiedlich ausgedrückt wird und jeweils mit anderen grammatikalischen und/oder lexikalischen Schwierigkeiten verknüpft sein kann.

Obwohl die Entwicklung beider Sprachen auf dieser Ebene weitgehend unabhängig voneinander verläuft, wird nicht ausgeschlossen, dass zumindest zeitweilig eine gegenseitige Beeinflussung in Teilbereichen der Morphosyntax stattfindet. Wie diese zustande kommt, ist nicht geklärt. Gemäss dem Verständnis der Kooperativen Pädagogik würde das Kind für eine gewisse Zeit Merkmale der einen Sprache in die Pläne der anderen Sprache integrieren, jedenfalls so lange, bis es durch die Auseinandersetzung mit dem Gegenstand seine entsprechenden Pläne weiterentwickelt hat.

Eine genaue Beschreibung der Vorgänge auf dieser Ebene ist jedenfalls sehr wichtig. Das Verständnis der Strukturen als die jeweils vorhandenen Handlungspläne ermöglicht eine neutrale und umfassende Beschreibung, die nicht von vornherein das Risiko einer Bewertung in sich trägt. Dies ist insofern wesentlich, als die Umsetzung und die Anpassung der vorhandenen Pläne in der Handlungssituation zielorientiert erfolgen und von Beobachtern sehr unterschiedlich interpretiert werden können. Beispielsweise wird oft aus der Beobachtung einer Kommunikationssituation mit mehreren Code-Switches geschlossen, dass dem Kind gar keine einsprachigen Handlungspläne zur Verfügung stehen. Dies ist, wie bereits ausgeführt, oft ein Fehlschluss.

Auf der **kommunikativ-pragmatischen Ebene** sind für zweisprachige Kinder vor allem die Aspekte der Sprachwahl und des Sprachwechsels spezifisch (vergl. Kapitel 5.5.3). Es muss Handlungspläne dafür entwickeln, wie es seine sprachlichen Mittel angemessen auswählt. Diese sind anfänglich noch einfach: ‚ich antworte so, wie ich angesprochen werden' oder ‚ich spreche so, wie ich mit dieser Person immer spreche'. Diese Pläne werden mit zunehmender Erfahrung des Kindes differenzierter. Auch die wachsende Fähigkeit, mehrere Aspekte gleichzeitig für eine Entscheidung zu berücksichtigen – im Falle der Sprachwahl wären dies beispielsweise Gesprächsteilnehmer, Ort, Zeit oder Thema des Gesprächs – tragen zu ihrer Weiterentwicklung bei.

In Gesprächen kommt es immer wieder zu Missverständnissen, die behoben werden müssen. Solches Klärungsverhalten ist bei zweisprachigen Kindern auch ab und zu bezüglich der Sprachwahl nötig. Kinder sind schon mit zwei Jahren zu Selbstkorrekturen fähig, indem sie z.b. ihre unverständlichen Äusserungen wiederholen oder neu formulieren. Zweisprachige Kinder versuchen es je nach Kontext auch mit einem Sprachwechsel.

Sprachwechsel kann aber auch zu einem eigenständigen Ausdrucksmittel werden, also Funktionen in der Kommunikationssituation übernehmen. Dafür entwickelt das Kind ebenfalls zunehmend komplexere Pläne. Neben der Entscheidung darüber, was mit dem Sprachwechsel ausgedrückt werden soll, müssen beim Sprachwechsel, und zwar besonders beim Code-Switching, beide Sprachsysteme flexibel aufeinander abgestimmt werden. Ob die entsprechenden Pläne entwickelt werden, hängt vor allem mit den Anforderungen des Umfeldes zusammen. Ist Code-Switching üblich und geschätzt, dann wird das Kind die entsprechenden Fähigkeiten entwickeln. Wird es nicht akzeptiert, dann wird das Kind zwar grundsätzlich dazu in der Lage sein, es wird ihm aber die durch Übung erlangte Leichtigkeit fehlen.

Sehr wichtig für die Analyse des sprachlichen Handelns ist in diesem Zusammenhang die Erkenntnis, dass man selbst als Gesprächspartner nie neutral ist, sondern die Situation mitgestaltet. Trägt man selbst Merkmale eines mehrsprachigen Handlungspartners, dann kann man (auch unbewusst) die Situation für ein mehrsprachiges Kind so verändern, dass es diese als mehrsprachig bzw. nicht deutschsprachig einschätzt und entsprechend agiert. Deshalb ist der eigene Beitrag zur Prägung eines mono- bzw. bilingualen Kontextes immer in die Überlegungen einzubeziehen.

Will man bei der Analyse der mehrsprachigen Sprachproduktion bezüglich der Pläne noch mehr ins Detail gehen, dann kann man das Modell von Levelt (vergl. Kapitel 4.2.2) bzw. entsprechende daraus weiterentwickelte Modelle für zweisprachige Sprachproduktion – sowie das Sprachverarbeitungsmodell von Grosjean, das Modell der Sprachmodi – heranziehen (vergl. Kapitel 4.2.1). Letzteres ist diagnostisch besonders wichtig, weil es einen Bezug herstellt zwischen den Plänen und der übergeordneten Ebene des sprachlichen Handelns. Erst wenn man die gesamte sprachliche Handlungssituation berücksichtigt, kann man angemessene Vermutungen darüber anstellen, auf welche seiner Pläne das Kind in der betreffenden Situation zurückgegriffen hat und ob diese der Situation angepasst waren.

6.2.3 Wertorientiertheit

Die Kooperative Pädagogik setzt sich intensiv mit dem Aspekt der Wertorientiertheit von Handeln und damit auch von sprachlichem Handeln auseinander. Es ist dieser Aspekt, der den Ansatz besonders hervorhebt, und der für das Verständnis von mehrsprachigem Spracherwerb und Sprachgebrauch besonders hilfreich ist. Wertorientiertheit ist ein Oberbegriff für drei unterschiedliche Dimensionen (siehe Abbildung 1), nämlich für den Gebrauchswert, den emotionalen Wert und den kulturellen Wert von Sprache.

Unter dem Aspekt des **Gebrauchswerts einer Sprache** wird beschrieben, ob und wie die Sprache einer Person als Instrument dienen kann. Steht ihr eine Sprache in einer Form zur Verfügung, welche die Repräsentationsfunktion erfüllt und mit der Konventionen genügend eingehalten werden können, sodass ein Austausch von Wissen, Gefühlen und Gedanken, von Bedürfnissen und Einstellungen möglich ist, und dass allenfalls Sprache sogar selbst Gegenstand von Genuss werden kann? Dann ist diese Sprache für die Person nützlich und wertvoll. Auch für zweisprachige Menschen stellt sich die Frage. Benötigen sie beide Sprachen für die Lebensbewältigung, und stehen beide Sprachen in einer Form zur Verfügung, dass sie nützlich sein können? Wenn dies nicht der Fall ist, dann kann es dazu führen, dass das Kind die entsprechende Sprache nicht weiter verwendet, und dass sich dadurch diese Sprache nicht weiter entwickelt, im schlimmsten Fall sogar verloren geht (vergl. Kapitel 4.3.3).

Unter dem Aspekt des **emotionalen Wertes einer Sprache** wird beschrieben, welche emotionalen Erfahrungen das Kind im Zusammenhang mit seinem sprachlichen Handeln bisher gemacht hat und aktuell macht. Hat das Kind bei seinem sprachlichen Handeln Erfolgserlebnisse, kann es seine Bedürfnisse befriedigen und erlebt es Wertschätzung, dann halten diese positiven Erfahrungen seine Sprechfreude aufrecht und sind Motivation für zukünftigen Sprachgebrauch und weiterführenden Spracherwerb. Das Gegenteil ist leider auch der Fall. Wiederholter Misserfolg, nicht erfüllte Bedürfnisse und erlebte Abwertung im Zusammenhang mit sprachlichem Handeln führen auf die Dauer zu Rückzug und Verstummen. Das Kind gibt seine Bemühungen zur Verbesserung seiner sprachlichen Handlungsfähigkeit auf.

Bei zweisprachigen Kindern kann solches entweder mit Sprache allgemein oder speziell auf eine seiner Sprachen bezogen geschehen. Es kann aber auch spezifisch den zweisprachigen Sprachgebrauch betreffen. Sind alle sprachlichen Handlungen betroffen, dann steht dies entweder im Zusammenhang mit erschwerenden persönlichen Voraussetzungen, oder mit einem extrem ungünstigen Umfeld. Insofern unterscheidet sich die Problemlage nicht von einsprachigen Kindern in ähnlichen Lebenssituationen. Ist nur eine der Sprachen von Misserfolgen oder Missachtung betroffen, dann führt dies oft dazu, dass das Kind den Gebrauch dieser Sprache verweigert (vergl. Kapitel 4.3.3). Dasselbe kann geschehen, wenn zweisprachiges Sprachverhalten, also Code-Switching und Ähnliches Misserfolg und Missachtung auslöst. Entweder versucht das Kind, sich jeweils strikte an die Sprachtrennung zu halten und damit den Erwartungen der Umwelt zu ent-sprechen, oder es verweigert diejenige Sprache, die es zur Lebensbewältigung nicht unbedingt braucht. Damit kann es der Missachtung seiner zweisprachigen Identität ebenfalls entgehen, schafft sich aber möglicherweise neue Konflikte im familiären Umfeld.

Unter dem Aspekt des **kulturellen Wertes einer Sprache** werden Normen und Einstellungen der jeweiligen Sprachgemeinschaft reflektiert. Dabei geht es um Regeln und Normen zu Sprachform und Sprachgebrauch, die in einer Gesellschaft bestimmend sind. Auch die Einstellung der Gesellschaft gegenüber Sprachwandel gehört dazu.

Einerseits wird der Einzelne an diesen Normen gemessen und erfährt Reaktionen aufgrund der vorhandenen Einstellungen. Diese wiederum prägen wesentlich seine Erfahrungen und damit auch seine Identität. Andererseits kann sich ein Einzelner oder eine Gruppe erst dadurch, dass es solche Regeln, Normen und Einstellungen gibt, dafür oder dagegen entscheiden, sie einzuhalten. Insofern kann die Wahl einer bestimmten Sprachvarietät bzw. ein bestimmter Sprachgebrauch als Mittel zur Identitätsfindung bzw. -markierung genutzt werden. Für zweisprachige Menschen hat dies verschiedene Folgen (vergl. Kapitel 4.3.3).
- Verwenden sie in der Öffentlichkeit nicht die Umgebungssprache, so reagiert die Umgebung entsprechend darauf. Über diese Reaktionen erleben sie die Einstellung der Gesellschaft gegenüber den Angehörigen einer bestimmten Sprache, also das Prestige der Sprache. Solche Reaktionen prägen das Selbstbild des Zweisprachigen als Sprecher einer wertvollen oder weniger wertvollen Sprache und als Angehörigen einer mehr oder weniger wertgeschätzten Sprachgemeinschaft.

- Das Kind erfährt allmählich, für welche Funktionen welche Sprache eingesetzt werden kann. Damit erlebt es den offiziellen Status der Sprache. Ist sie
Amtssprache oder nicht? Schulsprache? Kann sie in der Öffentlichkeit, z.B.
beim Einkaufen, benutzt werden, oder ist dies gar strafbar? All dies beeinflusst nicht nur den Gebrauchswert einer Sprache, sondern verleiht ihr, und
damit auch den Menschen, die sie sprechen, Ansehen. Dafür sind Kinder sehr
wohl sensibel.
- Zweisprachiges Sprachverhalten, vor allem intensives Code-Switching, kann
zur Bildung von Gruppenidentitäten genauso genutzt werden wie die völlige
Ablehnung von Code-Switching.
- Die Einstellung einer Gesellschaft gegenüber Zweisprachigkeit allgemein
kann ebenfalls prägend sein, da sie dazu beiträgt, ob die Person ihre Zweisprachigkeit als selbstverständlich, als etwas Positives oder im Gegenteil als
Belastung erlebt.

Von diesen Regeln, Normen und Einstellungen ist zwar das Kind als Indivi-
duum nicht persönlich betroffen. Es erlebt sie dennoch als gültigen Rahmen, an
welchem seine sprachlichen Handlungen jeweils gemessen werden und auf dessen Hintergrund es Reaktionen darauf erfährt. Auf diese Weise spielt auch das
Geschehen in diesen grösseren Zusammenhängen eine wichtige Rolle für die
Entwicklung zweisprachiger Kinder.

6.3 Kooperation

Kooperation bedeutet, dass Handlungspartner ihre Handlungen an gemeinsamen
Werten orientieren und ihre Handlungspläne auf vereinbarte Ziele hin koordinieren (vergl. Kapitel 3.1). Dabei sind einige Aspekte für die Kooperative Pädagogik besonders wesentlich:
- Jedes menschliche Wesen übernimmt eine aktive Rolle für seine eigene Entwicklung.
- Kooperatives Handeln heisst, dass jeder und jede Beteiligte Verantwortung
übernimmt für die Lösung eines gemeinsamen Problems.
- Verantwortung und Handlungsfähigkeit werden jedem menschlichen Wesen
zugetraut und zugemutet.
- Jeder Mensch wird von Anfang an als kooperationsbereit betrachtet, Kooperationsfähigkeit muss jedoch entwickelt werden.

- Kooperatives Handeln ist für die Kooperative Pädagogik eine wichtige Entwicklungsbedingung. Nur im Kooperativen Handeln kann das Kind seine Handlungsfähigkeit entfalten und seine Kooperationsfähigkeit entwickeln.

All diese Gesichtspunkte gelten auch für den Spracherwerb. Nur im sprachlichen Austausch mit seiner Umwelt kann das Kind Sprache erwerben. Ob es auf kooperative Handlungspartner trifft, die zum Gelingen sprachlicher Handlungen beitragen, ist eine sehr wesentliche Entwicklungsbedingung (vergleiche die Ausführungen zum Gebrauchswert und zum emotionalen Wert einer Sprache). Für zweisprachige Kinder trifft dies ebenfalls zu. Bei ihnen können sich aber unterschiedliche Erfahrungen auch sprachspezifisch auswirken. Jede Sprache kann ihre eigene Geschichte mit günstigen oder ungünstigen Kooperationserfahrungen haben. Für das Verständnis des aktuellen Sprachgebrauchs kann dies von grosser Bedeutung sein.

Kooperationserfahrungen sind aber nicht nur in Bezug auf die Vergangenheit wichtig. Kooperation bildet auch die Leitidee für das alltägliche pädagogische Handeln und im Rahmen der Kooperativen Sprachförderung auch für das sprachtherapeutische Handeln. Sollen also Menschen in ihrer sprachlichen Entwicklung unterstützt werden, so kann dies gemäss der Kooperativen Pädagogik am besten durch kooperatives Handeln geschehen, und zwar im gemeinsam verantworteten Alltag (vergl. Kapitel 3.5.2.2). Auf Mehrsprachigkeit bezogen bedeutet dies, dass alle sprachlichen Mittel gleichermassen geachtet und im pädagogisch-therapeutischen Umfeld zur Anwendung kommen sollen. Alle Beteiligten müssen sich demnach auf Mehrsprachigkeit einlassen.

Diese aus der Kooperativen Pädagogik abgeleiteten Forderungen erscheinen recht radikal, haben sie doch beispielsweise schulorganisatorisch weitreichende Folgen. Solche Veränderungen können deshalb in grösserem Umfang nicht ohne Wertediskussion in den Institutionen und in der Gesellschaft erfolgen. Welche institutionellen Formen kooperatives Handeln mit mehrsprachigen Kindern und deren Familien annehmen kann, wird in breiterem Umfang von solchen Wertediskussionen und damit verknüpften politischen Entscheiden abhängen. Im persönlichen Umfeld sind jedoch Schritte in dieser Richtung im Zusammenhang mit persönlicher Wertereflexion immer möglich.

6.4 Zusammenfassende Einschätzung

Wie die vorangegangene Zusammenfassung und Diskussion zeigen, kann der sprachhandlungstheoretische Ansatz der Kooperativen Pädagogik für das Verständnis des Erwerbs zweier Erstsprachen und für den daraus resultierenden mehrsprachigen Sprachgebrauch Wesentliches leisten.

1. Sehr hilfreich ist der Ansatz im Bereich der Diagnostik. Er erlaubt (und erzwingt) einen umfassenden Blick auf die Lebens- und damit Entwicklungsbedingungen des Kindes. Gerade zweisprachige Kinder laufen oft Gefahr, dass über dem Aspekt ihrer Zweisprachigkeit der gesamte Rest ausgeblendet wird. Dies lässt ein diagnostischer Blick, der sich an der Kooperativen Pädagogik orientiert, nicht zu. Ebenso wenig lässt er zu, dass das Besondere der zweisprachigen Lebenssituation ausgeblendet wird, und nur die Umgebungssprache und deren Entwicklung betrachtet werden. Insbesondere die Berücksichtigung der Wertdimension erlaubt es, Entwicklungsbedingungen der Mehrsprachigkeit in die Überlegungen mit einzubeziehen, die ansonsten oft keinen eigenen Platz finden und deshalb vernachlässigt werden.

2. Aufgrund dieser umfassenden Betrachtungsweise ist es möglich, differenziert zu entscheiden, auf welchen Ebenen Veränderungsbedarf besteht, um dem Kind bessere Entwicklungsbedingungen zu bieten. Solche Veränderungen können beim Kind selber nötig sein, häufiger aber im Umfeld des Kindes. Der Einbezug der Wertdimension, insbesondere auch der Dimension des ,kulturellen Werts', erlaubt es sogar, notwendige Veränderungen in grösseren Systemen festzustellen, sei es in der Schule, bei gesetzlichen Rahmenbedingungen oder gesellschaftlichen Einstellungen.

3. Als pädagogischer Ansatz fordert die Kooperative Pädagogik zum Handeln auf, genauer noch zum kooperativen Handeln. Sie lädt damit aber nicht einfach der Fachperson die Verantwortung dafür auf, dass sich die Entwicklungsbedingungen verändern. Das Kind und sein Umfeld werden zur Kooperation aufgerufen und damit genauso verantwortlich gemacht, sowohl für die Zielbestimmung als auch für den Weg dorthin. Indem die gesellschaftlichen Anteile bewusst in die Überlegungen einbezogen werden und zu politischem Handeln aufgefordert wird, wird gleichzeitig der Blick dafür geschärft, dass nicht alle Probleme auf der Ebene des Kindes, seines direkten Umfeldes und

der Fachpersonen lösbar sind. Diese Erkenntnis, gemeinsam mit der geteilten Verantwortung, schützt die Einzelnen vor Überforderung und Resignation.

4. Die Kooperative Pädagogik und der daraus entwickelte sprachhandlungs-theoretische Ansatz bieten als Konzept keine fertig entwickelten Rezepte, sondern eine umfassende und sehr hilfreiche Sichtweise. Will man auf dieser Basis aktiv werden und die sprachliche Handlungsfähigkeit des Kindes genau analysieren und zu beeinflussen versuchen, dann erweist sich jedoch der Handlungsbegriff auf Sprache bezogen als noch zu wenig konkret. Deshalb müssen weitere Konzepte herbeigezogen werden, die helfen, sprachliches Handeln und sprachliche Handlungsfähigkeit genau zu bestimmen. Auf dieser Basis kann klarer beobachtet werden, wann ein Kind seine mit sprachlichen Mitteln angestrebten Ziele erreicht und ob sich seine diesbezüglichen Fähigkeiten verbessern. Dies wiederum bietet die Grundlage für die Erforschung der therapeutischen Wirksamkeit dieses Ansatzes. In Anbetracht seiner Aussagekraft hinsichtlich der Diagnostik ist dem Konzept auch diesbezüglich einiges zuzutrauen.

7 Verzeichnisse

7.1 Abbildungen

7.2 Literatur

Ackeret, M. (2002): Secondos in der Schweiz. Gut aufgehoben bei Mamma SVP. In: Die Weltwoche 70, 55.

Afshar, K. (1998): Zweisprachigkeit oder Zweitsprachigkeit? Zur Entwicklung einer schwachen Sprache in der deutsch-persischen Familienkommunikation. Münster: Waxmann.

Agar, M. H. (1994): Language shock: understanding the culture of conversation. New York: William Morrow.

Ahrbeck, B.; Schuck, K. D.; Welling, A. (1992): Aspekte einer sprachbehindertenpädagogischen Professionalisierung integrativer Praxis. In: Die Sprachheilarbeit 37, 287-302.

Aitchison, J. (1997): Wörter im Kopf. Eine Einführung in das mentale Lexikon. Tübingen: Niemeyer.

Aleemi, J. (1991): Zur sozialen und psychischen Situation von Bilingualen. Persönlichkeitsentwicklung und Identitätsbildung. Frankfurt a.M./Bern/New York/Paris: Peter Lang.

Austin, J. L. (1962): How to Do Things with Words. The William James Lectures delivered at Harvard University in 1955. 2. Aufl. Oxford/New York: Oxford University Press.

Bauby, J.-D. (1997): Schmetterling und Taucherglocke. Wien: P. Zsolnay.

Baumgartner, S. (1999): Sprachflüssigkeit. In: Füssenich, I. (Hrsg.): Sprachtherapie mit Kindern. 4., überarbeitete und erweiterte Aufl. München/Basel: Reinhardt, 162-255.

Beach, E. F.; Burnham, D.; Kitamura, C. (2001): Bilingualism and the relationship between perception and production: Greek/English bilinguals and Thai bilabial stops. In: International Journal of Bilingualism 5, 221-235.

Bialystok, E. (1991): Metalinguistic dimensions of bilingual language proficiency. In: Bialystok, E. (Hrsg.): Language processing in bilingual children. Cambridge/New York/Port Chester/Melbourne/Sydney: Cambridge University Press, 113-140.

Bialystok, E. (2001): Metalinguistic aspects of bilingual processing. In: Annual Review of Applied Linguistics 21, 169-181.

Bosch, L.; Sebastian-Gallés, N. (2003): Simultaneous bilingualism and the Perception of a Language-specific vowel contrast in the first year of life. In: Language and Speech Special Issue 3, 217-243.

Braun, O. (2002): Sprachstörungen bei Kindern und Jugendlichen. Diagnostik – Therapie – Förderung. 2. Aufl. Stuttgart: Kohlhammer.

Brohy, C. (1992): Das Sprachverhalten zweisprachiger Paare und Familien in Freiburg/Fribourg (Schweiz). Freiburg (CH): Universitätsverlag.

Brown, C. (1976): Mein linker Fuss. 7. Aufl. Berlin: Henssel.

Brulard, I.; Carr, P. (2003): French-English bilingual acquisition of phonology: one production system or two? In: International Journal of Bilingualism 7, 177-202.

Brunner, K. (1987): Zweisprachigkeit und Identität. Probleme sprachlicher Identität von ethnischen Minderheiten am Beispiel der Kärntner Slowenen. In: Psychologie und Gesellschaftskritik 11, 57-75.

Burkhardt, A.; Henne, H. (1984): Wie man einen Handlungsbegriff ‚sinnvoll‘ konstituiert. In: Zeitschrift für germanistische Linguistik 12, 332-351.

Burkhardt Montanari, E. (2000): Wie Kinder mehrsprachig aufwachsen. Ein Ratgeber. Frankfurt a.M.: Brandes & Apsel.

Bussmann, H. (1990): Lexikon der Sprachwissenschaft. 2., völlig neu bearbeitete Aufl. Stuttgart: Alfred Kröner.

Campbell, R.; Sais, E. (1995): Accelerated metalinguistic (phonological) awareness in bilingual children. In: British Journal of Developmental Psychology 13, 61-68.

Clahsen, H. (1991): Die Untersuchung des Spracherwerbs in der Grammatik. Einige Bemerkungen zum Verhältnis von Sprachtheorie und Psycholinguistik. In: Grohnfeldt, M. (Hrsg.): Handbuch der Sprachtherapie. Band 4: Störungen der Grammatik. Berlin: Marhold im Wissenschaftsverlag V. Spiess, 40-53.

Clark, E. V. (1993): The lexicon in acquisition. Cambridge: Cambridge University Press.

Costa, A. (2004): Speech production in bilinguals. In: Bhatia, T. K.; Ritchie, W. C. (Hrsg.): The handbook of bilingualism. Malden/Oxford/Victoria: Blackwell, 201-223.

Dannenbauer, F. M. (2000): Sprachwissenschaftliche Grundlagen. In: Grohnfeldt, M. (Hrsg.): Lehrbuch der Sprachheilpädagogik und Logopädie. Band 1: Selbstverständnis und theoretische Grundlagen. Stuttgart/Berlin/Köln: Kohlhammer, 116-168.

de Bot, K. (1992): A bilingual production model: Levelt's speaking model adapted. In: Applied Linguistics 13, 1-24.

de Groot, A. M. B. (1993): Word-type Effects in Bilingual Processing Tasks: Support for a Mixed-Representational System. In: Schreuder, R.; Weltens, B. (Hrsg.): The Bilingual Lexicon. Amsterdam/Philadelphia: Benjamin, 27-52.

de Houwer, A. (1990): The acquisition of two languages from birth: a case study. Cambridge/New York/Port Chester/Melbourne/Sydney: Cambridge University Press.

de Houwer, A. (1995): Bilingual language acquisition. In: Fletcher, P.; MacWhinney, B. (Hrsg.): The handbook of child language. Oxford/Cambridge, Mass.: Blackwell, 219-250.

Dell, G. S. (1986): A spreading-activation theory of retrieval in sentence production. In: Psychological Review 93, 283-321.

Dell, G. S. (1988): The retrieval of phonological forms in production: tests of predictions form a connectionist model. In: Journal of Memory and Language 27, 124-142.

de Villiers, J. G.; de Villiers, P. A. (1982): Language acquisition. 7. Aufl. Cambridge, Mass./London: Harvard University Press.

Deuchar, M.; Quay, S. (1999): Language choice in the earliest utterances: a case study with methodological implications. In: Journal of Child Language 26, 461-475.

Deutsche Gesellschaft für Phoniatrie und Pädaudiologie e.V. (2003): Informationen für Patienten In: http://www.dgpp.de/stotterwa.htm, 23.2.2005.

Deutschschweizer Logopädinnen- und Logopädenverband (2002): Berufsbild Logopädin/Logopäde. Winterthur: DLV.

Devescovi, A.; Caselli, M. C.; Marchione, D.; Pasqualetti, P.; Reilly, J.; Bates, E. (2005): A crosslinguistic study of the relationship between grammar and lexical development. In: Journal of Child Language 32, 759-786.

Dittmann, J. (2001): Zum Zusammenhang von Grammatik und Arbeitsgedächtnis. In: Adamzik, K.; Christen, H. (Hrsg.): Sprachkontakt, Sprachvergleich, Sprachvariation: Festschrift für Gottfried Kolde zum 65. Geburtstag. Tübingen: Niemeyer, 123-137.

Döpke, S. (1992a): A Bilingual Child's Struggle to Comply with the ‚One Parent – One Language' Rule. In: Journal of Multilingual and Multicultural Development 13, 467-485.

Döpke, S. (1992b): One parent – one language: an interactional approach. Amsterdam/Philadelphia: Benjamin.

Döpke, S. (1998): Competing language structures: the acquisition of verb placement by bilingual German-English children. In: Journal of Child Language 25, 555-584.

Edwards, J. (2000): Commentary: lexical representations in acquisition. In: Broe, M. B.; Pierrehumbert, J. B. (Hrsg.): Papers in laboratory phonology V: Acquisition and the lexicon. Cambridge: Cambridge University Press, 240-249.

Fantini, A. E. (1985): Language acquisition of a bilingual child: a sociolinguistic perspective (to age ten). Clevedon: Multilingual Matters.

Ferguson, C. A.; Farwell, C. B. (1977): Words and sounds in early language acquisition: English initial consonants in the first fifty words. In: Wang, W. S.-Y. (Hrsg.): The lexicon in phonological change. The Hague/New York/Paris: Mouton de Gruyter, 7-68 (Nachdruck von: Language 51 (1975), 419-430.

Fox, A. V.; Dodd, B. J. (1999): Der Erwerb des phonologischen Systems in der deutschen Sprache. In: Sprache – Stimme – Gehör 23, 183-191.

Franceschini, R. (1999): Identität dank Sprachmix. „io raclettechäs lo prendo sempre fresco" – Code-Switching als sprachliches und soziales Problem. In: Psychoscope 20, 8-11.

Frank, I.; Poulin-Dubois, D. (2002): Young monolingual and bilingual children's responses to violation of the Mutual Exclusivity Principle. In: International Journal of Bilingualism 6, 125-146.

Frigerio Sayilir, C. (2001): Warum soviel Angst vor zweisprachiger Erziehung? – Mögliche Hintergründe und Folgen. In: Vierteljahresschrift für Heilpädagogik und ihre Nachbargebiete (VHN) 70, 132-145.

Fthenakis, W. E.; Sonner, A.; Thrul, R.; Walbiner, W. (1985): Bilingual-bikulturelle Entwicklung des Kindes. Ein Handbuch für Psychologen, Pädagogen und Linguisten. München: Hueber.

Genesee, F.; Boivin, I.; Nicoladis, E. (1996): Talking with strangers: A study of bilingual children's communicative competence. In: Applied Psycholinguistics 17, 427-442.

Genesee, F.; Nicoladis, E.; Paradis, J. (1995): Language differentiation in early bilingual development'. In: Journal of Child Language 22, 611-631.

Girndt, H. (1967): Das soziale Handeln als Grundkategorie erfahrungswissenschaftlicher Soziologie. Tübingen: J.C.B. Mohr.

Goodenough, F. (1926): Racial differences in the intelligence of school children. In: Journal of Experimental Psychology 9, 388-397.

Goodz, N. (1989): Parental language mixing in bilingual families. In: Infant Mental Health Journal 10, 25-43.

Green, D. W. (1986): Control, Activation and Resource: A Framework and a Model for the Control of Speech in Bilinguals. In: Brain and Language 27, 210-223.

Green, D. W. (1993): Towards a Model of L2 Comprehension and Production. In: Schreuder, R.; Weltens, B. (Hrsg.): The Bilingual Lexicon. Amsterdam/ Philadelphia: Benjamin, 249-277.

Green, D. W. (1998): Mental control of the bilingual lexico-semantic system. In: Bilingualism: Language and Cognition 1, 67-81.

Grimm, H.; Weinert, S. (2002): Sprachentwicklung. In: Oerter, R.; Montada, L. (Hrsg.): Entwicklungspsychologie. 5., vollst. überarb. Aufl. Weinheim/Basel/ Berlin: Beltz.

Grosjean, F. (1989): Neurolinguists, beware! The bilingual is not two monolinguals in one person. In: Brain and Language 36, 3-15.

Grosjean, F. (1996): Bilingualismus und Bikulturalismus. Versuch einer Definition. In: Schneider, H.; Hollenweger, J. (Hrsg.): Mehrsprachigkeit und Fremdsprachigkeit. Arbeit für die Sonderpädagogik? Luzern: Schweizerische Zentralstelle für Heilpädagogik SZH, 161-184.

Grosjean, F. (1997): Processing Mixed Language: Issues, Findings, and Models. In: de Groot, A. M. B.; Kroll, J. F. (Hrsg.): Tutorials in Bilingualism. Psycholinguistic Perspectives. Mahwah, New Jersey: Lawrence Erlbaum, 225-254.

Grosjean, F. (1998): Transfer and language mode. In: Bilingualism: Language and Cognition 1, 175-176.

Grosjean, F. (2001): The bilingual's language modes. In: Nicol, J. L. (Hrsg.): One mind, two languages: bilingual language processing. Oxford: Blackwell, 1-22.

Grosjean, F. (2004): Studying Bilinguals: Methodological and Conceptual Issues. In: Bhatia, T. K.; Ritchie, W. C. (Hrsg.): The Handbook of Bilingualism. Malden/ Oxford/Carlton: Blackwell, 32-63.

Grosjean, F.; Miller, J. L. (1994): Going in and out of languages. In: Psychological Science 5, 201-206.

Guillelmon, D. (1994): Traitement du langage chez le bilingue: la compréhension des interférences. In: TRANEL Travaux neuchâtelois de linguistique 21, 39-50.

Günther, B.; Günther, H. (2004): Erstsprache und Zweitsprache. Einführung aus pädagogischer Sicht. Weinheim/Basel: Beltz.

Gutmann, W. (1977): Zweisprachig aufwachsen. Vor- und Nachteile. Memorandum. Fribourg: Universität Freiburg.

Hacker, D. (1999): Phonologie. In: Füssenich, I. (Hrsg.): Sprachtherapie mit Kindern. 4. Aufl. München/Basel: Reinhardt, 13-62.

Håkansson, G.; Salameh, E.-K.; Nettelbladt, U. (2003): Measuring language development in bilingual children: Swedish-Arabic children with and without language impairment. In: Linguistics 41, 255-288.

Hakuta, K. (1986): Mirror of language. The debate on bilingualism. New York.

Harrison, G. J.; Piette, A. B. (1980): Young bilingual children's language selection. In: Journal of Multilingual and Multicultural Development 1, 217-230.

Hartmann, E. (2002): Möglichkeiten und Grenzen einer präventiven Intervention zur phonologischen Bewusstheit von lautsprachgestörten Kindergartenkindern. Fribourg: Sprachimpuls.

Heringer, H. J. (2004): Interkulturelle Kommunikation. Tübingen/Basel: A. Francke.

Hermanns, F. (1987): Handeln ohne Zweck. In: Liedtke, F.; Keller, R. (Hrsg.): Kommunikation und Kooperation. Tübingen: Niemeyer, 71-105.

Hoff, E.; Naigles, L. (2002): How children use input to acquire a lexicon. In: Child Development 73, 418-433.

Höhle, B. (2005): Der Einstieg in die Grammatik: Spracherwerb während des ersten Lebensjahres. In: Forum Logopädie 19, 16-21.

Höhle, B.; Giesecke, D.; Jusczyk, P. W. (2001): Word-segmentation in a foreign language. Further evidence for crosslinguistic strategies. Poster. Fort Laudardale: Annual Meeting of the Acoustical Society of America.

Holly, W.; Kühn, P.; Püschel, U. (1984): Für einen ‚sinnvollen' Handlungsbegriff in der linguistischen Pragmatik. In: Zeitschrift für germanistische Linguistik 12, 275-312.

Holm, A.; Dodd, B. (2001): Comparison of Cross-Language Generalisation Following Speech Therapy. In: Folia Phoniatrica et Logopaedica 53, 166-172.

Huber, W. (1998): Aphasie und Mehrsprachigkeit. In: Gogolin, I.; Graap, S.; List, G. (Hrsg.): Über Mehrsprachigkeit. Tübingen: Stauffenburg, 119-136.

Hulk, A.; Müller, N. (2000): Bilingual first language acquisition at the interface between syntax and pragmatics. In: Bilingualism: Language and Cognition 3, 227-244.

Hulk, A.; van der Linden, E. (1998): Evidence for transfer in bilingual children? In: Bilingualism: Language and Cognition 1, 177-180.

Hymes, D. (1973a): Modelle für die Wechselwirkung von Sprache und sozialer Situierung. In: Kochan, D. C. (Hrsg.): Sprache und Kommunikative Kompetenz. Theoretische und empirische Beiträge zur sprachlichen Sozialisation und Primärsprachdidaktik. Stuttgart: Klett, 80-108.

Hymes, D. (1973b): Über linguistische Theorie, kommunikative Kompetenz und die Erziehung unterprivilegierter Kinder. In: Kochan, D. C. (Hrsg.): Sprache und Kommunikative Kompetenz. Theoretische und empirische Beiträge zur sprachlichen Sozialisation und Primärsprachdidaktik. Stuttgart: Klett, 109-130.

Jahn, T. (2000): Phonologische Störungen bei Kindern: Diagnostik und Therapie. Stuttgart/New York: Thieme.

Jakobson, R. (1971): Linguistik und Poetik. In: Ihwe, J. (Hrsg.): Literaturwissenschaft und Linguistik. Ergebnisse und Perspektiven. Frankfurt a.M., 142-178.

Jescheniak, J. D. (2002): Sprachproduktion. Der Zugriff auf das lexikale Gedächtnis beim Sprechen. Göttingen/Bern/Toronto/Seattle: Hogrefe.

Jetter, K. (1985): Was ist Kooperative Pädagogik? In: Behinderte in Familie, Schule und Gesellschaft. 8, 2-13.

Juan-Garau, M.; Perez-Vidal, C. (2001): Mixing and pragmatic parental strategies in early bilingual acquisition. In: Journal of Child Language 28, 59-86.

Junker, D. A.; Stockman, I. J. (2002): Expressive vocabulary of German-English bilingual toddlers. In: American Journal of Speech-Language Pathology 11, 381-394.

Jusczyk, P. W. (1997): The Discovery of Spoken Language. Cambridge, Mass./ London: The MIT Press.

Jusczyk, P. W.; Friederici, A. D.; Wessels, J. M. I.; Svenkerud, V. Y.; Jusczyk, A. M. (1993): Infants' sensitivity to the sound patterns of native language words. In: Journal of Memory and Language 32, 402-420.

Kehoe, M. (2002): Developing vowel systems as a window to bilingual phonology. In: International Journal of Bilingualism 6, 315-334.

Keller, R. (1984): Bemerkungen zur Theorie des sprachlichen Wandels. In: Zeitschrift für germanistische Linguistik 12, 63-81.

Keshavarz, M. H.; Ingram, D. E. (2002): The early phonological development of a Farsi-English bilingual child. In: International Journal of Bilingualism 6, 255-269.

Khattab, G. (2000): VOT production in English and Arabic bilingual and monolingual children. In: Nelson, D.; Foulkes, P. (Hrsg.): School of modern languages and cultures: Linguistics and Phonetics. Leeds Working Papers in Linguistics 8. Leeds: University of Leeds. In: http://www.leeds.ac.uk/linguistics/WPL/WPL8.html# ghada, 3.1.2006.

Kielhöfer, B.; Jonekeit, S. (1984): Zweisprachige Kindererziehung. 2. Aufl. Tübingen: Stauffenberg.

Klann-Delius, G. (1999): Spracherwerb. Stuttgart/Weimar: Metzler.

Klausen, T.; Subritzky, M. S.; Hayashi, M. (1993): Initial production of inflections in bilingual children. In: Messer, D. J.; Turner, G. J. (Hrsg.): Critical Influences on Child Language Acquisition and Development. London/New York: St. Martin's Press.

Knapp-Potthoff, A.; Knapp, K. (1982): Fremdsprachenlernen und -lehren. Stuttgart/ Berlin/Köln/Mainz: Kohlhammer.

Kobi, E. (2002): Kooperation von vornherein und im Nachhinein zu Integration. In: Arbeitskreis Kooperative Pädagogik (AKoP) e.V. (Hrsg.): Vom Wert der Kooperation. Gedanken zu Bildung und Erziehung. Frankfurt a.M./Berlin/Bern/ Bruxelles/New York/Oxford/Wien: Peter Lang, 19-23.

Köppe, R.; Meisel, J. M. (1995): Code-switching in bilingual first language acquisition. In: Milroy, L.; Muysken, P. (Hrsg.): One speaker, two languages. Crossdisciplinary perspectives on code-switching. Cambrigde: Cambridge University Press, 276-300.

Kovacevic, M.; Jelaska, Z.; Brozovic, B. (1998): Comparing lexical and grammatical development in morphologically different languages. In: Aksu-Koç, A.; Erguvanlı-Taylan, E.; Özsoy, A. S.; Küntay, A. (Hrsg.): Perspectives on language acquisition. Selected papers from the VIIth international congress for the study of child language. Istanbul: Bogazıçı University Printhouse, 368-383.

Kracht, A. (1996): Förderung kindlicher Zweisprachigkeit als eine sprachbehindertenpädagogische Herausforderung. In: Die Sprachheilarbeit 41, 356-365.

Kracht, A. (2000): Migration und kindliche Zweisprachigkeit. Interdisziplinarität und Professionalität sprachpädagogischer und sprachbehindertenpädagogischer Praxis. Münster/New York/München/Berlin: Waxmann.

Kracht, A. (2001a): Mehrsprachigkeit und Sprachentwicklung. Vorbereitende Präzisierung für eine sprachtherapeutische Konzeptbildung. In: Logos Interdisziplinär 9, 252 - 263.

Kracht, A. (2001b): Sprachtherapie mit mehrsprachigen Kindern: Aspekte der Diagnostik, der Therapie und der Beratung. In: VBL-Bulletin 20, 4-16.

Kracht, A. (2003): Sprachtherapie und Beratung im Kontext kindlicher Mehrsprachigkeit. In: Grohnfeldt, M. (Hrsg.): Lehrbuch der Sprachheilpädagogik und Logopädie. Band 4: Beratung, Therapie und Rehabilitation. Stuttgart: Kohlhammer, 202-210.

Kracht, A. (2004): Die Mehrsprachigkeit im Blick. In: Die Sprachheilarbeit 49, 2-3.

Kracht, A.; Lehmann, R.; Welling, A. (2004): Professionalisierung der Lehrerbildung im sonderpädagogischen Studienschwerpunkt *Sprachliche Beeinträchtigung*. In: Die Sprachheilarbeit 49, 11-17.

Kracht, A.; Rothweiler, M. (2003): Diagnostische Fragen zur kindlichen Grammatikentwicklung im Kontext von Mehrsprachigkeit. In: Warzecha, B. (Hrsg.): Heterogenität macht Schule. Beiträge aus sonderpädagogischer und interkultureller Perspektive. Münster/New York/München/Berlin: Waxmann, 189-204.

Kracht, A.; Welling, A. (2001): Pädagogische Professionalität in der Sprachtherapie: Therapiedidaktik am Beispiel „grammatische Entwicklungsstörung". In: Deutsche Gesellschaft für Sprachheilpädagogik e.V. – LG Berlin (Hrsg.): Sprachheilpädagogik im Spannungsfeld von Wissenschaft und Praxis. Kongressbericht. Rimpar: von Freisleben, 527-537.

Kraft, B. (1996): Das Konzept der Sprechhandlung als Analysekategorie in entwicklungspragmatischen Untersuchungen. In: Ehlich, K. (Hrsg.): Kindliche Sprachentwicklung. Konzepte und Empirie. Opladen: Westdeutscher Verlag, 53-65.

Kriwet, I. (2003): Normative Implikationen der Kooperationsdiskussion in der Sonderpädagogik. In: Sonderpädagogik 33, 174-185.

Kremnitz, G. (1990): Gesellschaftliche Mehrsprachigkeit: Institutionelle, gesellschaftliche und individuelle Aspekte: Einführender Überblick. Wien: W. Braumüller.

Kroffke, S.; Rothweiler, M. (2004): Sprachmodi im kindlichen Zweitspracherwerb. Sprachlicher Kontext und seine Bedeutung für die sprachpädagogische Diagnostik. In: Die Sprachheilarbeit 49, 18-24.

Kroll, J. F.; de Groot, A. M. B. (1997): Lexical and conceptual memory in the bilingual. In: de Groot, A. M. B.; Kroll, J. F. (Hrsg.): Tutorials in Bilingualism. Psycholinguistic Perspectives. Mahwah, New Jersey: Lawrence Erlbaum Associates, 169-199.

Kronig, W. (2000): Die Integration von Immigrantenkindern mit Schulleistungsschwächen. Eine vergleichende Längsschnittuntersuchung über die Wirkung integrierender und separierender Schulformen. Dissertation zur Erlangung der Doktorwürde an der Philosophischen Fakultät: Freiburg (CH).

Kuhl, P. K. (2004): Early language acquisition: cracking the speech code. In: Nature Neuroscience 5, 831-843.

Kwan-Terry, A. (1992): Code-switching and Code-mixing: The Case of a Child Learning English and Chinese Simultaneously. In: Journal of Multilingual and Multicultural Development 13, 243-259.

Lanvers, U. (2001): Languae alternation in infant bilinguals: A developmental approach to codeswitching. In: International Journal of Bilingualism 5, 437-464.

Lanza, E. (1992): Can Bilingual Two-year-olds Code-switch? In: Journal of Child Language 19, 633-658.

Lanza, E. (1997): Language Mixing in Infant Bilingualism. A Sociolinguistic Perspective. Oxford: University Press.

Largo, R. (1999): Kinderjahre. Die Individualität des Kindes als erzieherische Herausforderung. 3. Aufl. München/Zürich: Piper.

Leist, A. (1996): Griechisch-deutsche Zweisprachigkeit und nonverbale Kommunikation: eine Untersuchung über Gestik und Mimik mit Vorschulkindern. Frankfurt a.M./Berlin: P. Lang.

Leonard, L. B. (2000): Specific language impairment across languages. In: Bishop, D. V. M.; Leonard, L. B. (Hrsg.): Speech and language impairments in children. Causes, characteristics, intervention and outcome. Hove/Philadelphia: Psychology Press, 115-129.

Leopold, W. F. (1961): Patterning in children's language learning. In: Saporta, S. (Hrsg.): Psycholinguistics. A book of readings. New York/Chicago/San Francisco/Toronto/London: Holt Rinehart and Winston, 350-358.

Leopold, W. F. (1970a): Speech development of a bilingual child: a linguist's record. Vol.1: Vocabulary growth in the first two years. New York: AMS Press.

Leopold, W. F. (1970b): Speech development of a bilingual child: a linguist's record. Vol. 2: Sound-learning in the first two years. New York: AMS Press.

Levelt, W. J. M. (1989): Speaking. From intention to articulation. Cambridge MA: MIT Press.

Levelt, W. J. M.; Roelofs, A.; Meyer, A. S. (1999): A theory of lexical access in speech production. In: Behavioral and Brain Sciences 22, 1-38.

Liedtke, F.; Keller, R. (1987): Vorwort. In: Liedtke, F.; Keller, R. (Hrsg.): Kommunikation und Kooperation. Tübingen: Niemeyer, VII-X.

Lindholm, K. J.; Padilla, A. M. (1978): Child bilingualism: report on language mixing, switching and translations. In: Linguistics 211, 23-44.

Lin-Huber, M. A. (1998): Kulturspezifischer Spracherwerb. Sprachliche Sozialisation und Kommunikationsverhalten im Kulturvergleich. Bern/Göttingen/Toronto/Seattle: Hans Huber.

Mahlstedt, S. (1996): Zweisprachigkeitserziehung in gemischtsprachigen Familien. Eine Analyse der erfolgsbedingenden Merkmale. Frankfurt a.M.: P. Lang.

Malakoff, M.; Hakuta, K. (1991): Translation skill and metalinguistic awareness in bilinguals. In: Bialystok, E. (Hrsg.): Language processing in bilingual children. Cambridge/New York/Port Chester/Melbourne/Sydney: Cambridge University Press, 141-166.

Marchman, V. A.; Martinez-Sussmann, C.; Dale, P. S. (2004): The language-specific nature of grammatical development: evidence from bilingual language learners. In: Developmental Science 7, 212-224.

Marschik, P. B.; Einspieler, H.; Vollmann, R.; Einspieler, C. (2005): Lexikonerwerb im zweiten und dritten Lebensjahr: wie viel erzählen uns die ersten Wörter? In: Logos Interdisziplinär 13, 8-14.

May, A. (2003): Zweisprachigkeit durch zweisprachige Erziehung? Ein Konzept und seine Umsetzung am Beispiel der „Staatlichen Europa-Schule Berlin". Osnabrück: Der Andere Verlag.

Mehler, J.; Jusczyk, P. W.; Lambertz, G.; Halsted, N.; Bertoncini, J.; Amiel-Tison, C. (1988): A precursor of language acquisition in young infants. In: Cognition 29, 143-178.

Meibauer, J. (2002): Lexikon und Morphologie. In: Meibauer, J.; Demske, U.; Geilfuss-Wolfgang, J. u.a. (Hrsg.): Einführung in die germanistische Linguistik. Stuttgart/Weimar: Metzler, 15-69.

Meibauer, J.; Steinbach, M. (2002): Einleitung. In: Meibauer, J.; Demske, U.; Geilfuss-Wolfgang, J. u.a. (Hrsg.): Einführung in die germanistische Linguistik. Stuttgart/Weimar: Metzler, 1-14.

Meisel, J. M. (2004): The bilingual child. In: Bhatia, T. K.; Ritchie, W. C. (Hrsg.): The Handbook of Bilingualism. Malden/Oxford/Carlton: Blackwell, 91-113.

Michael, E. B.; Gollan, T. H. (2005): Being and becoming bilingual. Individual differences and consequences for language production. In: Kroll, J. F.; de Groot, A. M. B. (Hrsg.): Handbook of bilingualism. New York: Oxford University Press, 389-407.

Namei, S. (2004): Bilingual lexical development: a Persian-Swedish word association study. In: International Journal of Applied Linguistics 14, 363-388.

Nicoladis, E. (1998): First clues to the existence of two input languages: Pragmatic and lexical differentiation in a bilingual child. In: Bilingualism: Language and Cognition 1, 105-116.

Nicoladis, E.; Genesee, F. (1996a): A Longitudinal Study of Pragmatic Differentiation in Young Bilingual Children. In: Language Learning 46, 439-464.

Nicoladis, E.; Genesee, F. (1996b): Word Awareness in Second Language Learners and Bilingual Children. In: Language Awareness 5, 80-90.

Nieke, W. (2000): Interkulturelle Erziehung und Bildung. Wertorientierungen im Alltag. 2., überarb. und ergänzte Aufl. Opladen: Leske und Budrich.

Ochs, E. (1988): Culture and language development. Language acquisition and language socialization in an Samoan village. Cambridge/New York/New Rochelle/Melbourne/Sydney: Cambridge University Press.

Oksaar, E. (1981): Linguistic and pragmatic awareness of monolingual and multilingual children. In: Dale, P. S.; Ingram, D. E. (Hrsg.): Child language: An international perspective. Baltimore: University Park Press, 273-285.

Oller, D. K.; Eilers, R. E.; Urbano, R.; Cobo-Lewis, A. B. (1997): Development of precursors to speech in infants exposed to two languages. In: Journal of Child Language 24, 407-425.

Paradis, J. (2001): Do bilingual two-year-olds have separate phonological systems? In: International Journal of Bilingualism 5, 19-38.

Paradis, J.; Crago, M.; Genesee, F. (2003a): Object clitics as a clinical marker of SLI in French: Evidence from French-English bilingual children. In: http://www.ualberta.ca/~jparadis/BilSLI_pro_bucld.pdf, 18.3.2005.

Paradis, J.; Crago, M.; Genesee, F.; Rice, M. (2003b): French-English bilingual children with SLI: How do they compare with their monolingual peers? In: Journal of Speech, Language and Hearing Research 46, 1-15.

Paradis, J.; Genesee, F. (1996): Syntactic Acquisition in Bilingual Children. Autonomous or Interdependent? In: Studies in Second Language Acquisition 18, 1-15.

Paradis, M. (1989): Bilingual and polyglot aphasia. In: Boller, F.; Grafman, J. (Hrsg.): Handbook of Neuropsychology. Vol. 2. Amsterdam: Elsevier, 117-140.

Paradis, M. (1993): Linguistic, psycholinguistic and neurolinguistic aspects of „interference" in bilingual speakers: The Activation Threshold Hypothesis. In: International Journal of Psycholinguistics 9, 133-145.

Paradis, M. (2000): Generalizable Outcomes of Bilingual Aphasia Research. In: Folia Phoniatrica et Logopaedica 52, 54-64.

Past, K. (1976): A case of preschool reading and speaking acquisition in two languages. In: Lado, R.; Andersson, T. (Hrsg.): Georgetown University Papers on Languages and Linguistics. Washington: Georgetown University Press, 58-73.

Patterson, J. L. (1998): Expressive vocabulary development and word combinations of Spanish-English Bilingual Toddlers. In: American Journal of Speech-Language Pathology 7, 46-56.

Pearson, B. Z.; Fernandez, S. C. (1994): Patterns of Interaction in the Lexical Growth in Two Languages of Bilingual Infants and Toddlers. In: Language Learning 44, 617-653.

Pearson, B. Z.; Fernandez, S. C.; Lewedeg, V.; Oller, D. K. (1997): The relation of input factors to lexical learning by bilingual infants. In: Applied Psycholinguistics. Psychological Studies of Language Processes 18, 41-58.

Pearson, B. Z.; Fernandez, S. C.; Oller, D. K. (1993): Lexical development in bilingual infants and toddlers: comparison to monolingual norms. In: Language Learning 43, 93-120.

Pena, E.; Bedore, L. M.; Rappazzo, C. (2003): Comparison of Spanish, English and bilingual children's performance across semantic tasks. In: Language, Speech and Hearing Services in Schools 43, 5-16.

Penner, Z. (2004a): Auf dem Weg zur Sprachkompetenz. Neue Perspektiven der sprachlichen Frühförderung bei Migrantenkindern. Ein Arbeitsbuch. Frauenfeld: Kon-Lab.

Penner, Z. (2004b): Früher Spracherwerb – die ersten drei Jahre. Eine aktuelle Übersicht. Vortrag an der Fachtagung vom 5.3.2004 „Aktuelle Forschung für die Praxis – Sprachliche Frühförderung von Migrantenkindern." Berg: Kon-Lab.

Perregaux, C. (1999): Futur enjeu de société. Bilinguisme de bonne et de mauvaise réputation. In: Psychoscope 20, 12-14.

Peyer, A.; Portmann, P. R.; Brütsch, E.; Gallmann, P.; Lindauer, T.; Angelika, L.; Nussbaumer, M.; Looser, R.; Sieber, P. (1996): Norm, Moral und Didaktik – Die Linguistik und ihre Schmuddelkinder. In: Peyer, A.; Portmann, P. R. (Hrsg.): Norm, Moral und Didaktik – Die Linguistik und ihre Schmuddelkinder. Eine Aufforderung zur Diskussion. Tübingen: Niemeyer, 9-46.

Piaget, J. (1992): Psychologie der Intelligenz. 3. Aufl. Stuttgart: Klett-Cotta.

Poplack, S. (1985): Contrasting patterns of code-switching in two communities. In: Warkentyne, H. (Hrsg.): Methods V: Papers from the Vth International Conference on Methods in Dialectology. Victoria, BC: University of Victoria Press, 363-386.

Pötter, C. (2004): Mutter-Kind-Beziehung und Sprachentwicklung. Die Bedeutung des Mutterischen für die frühkindliche Sprachentwicklung. Hamburg: Dr. Kovac.

Powers, S. M.; Hamann, C. (2000): The acquisition of clause-internal rules. In: Powers, S. M.; Hamann, C. (Hrsg.): The Acquisition of Scrambling and Cliticization. Dordrecht/Boston/London: Kluwer Academic, 1-18.

Praschak, W. (1993): Kooperative Pädagogik Schwerstbehinderter. Grundlagen einer allgemeinen und integrativen Erziehungs- und Bildungskonzeption. In: Arbeitskreis Kooperative Pädagogik (AKoP) e.V. (Hrsg.): Kooperative Pädagogik schwerstbehinderter Menschen. Frankfurt a. M./Berlin/Bern/New York/Paris/Wien: Peter Lang, 15-150.

Quay, S. (1998): One parent, two languages: the effect of input on bilingual acquisition. In: Aksu-Koç, A.; Erguvanli-Taylan, E.; Özsoy, A. S.; Küntay, A. (Hrsg.): Perspectives on language acquisition. Selected papers from the VIIth international congress for the study of child language. Istanbul: Bogaziçi University Printhouse, 140-155.

Ramers, K.-H. (2001): Einführung in die Phonologie. 2. Aufl. München: W. Fink.

Ritter, G. (2005): Kooperative Pädagogik und Bobath-Therapie. In: Behinderte in Familie, Schule und Gesellschaft 3, 48-57.

Romaine, S. (1989): Bilingualism. Oxford/Cambridge, Mass.: Blackwell.

Ronjat, J. (1913): Le développement du langage observé chez un enfant bilingue. Thèse complémentaire pour le doctorat ès lettres. Paris.

Rothweiler, M. (2002): Spracherwerb. In: Meibauer, J.; Demske, U.; Geilfuss-Wolfgang, J. u.a. (Hrsg.): Einführung in die germanistische Linguistik. Stuttgart/Weimar: Metzler, 251-293.

Rothweiler, M.; Kroffke, S.; Bernreuter, M. (2004): Grammatikerwerb bei mehrsprachigen Kindern mit einer Spezifischen Sprachentwicklungsstörung: Voraussetzungen und Fragen. In: Die Sprachheilarbeit 49, 25-31.

Salameh, E.-K.; Håkansson, G.; Nettelbladt, U. (2004): Developmental perspectives on bilingual Swedish-Arabic children with and without language impairment: a longitudinal study. In: International Journal of Language and Communication Disorders 39, 65-91.

Saunders, G. (1988): Bilingual children: from birth to teens. Clevedon/Philadelphia: Multilingual Matters.

Schaerlaekens, A.; Zink, I.; Verheyden, L. (1995): Comparative Vocabulary Development in Kindergarten Classes with a Mixed Population of Monolinguals, Simultaneous and Successive Bilinguals. In: Journal of Multilingual and Multicultural Development 16, 477-495.

Schelletter, C. (2002): The effect of form similarity on bilingual children's lexical development. In: Bilingualism: Language and Cognition 5, 93-107.

Scherer, K. R. (1977): Die Funktionen des nonverbalen Verhaltens im Gespräch. In: Wegner, D. (Hrsg.): Gesprächsanalysen. Hamburg: Buske, 275-297.

Schnitzer, M. L.; Krasinski, E. (1994): The development of segmental phonological production in a bilingual child. In: Journal of Child Language 21, 585-622.

Schnitzer, M. L.; Krasinski, E. (1996): The development of segmental phonological production in a bilingual child: a contrasting second case. In: Journal of Child Language 23, 547-571.

Schönberger, F. (1985): Sinnhaftes Handeln, bedeutungsvolles Lernen: Zwei Grundbegriffe der Kooperativen Pädagogik. In: Behinderte in Familie, Schule und Gesellschaft 8, 14-30.

Schönberger, F. (1987): Kooperation als pädagogische Leitidee. In: Schönberger, F.; Jetter, K.; Praschak, W. (Hrsg.): Bausteine der Kooperativen Pädagogik. Teil 1: Grundlagen, Ethik, Therapie, Schwerstbehinderte. Stadthagen: Bernhardt-Pätzold, 69-139.

Schönberger, F. (1991): Menschenbild und Methode. Ein Plädoyer für den bedachtsamen Griff in den Warenkorb pädagogischer und therapeutischer Methoden. In: Behinderte in Familie, Schule und Gesellschaft. 14, 5-21.

Schönberger, F. (2002): Vom Handel und Wandel der Menschen – Existentielle Kooperation, transformale Operation, transgressive Handlung. In: Arbeitskreis Kooperative Pädagogik (AKoP) e.V. (Hrsg.): Vom Wert der Kooperation. Gedanken zu Bildung und Erziehung. Frankfurt a.M./Berlin/Bern/Bruxelles/New York/Oxford/Wien: Peter Lang, 159-172.

Schönberger, F. (2005): Lebensumstände, Bedürfnisse und Handlungsmöglichkeiten von Menschen mit schwersten Behinderungen. In: Behinderte in Familie, Schule und Gesellschaft 3, 74-80.

Schönberger, F.; Jetter, K.; Praschak, W. (1987): Bausteine der Kooperativen Pädagogik. Teil 1: Grundlagen, Ethik, Therapie, Schwerstbehinderte. Stadthagen: Bernhardt-Pätzold.

Searle, J. R. (1977): Sprechakte. Ein sprachphilosophischer Essay. Frankfurt a.M.: Suhrkamp.

Searle, J. R. (1982): Ausdruck und Bedeutung. Untersuchungen zur Sprechakttheorie. Frankfurt a.M.: Suhrkamp.

Sirén, U. (1991): Minority language transmission in early childhood: Parental intention and language use. Stockholm: Stockholm University.

Snedeker, J.; Li, P.; Yuan, S. (2003): Cross-Cultural Differences in the input to early word learning. Proceedings of the Twenty-fifth Annual Conference of the Cognitive Science Society. Mahwah, New Jersey: Lawrence Erlbaum, 1094-1099.

Szagun, G. (1996): Sprachentwicklung beim Kind. Eine Einführung. 6., vollständig überarb. Aufl. Weinheim: Beltz.

Taeschner, T. (1983): The sun is feminine: A study on language acquisition in bilingual children. Berlin: Springer.

Topbas, S. (1997): Phonological acquisition of Turkish children: implications for phonological disorders. In: European Journal of Disorders of Communication 32, 377-396.

Toribio, A. J. (2001): On the emergence of bilingual code-switching competence. In: Bilingualism: Language and Cognition 4, 203-231.

Tracy, R. (1994): Child languages in contact: bilingual language acquisition (English/German) in early childhood. Unveröffentlichte Habilitationsschrift aus der Universität Tübingen. Tübingen.

Tracy, R. (1996): Vom Ganzen und seinen Teilen: Überlegungen zum doppelten Erstspracherwerb. In: Sprache und Kognition 15, 70-92.

Tracy, R.; Gawlitzek-Maiwald, I. (2000): Bilingualismus in der frühen Kindheit. In: Grimm, H. (Hrsg.): Enzyklopädie der Psychologie. Theorie und Forschung. Serie III: Sprache. Band 3: Sprachentwicklung. Göttingen/Bern/Toronto/Seattle: Hogrefe, 495-535.

Travis, L. E.; Johnson, W.; Shover, J. (1937): The relation of bilingualism to stuttering. In: Journal of Speech Disorders 2, 185-189.

Vater, H. (1999): Einführung in die Sprachwissenschaft. 3. Aufl. München: W. Fink (UTB für Wissenschaft).

Vihman, M. M. (1996): Phonological development: the origins of language in the child. Oxford: Blackwell.

Vihman, M. M. (2002): Getting started without a system: From phonetics to phonology in bilingual development. In: International Journal of Bilingualism 6, 239-254.

Volterra, V.; Taeschner, T. (1978): The acquisition and development of language by bilingual children. In: Journal of Child Language 5, 311-326.

von Knebel, U. (1996): Therapiedidaktische Ansatzpunkte: Entscheidungsfelder in der Sprachtherapie mit aussprachegestörten Kindern. In: Die Sprachheilarbeit 41, 366-375.

von Knebel, U. (2005): Kooperative Pädagogik als allgemein-erziehungswissenschaftliches Konzept. In: Behinderte in Familie, Schule und Gesellschaft 3, 22-32.

von Knebel, U.; Welling, A. (2002): „Zum Sprechen anleiten" – „Sprache vermitteln" – „Persönlichkeit umerziehen". Arten und Unarten antagonistischer Kooperation im sprachtherapeutischen Denken des 20. Jahrhunderts. In: Arbeitskreis Kooperative Pädagogik (AKoP) e.V. (Hrsg.): Vom Wert der Kooperation. Gedanken zu Bildung und Erziehung. Frankfurt a.M./Berlin/Bern/Bruxelles/ New York/Oxford/ Wien: Peter Lang, 79-126.

Watson, I. (1991): Phonological processing in two languages. In: Bialystok, E. (Hrsg.): Language processing in bilingual children. Cambridge/New York/Port Chester/ Melbourne/Sydney: Cambridge University Press, 25-48.

Watzlawick, P.; Beavin, J. H.; Jackson, D. D. (2003): Menschliche Kommunikation. Formen, Störungen, Paradoxien. 10., unveränderte Aufl. Bern/Göttingen/Toronto/ Seattle: Hans Huber.

Wehr, S. (2001): Was wissen Kinder über Sprache? Die Bedeutung von Meta-Sprache für den Erwerb der Schrift- und Lautsprache. Bern/Stuttgart/Wien: Haupt.

Weinreich, U. (1977): Sprachen in Kontakt. 2. Aufl. München: C. H. Beck.

Weissenborn, J. (2000): Der Erwerb von Morphologie und Syntax. In: Grimm, H. (Hrsg.): Enzyklopädie der Psychologie. Band 3: Sprachentwicklung – Sprache. Göttingen/Bern/Toronto/Seattle: Hogrefe, 141-169.

Welling, A. (1990): Zeitliche Orientierung und sprachliches Handeln. Handlungstheoretische Grundlegungen für ein pädagogisches Förderkonzept. Bern/New York/Paris: Peter Lang.

Welling, A. (1991): Sprache und Sprechen – Grundlagen des Konzeptes kooperativer Sprachtherapie. Zum Beispiel Dysarthrie. In: Arbeitskreis Kooperative Pädagogik (AKoP) e.V. (Hrsg.): Sprache und Bewegung. Aspekte eines pädagogischen Förderkonzeptes. Frankfurt a.M./Bern/New York/Paris: Peter Lang, 58-96.

Welling, A. (1998a): Mehrsprachigkeit und Sprachheilpädagogik – die verhängnisvolle Geschichte einer Pathologisierung. In: Gogolin, I.; Graap, S.; List, G. (Hrsg.): Über Mehrsprachigkeit. Tübingen: Stauffenburg, 21-42.

Welling, A. (1998b): Sprachliches Handeln und Bewegungshandeln: Ein Praxiskonzept Kooperativer Sprachtherapie mit Kindern. In: Frühwirth, I.; Meixner, F. (Hrsg.): Sprache und Bewegung. Wien: Jugend & Volk, 23-45.

Welling, A. (1999): Sprachbehindertenpädagogik. In: Bleidick, U.; Hagemeister, U.; Myschker, N. u.a. (Hrsg.): Einführung in die Behindertenpädagogik. Band III. 5., völlig überarbeitete Aufl. Stuttgart/Berlin/Köln: Kohlhammer, 85-141.

Welling, A. (2004): Kooperative Sprachdidaktik als Konzept sprachbehindertenpädagogischer Praxis. In: Grohnfeldt, M. (Hrsg.): Lehrbuch der Sprachheilpädagogik. Band 5: Bildung, Erziehung und Unterricht. Stuttgart: Kohlhammer, 127-146.

Welling, A.; Kracht, A. (2002): Sprachpädagogische Professionalisierung der Sprachtherapie – Kooperation als pädagogische Leitidee. In: Arbeitskreis Kooperative Pädagogik (AKoP) e.V. (Hrsg.): Vom Wert der Kooperation. Gedanken zu Bildung und Erziehung. Frankfurt a.M./Berlin/Bern/Bruxelles/New York/Oxford/ Wien: Peter Lang, 127-159.

Welte, W. (1995): Sprache, Sprachwissen und Sprachwissenschaft: eine Einführung; linguistische Propädeutik für Anglisten. Frankfurt a.M./Berlin/Bern/New York/ Paris/Wien: Peter Lang.

Weltgesundheitsorganisation (WHO) (2004): ICF – Internationale Klassifikation der Funktionsfähigkeit, Behinderung und Gesundheit. Stand Oktober 2004, Final

Draft. Herausgegeben vom Deutschen Institut für Medizinische Dokumentation und Information, DIMDI. In: http://www.dimdi.de/static/de/klassi/ICF/index. html, 20.09.2005.

Werker, J. F.; Stager, C. L. (2000): Developmental changes in infant speech perception and early word learning: is there a link? In: Broe, M. B.; Pierrehumbert, J. B. (Hrsg.): Papers in laboratory phonology V: Acquisition and the lexicon. Cambridge: Cambridge University Press, 181-193.

Wermke, K. (2004): Vom Schreien zur Sprache. Was die Schrei-Melodien von Säuglingen über die vorsprachliche Entwicklung aussagen. In: Frühförderung interdisziplinär 23, 61-68.

Whitworth, N. (2000): Acquisition of VOT and vowel length by English-German bilinguals: A pilot study. In: Nelson, D.; Foulkes, P. (Hrsg.): School of modern languages and cultures: Linguistics and Phonetics. Leeds Working Papers in Linguistics 8. Leeds: University of Leeds. In: http://www.leeds.ac.uk/linguistics/WPL/WPL8.html#nicole, 3.1.2006.

Yavas, M. (1995): Phonological Selectivity in the First Fifty Words of a Bilingual Child. In: Language and Speech 38, 189-202.

Zollinger, B. (1991): Förderung des Sprachverständnisses als Integration symbolischer und kommunikativer Prozesse. In: Grohnfeldt, M. (Hrsg.): Handbuch der Sprachtherapie. Band 3: Störungen der Semantik. Berlin: Marhold im Wissenschaftsverlag V. Spiess, 110-128.

Zollinger, B. (1995): Die Entdeckung der Sprache. Bern/Stuttgart/Wien: Haupt.

Zurer Pearson, B.; Navarro, A. M. (1998): Do early simultaneous bilinguals have a ‚foreign accent' in one or both of their languages? In: Aksu-Koç, A.; Erguvanli-Taylan, E.; Özsoy, A. S.; Küntay, A. (Hrsg.): Perspectives on language acquisition. Selected papers from the VIIth international congress for the study of child language. Istanbul: Bogaziçi University Printhouse, 156-168.

Katharina Brizić

Das geheime Leben der Sprachen

Gesprochene und verschwiegene Sprachen und ihr Einfluss
auf den Spracherwerb in der Migration

Internationale Hochschulschriften, Bd. 465
2007, 422 S., br., 29,90 €, ISBN 978-3-8309-1681-9

Einwanderung und Schule sind zu einem Top-Thema der Gegenwart
und damit auch der Migrationsforschung geworden. Und dabei steht
immer wieder dieselbe Gruppe – konkret: die der türkischen Schüler
– im negativen Zentrum der Aufmerksamkeit. Wie aber ist sie dorthin
geraten? Wo liegen die Gründe für das immer wieder dokumentierte
sprachlich und schulisch so schwache Abschneiden der Migranten
türkischer Herkunft? Auf der Suche nach Antworten geht das vorliegende Buch über den Einwanderungskontext der Gegenwart weit hinaus und begibt sich auf Spurensuche bis ins Herkunftsland und in seine Geschichte zurück. Das Ergebnis widerspricht deutlich jeder „Un-
ausweichlichkeit" negativer Bildungskarrieren, ebenso wie jeder
Schuldzuweisung an bestimmte ethnische Gruppen. Es spricht vielmehr für die Bedeutung eines sehr persönlichen Aspekts der Lebensgeschichte: Der (Miss-)Erfolg der Schüler in der Sprache des Einwan-
derungslandes resultiert ganz entscheidend aus ihrem Verhältnis zum
„Eigenen", und damit auch zur eigenen Sprache. In seiner Anwend-
barkeit kann das Ergebnis vielfältig interpretiert und vielleicht für
neue Wege im Bereich der Bildungsforschung und Bildungspolitik
genutzt werden. Gedacht ist es in jedem Fall als Plädoyer für den Respekt vor kollektiven und individuellen Schicksalen.

„Das geheime Leben der Sprachen" erhielt den Nachwuchspreis
Bildungssoziologie 2006.

Katharina Brizić ist Pianistin und Sprachwissenschaftlerin in Wien.
In der Linguistik liegt ihr Fokus im Bereich Sprachenpolitik, Minderheiten, Migration und Bildung. Zentrales Anliegen ist dabei sowohl
das Stärken der Verbindung zwischen Wissenschaft und Praxis als
auch die Intensivierung des Austauschs zwischen den verschiedenen
Forschungsdisziplinen untereinander.

Waxmann

MÜNSTER · NEW YORK · MÜNCHEN · BERLIN

Waxmann

Konrad Ehlich, Antonie Hornung (Hrsg.)

Praxen der Mehrsprachigkeit

Mehrsprachigkeit, Bd. 20
2006, 196 Seiten, br., 24,90 €, ISBN 978-3-8309-1731-1

Europa ist in einer tiefgehenden Weise durch ein Konzept von Sprache geprägt, das Einsprachigkeit als den Normalfall, Mehrsprachigkeit als etwas Exzeptionelles ansieht. Doch die europäische Einigung bringt zunehmend neue Aufgaben einer multinationalen Verständigung mit sich. Mehrsprachigkeit erfordert vor allem wissenschaftliche Grundlegungen, die durch sorgfältige Beobachtung und Analyse mehrsprachiger Wirklichkeiten fundiert sind.

Aus dem Inhalt:

Kurt Braunmüller
Vorbild Skandinavien?
Zur Relevanz der rezeptiven Mehrsprachigkeit in Europa

Antonie Hornung
Erschwerte Mehrsprachigkeit. Fallvignette über den
Schriftspracherwerb von Migrantenkindern in diglossischem Umfeld

Dorothea Spaniel
Der Beitrag bilingualer Schulen zur Herausbildung
einer europäischen Identität

Sevgi Dereli
Germanismen und Sprachmischung in der Institution

Sinichi Kameyama
Verständnissicherung in Diskursen zwischen Muttersprachlern und
Nichtmuttersprachlern

Christiane Hohenstein
Sind Handlungsmuster mehrsprachig

MÜNSTER · NEW YORK · MÜNCHEN · BERLIN

WAXMANN
VERLAG GMBH
Münster · New York · München · Berlin
www.waxmann.com · info@waxmann.com